大连海事大学校企共建特色教材
大连海事大学–海丰国际教材建设基金资助

船舶无线电技术基础

（第3版）

主编　杨　梅
主审　谭克俊

大连海事大学出版社

图书在版编目(CIP)数据

船舶无线电技术基础 / 杨梅主编. —3 版. —大连：
大连海事大学出版社，2024.7
ISBN 978-7-5632-4522-2

Ⅰ.①船…　Ⅱ.①杨…　Ⅲ.①航海通信–无线电通信
Ⅳ.①U675.75

中国国家版本馆 CIP 数据核字(2023)第 253080 号

大连海事大学出版社出版

地址:大连市凌海路1号　邮编:116026　电话:0411-84728394　传真:0411-84727996
http://www.dmupress.com　E-mail:cbs@ dmupress.com

大连永盛印业有限公司印装　　　　　　大连海事大学出版社发行
2009 年 11 月第 1 版　　　2024 年 7 月第 3 版　　　2024 年 7 月第 1 次印刷
幅面尺寸:184 mm×260 mm　　　　　　　　　　　印张:15.5
字数:385 千　　　　　　　　　　　　　　　　印数:1~2000 册
出版人:刘明凯

责任编辑:沈荣欣　　　　　　　　　　　　　责任校对:孙笑鸣
封面设计:张爱妮　　　　　　　　　　　　　版式设计:张爱妮

ISBN 978-7-5632-4522-2　　定价:39.00 元

大连海事大学校企共建特色教材

编　委　会

总前言

航运业是经济社会发展的重要基础产业,在维护国家海洋权益和经济安全、推动对外贸易发展、促进产业转型升级等方面具有重要作用,对我国建设交通强国、海洋强国具有重要意义。大连海事大学作为交通运输部所属的全国重点大学、国家"双一流"建设高校,多年来为我国乃至国际航运业培养了大批高素质航运人才,对航运业的发展起到了重要作用。

进入新时代以来,党中央、国务院及教育主管部门对高等教育的人才培养体系提出了更高要求,对教材工作尤为重视。根据要求,学校大力开展了新工科、新文科等建设及产教融合、科教融合等改革。在教材建设方面,学校修订了教材管理相关制度,建立了校企共建本科教材机制,大力推进校企共建教材工作。其中,航运特色专业的核心课程教材是校企共建的重点,涉及交通运输、海洋工程、物流管理、经济金融、法律等领域。

2021年以来,大连海事大学与海丰国际控股有限公司签订了校企共建教材协议,共同成立了"大连海事大学校企共建特色教材编委会"(简称"编委会"),负责指导、协调校企共建教材相关工作,着力建成一批政治方向正确、满足教学需要、质量水平优秀、航运特色突出、符合国家经济社会发展需求和行业需求的高水平专业核心课程教材。编委会成员主要由大连海事大学校领导和相关领域专家、海丰国际控股有限公司领导和相关行业专家组成。

校企共建特色教材的编写人员经学校二级单位推荐、学校严格审查后确定,均具有丰富的教育教学和教材编写经验,确保了教材的科学性、适用性。公司推荐具有丰富实践经验的行业专家参与共建教材的策划、编写,确保了教材的实践性、前沿性。学校的院、校两级教材工作委员会、党委常委会通过个人审读与会议评审相结合、校内专家与校外专家相结合等不同形式对教材内容进行学术审查和政治审查,确保了教材的学术水平和政治方向。

在校企共建特色教材的编写与出版过程中,海丰国际控股有限公司还向学校提供了经费资助,在此表示感谢。大连海事大学出版社对教材校审、排版等提供了专业的指导与服务,在此表示感谢。同时,感谢各方领导、专家和同仁的大力支持和热情帮助。

校企共建特色教材的编写是一项繁重而复杂的工作,鉴于时间、人力等方面的因素,教材内容难免有不妥之处,希望专家不吝指正。同时,希望更多的航运企事业单位、专家学者能参与到此项工作中来,为我国培养高素质航运人才建言献策。

大连海事大学校企共建特色教材编委会

2022年12月6日

第3版前言

为适应各种先进的航海电子与计算机通信设备在船上的应用和不断更新,针对航海类专业的培养特色,制定了2021高等航海学校航海类航海技术专业"船舶无线电技术基础"教学大纲。根据新的教学大纲的要求,编者结合多年来的教学经验,对原有教材在教学内容上做了增删与修改,目的是尽可能地使教材在学时变化的情况下,其内容和形式更符合航海技术专业的培养特点。"船舶无线电技术基础"是为航海技术专业设置的专业基础课,为了更好地体现航海技术专业的特点,同时便于学生更好地去理解相关的理论知识,本书在总结第1版和第2版编写经验的基础上对原有的内容进行了删减、更新、优化和调整,除涵盖了航海电子与通信设备的电子技术基础理论知识外,对一些船用实用电路的电路原理和结构也做了相应的分析,使教学内容更具有系统性、适用性和实用性。

本书以模拟低频电子线路、高频电子线路和数字电路的内容贯穿全书,覆盖了船舶航行中所使用的电子通信设备的电子技术基础理论及相关的计算机基础知识,在上一版的基础上,进一步对通信设备中用到的高频小信号放大器、高频功率放大电路、单边带 SSB 发射机和接收机、调频和调幅的接收机、宽带高频功率放大器与功率合成电路以及滤波电路等做了相应的修改和完善。尤其是为更好地与后续的专业课"GMDSS 通信设备与业务"的内容衔接,本书增加并完善了与船用通信设备密切相关的第6章频率变换电路的相关内容。在数字电路部分,本书主要以集成芯片的逻辑功能的分析为基础,对一些实用的数字电路的原理以及应用进行了相应的分析。全书共10章,分为上、下两篇。上篇为"模拟电路",共6章,内容包括二极管及其基本应用电路、双极结型晶体管及其放大电路、集成运算放大器及其应用、功率放大电路、正弦波振荡器、频率变换电路。下篇为"数字电路",共4章,内容包括数字电路基础、组合逻辑电路、时序逻辑电路和半导体存储器。第1、2、3、4、5、6、7、8、9、10章由杨梅编写,绪论由刘安良编写;全书由谭克俊教授主审。

本书在编写过程中,得到了大连海事大学航海学院、信息科学技术学院、出版社等相关部门的大力支持和帮助。本书从第一次出版以来,朱义胜教授、夏志忠教授和邰佑诚教授在编写和定稿过程中给予了极大的关注和鼓励,谭克俊教授、毕春娜副教授、严飞副教授在教材内容的修改方面提出了宝贵的意见和建议;航海学院相关课程教师在资料的收集、内容选定方面也提供了积极协助;温金旺同志负责了大部分章节图形的绘制。在此,向所有曾经在本书编写过程中给予过帮助和支持的同志,致以诚挚的谢意。

由于编者时间和水平有限,书中难免有不完善与疏漏之处,敬请各位专家、同行和广大读者提出宝贵的意见。

编　者
2024 年 3 月

第1版前言

为适应各种先进的航海电子与计算机通信设备在海上的应用和不断更新,针对航海类专业的培养特色,制定了新的高等航海学校航海类海洋船舶驾驶专业《船舶无线电技术基础》教学大纲。根据新的教学大纲,结合编者多年来的教学经验,对原有教材在教学内容和编排形式上做了增删与修改,目的是尽可能地使教材在内容和形式上更符合驾驶专业的培养特点。本书除涵盖了航海电子通信设备的电子技术基础理论知识外,还适当地增加了与理论知识相对应的船用实用电路,既保持教学内容的科学性和基础性,又体现了实用性。这种针对"驾通合一"的培养目标,将使船舶驾驶员能更好地适应航海新技术、新设备及其应用的需要,同时也能更好地与国家海事局新的"船员适任证书考试大纲"中所要求的相关内容相衔接。

本书以模拟和数字集成电路的内容贯穿全书,覆盖了船舶航行中所使用的电子通信设备[如:航海仪器、导航雷达、全球定位系统(GPS)、VHF通信设备、GMDSS通信设备等]的电子技术基础理论及相关的计算机基础知识。在原教材基础上,增加了高频小信号放大器、高频调谐功率放大电路、单边带SSB发射机和接收机、滤波电路等与船用通信技术与设备相关的内容。全书共12章,分为上、下两篇。上篇模拟电路共7章,内容包括半导体二极管及其应用、三极管及电压放大电路、集成运算放大器、功率放大器、波形产生电路、频率变换电路、直流电源。下篇数字电路共5章,内容包括数字电路基础、组合逻辑电路、时序逻辑电路、半导体存储器、脉冲电路。其中绪论、1、2、4章由严飞编写;3、5、6~12章由杨梅编写。全书由夏志忠教授主审。

本书在编写和出版过程中,得到了大连海事大学教务处、大连海事大学航海学院、信息科学技术学院、大连海事大学出版社等相关部门的大力支持和帮助。邰佑诚教授、夏志忠教授和朱义胜教授在编写和定稿过程中给予了极大的关注和鼓励;董辉副教授、毕春娜副教授在教材内容的修改方面提出了宝贵的意见和建议;在资料的收集、内容选定方面也得到了航海学院相关课程教师的积极协助;温金旺同志负责了大部分章节图形的绘制。在此,向所有曾经在本书编写和调研工作过程中给予过帮助和支持的同志,致以诚挚的谢意。

由于编者时间和水平有限,教材中难免有不完善与疏漏之处,敬请各位专家、同行和广大的读者提出宝贵的意见。

编　者
2009年9月

第2版前言

为适应各种先进的航海电子与计算机通信设备在海上的应用和不断更新,针对航海类专业的培养特色,根据2017年高等航海学校航海类航海技术专业"船舶无线电技术基础"教学大纲的要求,编者结合多年来的教学经验,对原有教材在教学内容上做了增删与修改,目的是尽可能地使教材在学时变化的情况下,其内容和形式符合航海技术专业的培养特点。本书是为航海技术专业设置的专业基础课,涵盖了航海电子与通信设备的电子技术基础理论知识,对一些船用实用电路的电路原理和结构做了相应的分析,尽可能地使教学内容的理论性和实用性相结合。

本书以模拟和数字集成电路的内容贯穿全书,覆盖了船舶航行中所使用的电子通信设备的电子技术基础理论及相关的计算机基础知识。在原教材基础上,进一步对一些通信设备中用到的高频小信号放大器、高频调谐功率放大电路、单边带SSB发射机和接收机、调频和调幅的接收机以及滤波电路等做了相应的修改和完善。在数字电路部分,主要以集成芯片的逻辑功能分析为基础,对一些实用的数字电路的原理及其应用进行了相应的分析。全书共11章,分为上、下两篇。上篇模拟电路共7章,内容包括半导体二极管及其基本应用电路、晶体三极管及电压放大电路、集成运算放大器及其应用、功率放大电路、正弦波振荡器、频率变换电路、直流电源。下篇数字电路共4章,内容包括数字电路基础、组合逻辑电路、时序逻辑电路、半导体存储器。其中绪论、第7章由毕春娜编写;第1、2、4章由严飞编写;第3、5、6、8、9、10、11章由杨梅编写。全书由谭克俊教授主审。

本书在编写和出版过程中,得到了大连海事大学航海学院、信息科学技术学院以及大连海事大学出版社等相关部门和老师的大力支持和帮助。本书自第一次出版以来,朱义胜教授、夏志忠教授和邰佑诚教授在编写和定稿过程中给予了极大的关注和鼓励;谭克俊教授作为主编之一在教材内容的修改方面提出了宝贵的意见和建议;在资料的收集、内容选定方面也得到了航海学院相关课程教师的积极协助;温金旺同志负责了大部分章节图形的绘制。在此,向所有曾经在本书编写和调研工作过程中给予过帮助和支持的同志,致以诚挚的谢意。

由于编者时间和水平有限,教材中难免有不完善与疏漏之处,敬请各位专家、同行和广大的读者提出宝贵的意见。

编　者

2017年11月

目　录

0 绪　论

　　从广义上讲,一切将信息从发送者传送到接收者的过程都可看作通信,实现这种信息传送过程的系统称为通信系统。通信系统的种类很多,按信道的不同可分为有线通信系统和无线通信系统。信道又称传输媒质,如自由空间、电缆等。其中,利用信道是导线(架空明线、电缆、波导等)传送信息的系统称为有线通信系统;利用信道是自由空间传送信息的系统称为无线通信系统。按传送的信息是模拟信号还是数字信号可分为模拟通信系统和数字通信系统。一般来说,通信总是一方把需要传输的信号通过某种设备发射出去,而另一方则通过某种设备把信号接收下来(雷达除外,它是集发射和接收于一体的导航设备)。

　　图 0-1-1 是模拟无线通信系统的组成框图。在发送端,信息源是指需要传送的原始信息,原始信息一般是非电物理量(如声音、文字、图像等),输入换能器(话筒、摄像机等)将非电物理量转变为电信号后送入发送设备,发送设备将电信号转换成适合于信道传输的高频电信号后,经发射天线将高频电信号转换为电磁波向空间辐射出去。在接收端,接收天线将收到的电磁波转换为高频电信号,再由接收设备将高频电信号还原成与发送端一致的电信号,还原后的电信号经输出换能器后转换成原来的原始形式(如声音、图像等)供受信者使用。

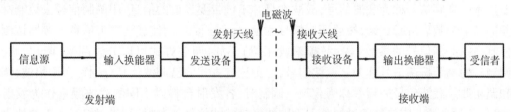

图 0-1-1　模拟无线通信系统的组成框图

　　无线电通信系统在我们的日常生活和工作中已经普遍应用,如生活中的无线电广播和电视。现代航海技术更不可缺少无线电话、无线电传真以及无线电导航设备(诸如雷达、卫星定位系统)等。为了实现船舶高度自动化,提高航行的安全性、经济性和有效性,计算机技术和各种导航、定位和通信电子设备被先后应用于船舶的各个方面,如全球定位系统(GPS)、地理信息系统(GIS)、船舶自动识别系统(AIS)、综合船桥系统(IBS)等。船舶无线电技术与计算机的基本理论已成为每个船舶驾驶员正确使用船用现代化电子设备必须掌握的知识。

0.1　模拟无线通信系统的组成

　　通信过程是一个"发信"和"接收"的过程。各种通信设备都包含有发射设备和接收设备,如发报机与接收机、广播电台与收音机、电视台与电视机等。雷达也是如此,雷达发射机发射定向的电磁波,然后由雷达接收机接收回波,再通过雷达显示器显示出周围物标的图像,使我们一目了然地掌握周围物标的方位、距离或动向。虽然各种收、发信设备的内部结构和使用方法上各不相同,但它们的基本电路和工作过程是一样的。

0.1.1　无线电发射设备的组成

用于产生并发射电磁波信号的装置称为发射机。我们知道,无线电通信是通过向空间辐射电磁波的方式传送信号的。为了将一些非电的物理量(如声音、图像、文字等)原始信息传送到接收信息的一方,发送端通常需要将原始的信息经过输入换能器转换成连续变化的电信号,该电信号包含了待发送的全部消息,是占有一定频谱宽度的低频信号,称为基带信号。由电磁波理论可知,为了将电信号有效地发射出去,只有天线尺寸至少等于被辐射信号波长 λ 的 1/10 时,天线才能有效地辐射和接收电磁波。以传送音频信号为例,音频信号的频率范围为 20 Hz~20 kHz,则相应的天线尺寸范围在 1.5~1 500 km,显然制造这样的天线是不现实的。其次,由于携带信息的低频信号几乎分布在同一频段范围,如果直接发射这些信号,在信道中就会互相重叠、产生干扰,同时接收设备也无法选择所要接收的信号。因此,解决以上问题的方法是,将发射的电磁波频率提高,将携带信息的基带信号"装载"到高频振荡信号上,变成中心频率不同的频带信号,其频谱就可以搬移到不同的高频频率段,这样不仅发射天线的尺寸可明显缩短,信号的有效辐射也变得容易进行了。

将携带信息的基带信号"装载"到高频振荡信号上的过程称为调制。所谓调制,就是由携有信息的原始电信号去控制高频振荡信号的某一参数(如幅度、频率或相位),使该参数按照原始电信号的规律而变化的一种过程。通常将携有信息的原始电信号称为调制信号,高频振荡器产生的高频信号称为载波信号,载波本身并不携带要发射的信息,用调制信号去控制高频载波的某个参数后,使该参数按照调制信号的规律而变化,从而使载波携带信息。按照调制信号控制高频振荡信号的参数(幅度、频率或相位)不同,调制方式可以分为调幅、调频、调相。经调制后的高频振荡信号称为已调波信号,三种调制方式的已调波信号分别称为调幅波、调频波和调相波。载波信号的频率称为载频。调制时,各发射台将以不同的载波频率作为发射频率,将各发射台的调制信号频谱搬移到不同的高频载波信号频率附近,使它们互不重叠地占据不同的频率范围。这样到了接收机端后,就能根据载波频率的不同很容易地选择出所需发射台发送的信息,从而有效地抑制其他发射台发送的各种干扰。这种频谱的多路复用方式大大提高了信道的利用率。由于上述原因,调制在无线通信中的作用变得至关重要。

图 0-1-2 所示为调幅发射机组成框图。输入换能器将信息源转换成电信号,低频放大器逐级放大信号,低频功放提供对高频载波信号进行调制所需的足够功率的调制信号。高频振荡器产生频率稳定的高频振荡信号,后面加缓冲器以减弱后级对高频振荡器的影响,缓冲器后的倍频器将振荡频率提高到所需的载波频率,倍频器后若干级的高频放大器用于逐步提高信号的功率,调制器采用调幅方式,将携带信号的低频信号控制高频载波的幅度后变换为高频调幅波,所需天线尺寸可大大减小,而且不同的发射电台可采用不同频率的高频振荡信号作为载波,这样各发射台的信号在频谱上就可以互相区分开,不会产生干扰。高频功放使输出的信号功率能达到额定的发射功率,再经发射天线将高频调幅波辐射出去。

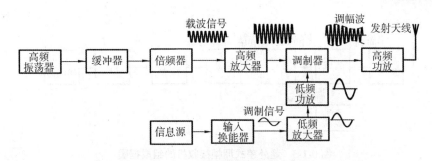

图 0-1-2　调幅发射机组成框图

0.1.2　无线电接收设备的组成

无线电的接收过程正好是发射过程的逆过程。接收机的任务是将接收的电磁波转换为已调波,然后从这些已调波中选择出需要的信号,并且还原出的与发送端一致的基带信号后传送给受信者。

无线电接收机的电路结构一般分直接放大和超外差式两种。目前基本上采用超外差式接收机。与直接放大接收机相比,超外差式的主要特点是增加了混频、本机振荡和中频放大。

图 0-1-3 为超外差式调幅接收机的组成框图。接收天线将收到的电磁波转换为调幅波信号,通常接收天线可以接收到若干个不同载频的发射台信号和干扰信号,在接收机的接收天线后需要一个选择回路选出所需的无线电台信号,由于经远距离传输到达接收端的信号通常很微弱,还需要高频放大器对信号进行放大。高频放大器通常由一级或多级高频小信号谐振放大器组成,可以同时完成选频和放大的作用。但在中波广播收音机中,大多数没有高频放大器,是由输入选择回路选出有用信号后直接加到混频电路。混频的作用是将接收到的不同载波频率 f_c 的已调信号变换为载波频率为固定中频 f_i 的已调信号。例如,调幅广播接收机的固定中频为 465 kHz,选择回路的中心频率随着所接收信号的载波频率 f_c 不同而不同,当输入信号载波频率 f_c 变化时,本地振荡器产生的高频等幅振荡信号的频率 f_1 也相应地改变,通常 f_1 比输入信号载频 f_c 的频率高 465 kHz,经混频后产生的差频就是中频频率 $f_i = f_1 - f_c = 465$ kHz,这就是外差的作用,也是超外差式接收机名称的由来。混频后得到的中频信号频率 f_i 固定不变,且其振幅包络形状与输入信号振幅包络一样,保留了输入信号中的全部有用信息。混频后一方面可使后面的中频放大器设计成高增益放大器,提高整机的灵敏度;另一方面,各中频放大器的调谐回路能对干扰信号及其他电台的信号有效地加以抑制,从而提高了选择性,由于中频固定不变,中频放大器的增益和选择性都与接收信号的载频无关。因此,超外差式接收机具有接收灵敏度高、选择性和保真度好、调谐方便的优点。混频后产生的中频已调信号经中频放大后,还必须从已调信号中还原出携有信息的调制信号,这个过程称为解调。对调幅波振幅的解调也称为检波。解调出的调制信号通过低频放大和低频功放后,经输出换能器变换成原来的声音后给受信者。

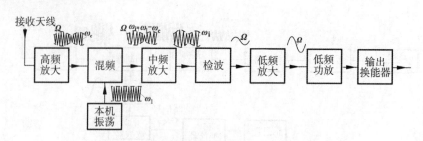

图 0-1-3 超外差式调幅接收机的组成框图

0.2 无线电波的传播方式

0.2.1 无线电波的频段和波段划分

无线电波的频率有一个很宽的范围。习惯上,将无线电波的频率和波长范围划分为若干个区段,称为"频段"或"波段"。

无线电波在空间传播的速度 c 为光速,$c = 3 \times 10^8$ m/s。电波在一个振荡周期 T 内所传播的距离为波长 λ,频率 $f = 1/T$,λ、f 和 c 之间的关系为

$$f = \frac{c}{\lambda} \qquad 或 \qquad \lambda = \frac{c}{f} \tag{0.2.1}$$

从三者的关系式可看出:频率越高,波长越短;反之,频率越低,波长越长。表 0-2-1 说明了各个无线电频段和波段的划分。

表 0-2-1 无线电频段和波段的划分

频段名称	频率范围	波段名称		波长范围
低频 LF	30~300 kHz	长波		$10^4 \sim 10^3$ m
中频 MF	300~3 000 kHz	中波		1000~100 m
高频 HF	3~30 MHz	短波		100~10 m
甚高频 VHF	30~300 MHz	超短波		10~1 m
特高频 UHF	300~3 000 MHz	分米波	微波	10~1 dm
超高频 SHF	3~30 GHz	厘米波		10~1 cm
极高频 EHF	30~300 GHz	毫米波		10~1 mm
至高频 THF	300~3 000 GHz	丝米波		1 mm~1 dmm

单位:Hz——赫;kHz——千赫;MHz——兆赫;GHz——吉赫;dmm——丝米。

无线电频率资源是有限的重要资源,它们的使用受国家管制,具体由无线电管理委员会管理。任何个人、公司和机构都必须获得政府许可(牌照)才能使用分配的频段。例如常用的中波广播频率在 535~1 605 kHz,短波广播在 5.9~26.1 MHz,调频广播在 88~108 MHz,电视在 47~92 MHz、167~223 MHz 和 470~958 MHz 频段。在 GMDSS(全球海上遇险与安全系统)的地面通信系统中,主要工作在 MF、HF、VHF 频段,其中 MF/HF 波段的发射范围是 1.6~

27.5 MHz。船用 VHF 设备工作在 156~174 MHz 频段。国际海事卫星通信(INMARSAT)系统工作在 1.5~1.6 GHz 和 4~6 GHz 频段内。

0.2.2 无线电波的传播方式

无线电波的传播方式主要有地波传播、天波传播、空间直线传播,如图 0-2-1 所示。

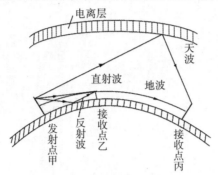

图 0-2-1 电磁波的传播途径

地波沿地球表面传播。虽然地球表面是弯曲的,但电磁波具有绕射的特点,其传播距离与大地损耗有关,频率越高,损耗越大,传播距离越短。因此,对频率较高的电磁波不宜沿地表传播。1.5 MHz 以下的电磁波主要是地波传播。地波传播比较稳定、可靠。

天波利用电离层的反射和折射进行传播。电离层是由于太阳的照射引起大气上层电离而形成的。电磁波到达电离层后,一部分能量被吸收,一部分能量被反射和折射到地面。无线电波频率越低,电离层的吸收作用越强。当频率低于某一值时,电波将完全被电离层吸收而不能返回地面。随着频率越高,被吸收的能量越少,电磁波穿入电离层也越深。当频率超过一定值后,电磁波穿透电离层而不再返回地面。短波即高频(HF)主要以天波形式传播,中波在夜间也可以天波形式传播。对频率在 1.5~30 MHz 范围的电磁波主要是以天波形式传播。天波传播距离远,但存在衰落现象。

空间波主要沿直线传播。由于地球表面是一个曲面,空间波的传播距离受到限制,只能达到视距范围内。要使直线传播的距离增加,就要增加发射天线和接收天线的高度。实际上,通过地面的反射也可到达接收天线。因此空间波实际是直射波和反射波的合成。对 30 MHz 以上的超短波和微波主要以空间直线传播。为了实现远距离传播,可采用架高天线、微波接力传输或卫星中继等方式扩大传输距离。空间直线传播方式主要用于中继通信、调频广播、电视广播以及雷达、导航系统中。

综上所述,长波信号以地波传播为主;中波和短波信号可以以地波和天波两种方式传播,中波信号以地波为主,短波信号以天波为主;超短波及微波信号主要是空间直线传播。

0.3 航海中的无线电技术与本课程的联系

针对无线电的发射系统和接收系统,以及船舶航行中使用的无线电仪器,如电航仪器、雷达、全球定位系统(GPS)、全球海上遇险和安全系统(GMDSS)、GMDSS 通信设备、船舶自动识别系统(AIS)等的基本功能单元,本书涵盖了完成这些功能的模拟电路和数字电路原理或框图。其中,模拟电路包括二极管和双极结型晶体管的特性,各种电压放大电路和功率放大电路,集成运算放大器构成的运算和信号处理电路,正弦波振荡器、滤波电路,实现调制、解调、混频功能的频率变换电路等;数字电路主要涉及加法器、编码器、译码器、寄存器、计数器和存储器等各种集成电路芯片的逻辑功能及应用。

上 篇
模拟电路

第1章 二极管及其基本应用电路

二极管(Diode)由 PN 结构成,PN 结是由 P 型半导体和 N 型半导体有机结合而形成的。P 型和 N 型半导体都是杂质半导体,是在本征半导体材料中掺入特定元素的杂质形成。

1.1 半导体基础知识

1.1.1 本征半导体与杂质半导体

物质按照导电能力可分为导体、绝缘体和半导体。导体如铜、铁、铝、银等;绝缘体如塑料、橡胶、陶瓷等;半导体是导电能力介于导体和绝缘体之间的物质。用来制造半导体器件的材料主要是硅(Si)、锗(Ge)和砷化镓(GaAs)等。

1.本征半导体

本征半导体是一种完全纯净的、结构完整的半导体晶体。在本征硅(或锗)的晶体中,原子在空间排列成规则的晶格。硅和锗原子最外层轨道上都有 4 个电子,称为价电子。价电子不仅受到自身原子核的约束,还要受到相邻原子核的吸引,使得每个价电子为相邻原子所共用,形成共用电子对,称为共价键。在硅晶体中,每个原子都和周围的四个原子依靠共价键互相紧密地结合在一起。在热力学温度为绝对零度($T=0$ K$=-273$ ℃)时,价电子无法获得足够的能量来挣脱共价键的束缚,因此,晶体中没有自由电子,半导体不能导电,相当于绝缘体。

在室温($T=300$ K)或当温度升高或受光照射时,部分价电子就会获得足够的能量而挣脱共价键的束缚成为自由电子,同时在共价键中留下一个空位,称为空穴,这种现象称为本征激发,如图 1-1-1 所示。当共价键中留下空穴时,邻近的价电子获得能量后就有可能跳过去填补这个空穴,这样,空穴就转移到邻近共价键中。以此类推,其他的价电子又可能来填补新的空穴。由于价电子依次填补空穴的移动方向和空穴的移动方向正好相反,为了与自由电子移动相区别,把这种价电子的填补运动叫作空穴运动,可以把它看成一个与电子电量相等,但符号相反的带正电荷的粒子在移动。

可以自由移动的带电粒子称为载流子。在外加电压作用下,载流子可定向移动形成电流。半导体中存在两种载流子:自由电子和空穴。自由电子带负电荷,空穴带正电荷。

在本征半导体中,自由电子和空穴总是成对出现的,称为自由电子-空穴对。自由电子和空穴的浓度相等。由于本征激发,半导体中的自由电子-空穴对不断产生,载流子的浓度增加。当一个自由电子与一个空穴相遇时,两者又同时消失,这一现象称为自由电子与空穴的复合。显然,载流子浓度越大,复合的机会就越多。在一定温度下,当载流子的产生和复合达到动态平衡时,本征半导体中载流子的浓度是一定的。在常温下,载流子的数目很少,当温度升高或光照增强时,自由电子和空穴对数目增多,载流子的浓度升高,所以本征半导体的导电性能与温度密切相关。温度越高,本征激发的自由电子–空穴对越多,载流子的浓度越大,导电能力越强。利用本征半导体的这种特性,可以制成热敏器件和光敏器件,例如热敏电阻和光敏电阻。

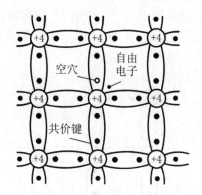

图 1-1-1　本征激发产生的自由电子–空穴对

2.杂质半导体

虽然本征半导体存在两种载流子,但因为本征载流子的浓度很低,所以总的来说导电能力很差。在本征半导体中掺入微量的杂质形成杂质半导体后,其导电性能将发生显著变化。按掺入杂质的不同,杂质半导体分为 N 型半导体和 P 型半导体两种。

(1)N 型半导体

在本征硅(或锗)的晶体中掺入五价元素杂质,例如磷,由于磷原子的最外层有 5 个价电子,在与 4 个相邻硅原子形成共价键时,还多出一个电子。该电子不受共价键的束缚,只受自身原子核的吸引,只需要获得很小的能量就能成为自由电子,如图 1-1-2 所示。当磷原子失去一个电子后,变为不能移动的正离子,正离子与自由电子使半导体保持电中性。磷原子由于提供一个电子,故称为施主原子。

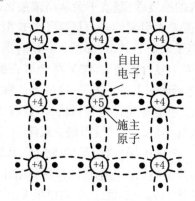

图 1-1-2　N 型半导体

在这种杂质半导体中,不但有杂质电离产生的自由电子,还有本征激发产生的电子–空穴对。因此,自由电子浓度远大于空穴的浓度,自由电子为多数载流子(简称为多子),空穴为少数载流子(简称少子),主要靠自由电子导电,故称为电子型半导体或 N 型半导体。

（2）P 型半导体

在本征硅（或锗）的晶体中掺入三价元素杂质,例如硼,由于硼原子的最外层只有 3 个价电子,在与 4 个相邻硅原子形成共价键时,因缺少一个电子,将产生一个空位,当相邻共价键中的价电子获得能量,挣脱共价键的束缚来填补此空位时,硼原子便成为不可移动的负离子,如图 1-1-3 所示。硼原子因为在硅晶体中接受一个电子,故称为受主原子。这种半导体中,空穴浓度远大于自由电子的浓度,空穴为多子,自由电子为少子,主要靠空穴导电,称为空穴型半导体或 P 型半导体。

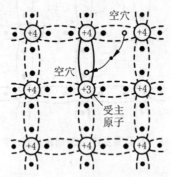

图 1-1-3　P 型半导体

在本征半导体中掺入杂质后其导电能力显著提高。掺入杂质越多,多子的浓度越大,而少子的浓度由本征激发引起,与温度有关。掺入杂质一方面提高多子浓度,另一方面也会增加自由电子与空穴的复合概率,从而降低相同温度下少子的浓度,使杂质半导体的导电性几乎与少子无关。对杂质半导体而言,无论是 N 型或 P 型半导体,总体上看,仍然呈电中性。

1.1.2　PN 结的形成

如果在一块半导体的一侧掺杂为 P 型半导体,而另一侧掺杂为 N 型半导体,在它们的交界面处,会出现自由电子和空穴的浓度差,载流子会从高浓度区域向低浓度区域进行扩散,这就是在交界面附近因载流子浓度差而引起的多数载流子的扩散运动。于是,P 区的多子空穴向 N 区扩散,N 区的多子自由电子向 P 区扩散,如图 1-1-4（a）所示。在扩散的过程中,交界处附近的大部分自由电子和空穴发生复合而消失,结果在 P 区一侧因失去空穴而留下了多余的负离子,而在 N 区一侧因失去电子而剩下了正离子,这些不能移动的正、负离子形成了一个很薄的空间电荷区,也就是 PN 结。在这个空间电荷区内,多数载流子已大多被复合或者说被耗尽掉了,因此空间电荷区也称为耗尽层。耗尽层因缺少载流子,呈高阻状态。

空间电荷区出现后形成了一个内电场,内电场的方向是由 N 区指向 P 区,N 区的电位要比 P 区高,其电位差为 V_D,称为势垒电压。内电场的作用将阻止多子进行扩散运动,像壁垒一样,所以它又称为阻挡层或势垒区。另一方面,这个内电场却有利于促进少子的运动,即 P 区的少子自由电子向 N 区运动,N 区的少子空穴向 P 区运动,这种在电场的作用下的载流子运动称为漂移运动。

因此,在 P 型半导体和 N 型半导体的交界面进行着两种载流子的运动——多子的扩散运动和少子的漂移运动,它们既互相联系又互相矛盾。扩散运动使空间电荷区加宽,内电场增强,对多子扩散运动的阻挡作用增强,却使少子的漂移运动增强;而漂移运动使空间电荷区变窄,内电场减弱,对多子扩散运动的阻挡作用减弱,促使多子的扩散运动增强,却不利于少子的漂移运动。当两种运动达到动态平衡时,形成宽度稳定的空间电荷区,PN 结形成,如图 1-1-4 (b)所示。如果 P 区和 N 区的掺杂浓度不同,两区域的杂质离子密度就不同,形成空间电荷区时两侧的宽度是不对称的。动态平衡时,参与扩散运动的多子数目和参与漂移运动的少子数目相等,各自产生的扩散电流和漂移电流相等,流过 PN 结的电流等于零。

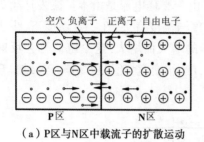
（a）P区与N区中载流子的扩散运动

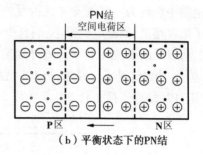
（b）平衡状态下的PN结

图 1-1-4　PN 结的形成

1.1.3　PN 结的单向导电性

加在 PN 结上的电压称为偏置电压。当 PN 结没有外加电压时,扩散运动和漂移运动达到动态平衡,流过 PN 结的电流等于零。但当 PN 结外加不同极性的电压时,扩散运动和漂移运动的动态平衡被破坏,PN 结表现出截然不同的导电性能。

1.外加正向电压

如果 PN 结外加正向电压(P 区接电源正极,N 区接电源的负极,或者说 P 区电位高于 N 区电位)时,称 PN 结正向偏置(简称正偏),如图 1-1-5 所示。此时,外加电压在 PN 结上形成的外电场与内电场的方向相反,使内电场削弱,空间电荷区宽度变窄,使扩散运动加剧,漂移运动减弱,这时流过 PN 结的主要是扩散电流。由于扩散电流是由多子扩散形成的,电流较大,在外部回路中形成一个流入 P 区的正向电流。虽然也存在由少子形成的漂移电流,但内电场削弱使漂移运动也减弱,少子漂移电流的影响可忽略不计。因此,当 PN 结正偏时,PN 结变窄,耗尽层变薄,PN 结呈现出一个很小的电阻,通过 PN 结的电流主要是扩散电流,它随着外加电压的增加迅速上升,PN 结处于导通状态。

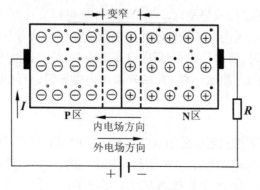

图 1-1-5　PN 结正向偏置

2.外加反向电压

如果 PN 结外加反向电压(N 区接电源正极,P 区接电源的负极,或者说 N 区电位高于 P 区电位)时,称 PN 结反向偏置(简称反偏),如图 1-1-6 所示。此时,外电场与内电场方向相同,增强了内电场的作用,使空间电荷区变宽,于是多子的扩散运动很难进行,而 P 区和 N 区的少子更容易产生漂移运动。这时通过 PN 结的电流主要是由少子漂移运动形成的漂移电流,在外电路中表现为一个流入 N 区的反向电流。由于漂移电流是由本征激发产生的少子形成的,少子浓度很低,因此电流很小,而且少子的浓度与温度有关,在一定温度下,少子的数量是一定的,所以反向电流几乎不会随外加反向电压的增大而增大,这个电流称为反向饱和电流,用 I_s 表示,其数值很小。因此,当 PN 结反偏时,PN 结变宽,耗尽层变厚,PN 结呈现出一个很大的电阻,PN 结处于截止状态。

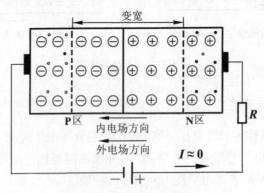

图 1-1-6 PN 结反向偏置

综上所述,当 PN 结加正向电压时,PN 结导通;当 PN 结加反向电压时,PN 结截止。PN 结具有单向导电性。

1.1.4 PN 结的电容特性

PN 结的耗尽层呈高阻状态,相当于电介质,两边的 P 区和 N 区有载流子,相当于两个电极。当外加电压发生变化时,耗尽层内电荷量和耗尽层外的载流子数目均发生变化,所以,外加电压发生变化时,PN 结具有电容效应。PN 结的电容效应有两种:势垒电容和扩散电容。

1.势垒电容 C_b

空间电荷区也称为耗尽层或势垒区。当 PN 结外加电压变化时,势垒区的宽度和相应的电荷量发生变化,这种势垒区内电荷数量随外加电压变化的电容效应称为势垒电容效应。当 PN 结外加反向电压变大时,势垒区变宽;反向电压变小时,势垒区变窄,都会引起势垒区内电荷量的改变,相当于电容的充放电。当 PN 结外加正向电压时,空间电荷区很窄,势垒电容效应可以忽略。

2.扩散电容 C_d

扩散电容是由多子在扩散过程中的积累引起的。当 PN 结外加电压变化引起势垒区外存储电荷量变化的电容效应称为扩散电容。PN 结加正向电压时,扩散运动占主导作用,多数载流子向对方扩散,P 区的多子空穴向 N 区扩散,N 区的多子电子向 P 区扩散,在扩散过程中边扩散边复合,而一部分未复合的多子穿过 PN 结后成了对方的少子,使得在靠近 PN 结边界处(势垒区外)的少子浓度高,而使远离 PN 结边界处少子浓度低。当外加正向电压发生变化时,会引起势垒区外的存储电荷量的变化,正向电压加大时,有更多的载流子积累,即 P 区有电子,N 区有空穴,相当于载流子注入,相当于充电;正向电压变小时,参与扩散的载流子变少,积累变少,相当于放电。当 PN 结外加反向电压时,扩散运动被削弱,扩散电容效应可以忽略。

综上所述,PN 结结电容 C_j 包括势垒电容 C_b 和扩散电容 C_d 两部分,$C_j = C_b + C_d$。当 PN 结正偏时,势垒电容效应可以忽略,结电容主要是扩散电容。当 PN 结反偏时,扩散电容可以忽略,结电容主要是势垒电容。

结电容会影响 PN 结的单向导电性。在低频工作时,容抗很大,PN 结结电容可以忽略,PN 结等效为一个电阻。但在高频工作时,容抗变小,必须考虑 PN 结结电容的影响,PN 结等效为一个电阻和电容相并联。PN 结结电容会限制器件的工作频率。

1.2 二极管

1.2.1 二极管的结构和符号

将 PN 结用外壳封装起来,并加上电极引线便构成了二极管。由 P 区引出的电极称为阳极,由 N 区引出的电极称为阴极。二极管的几种外形如图 1-2-1 所示。二极管按结构分为点接触型、面接触型和平面型三大类,如图 1-2-2 所示,图 1-2-2(d)是二极管的电路符号。点接触型二极管的 PN 结面积小,结电容小,适用于检波等高频电路和小功率整流。面接触型二极管的 PN 结面积大,不适用于高频,只能在较低频率下工作,一般仅作为整流管。平面型二极管的结面积可大可小,结面积较大的可用于大功率整流,结面积小的可作为脉冲数字电路中的开关管。

图 1-2-1 二极管的几种外形

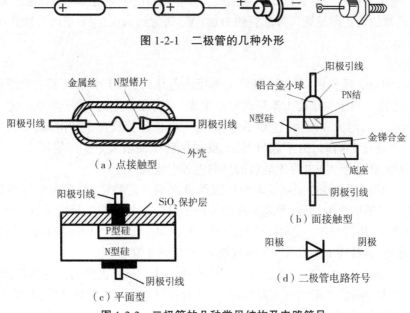

（a）点接触型

（b）面接触型

（c）平面型

（d）二极管电路符号

图 1-2-2 二极管的几种常见结构及电路符号

1.2.2 二极管的伏安特性

图 1-2-3 所示为二极管的伏安特性曲线。按二极管所加电压的正负,特性曲线分为正向特性和反向特性两部分。

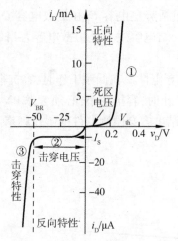

图 1-2-3　二极管的伏安特性曲线

1.正向特性

当外加正向电压时,在起始部分,由于正向电压值很小,外电场还不能克服 PN 结内电场对多数载流子扩散运动的阻力,正向电流值几乎为零。只有当正向电压超过一定数值后,正向电流才明显增大,这个数值称为门限电压 V_{th}(又称死区电压),一般硅管的 V_{th} 约为 0.5 V,锗管的 V_{th} 约为 0.1 V。

当正向电压大于 V_{th} 时,二极管正向导通。随着正向电压的升高,正向电流急剧增大,电压与电流的关系基本上是一条指数曲线。导通后二极管两端的正向电压称为导通压降 V_{on},导通后曲线较陡,通常认为正向导通压降硅管约为 0.7 V,锗管约为 0.2 V。正向特性曲线如图 1-2-3 中第①段所示。

2.反向特性

如图 1-2-3 中第②段所示,当在二极管上加反向电压时,由于少数载流子的漂移运动,形成很小的反向电流。由于少子是由本征激发产生的,当温度一定时,少子浓度一定,反向电流几乎不随反向电压的增大而增大,达到了饱和,这个电流称为反向饱和电流,用符号 I_S 表示。其数值很小。当温度升高时,少子数目增加,反向饱和电流增大。实际应用中,I_S 越小越好。同样温度下,锗管的反向饱和电流比硅管的反向饱和电流大。

如图 1-2-3 中第③段所示,如果反向电压继续升高到一定数值时,反向电流将急剧增大,此时二极管失去了单向导电性,这种现象称为反向击穿。二极管发生反向击穿时所加的电压称为反向击穿电压,用符号 V_{BR} 表示。反向击穿后电流和电压很大,PN 结的功耗很高,会引起 PN 结的结温升高,容易使 PN 结因发热而被烧坏,产生热击穿。

应当指出,二极管发生击穿并不意味着二极管被损坏。只要击穿后流过的反向电流的数值不超过某一限度,那么,当反向电压降低时,二极管就可恢复其单向导电性,如果因过热产生热击穿而烧毁,将不可恢复。

1.2.3 二极管的主要参数

二极管的主要参数有如下几个:

(1)最大整流电流 I_F:I_F 指二极管长期运行时,允许通过的最大正向平均电流值。在使用时,流过管子的正向平均电流不能超过此值,否则可能使二极管过热而损坏。

(2)反向击穿电压 V_{BR}:V_{BR} 指二极管反向击穿时的电压值。一般手册上的最高反向工作电压约为反向击穿电压的 1/2。

(3)反向电流 I_R:I_R 是二极管未击穿时的反向电流。I_R 越小,二极管的单向导电性越好。

(4)最高工作频率 f_M:f_M 是指允许加在二极管两端交流电压的最高频率值。工作时若加在二极管两端交流电压的频率超过此值,二极管的单向导电性能将变差甚至失去单向导电性。f_M 主要取决于 PN 结的结电容的大小,结电容越大,f_M 越低。

1.2.4 二极管的等效模型

二极管是非线性器件,它的伏安特性曲线是非线性的,在分析二极管电路时会很不方便。工程上,在精度允许范围内,常将二极管伏安特性曲线进行折线化处理,用线性元件组成的电路来代替二极管,称为二极管的等效模型或等效电路。常用的两种模型是理想模型和恒压降模型。

1.理想模型

如图 1-2-4 所示,虚线表示实际伏安特性,粗实线为理想模型的伏安特性。在理想模型中,忽略了正向导通压降和反向电流。当二极管正向导通时,正向导通压降为零;反向截止时,反向电流为零。在实际电路中,当工作电压远远大于二极管的正向导通压降时,可以采用理想模型。

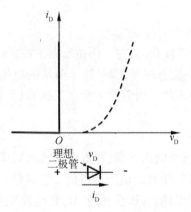

图 1-2-4 二极管理想模型

用理想模型分析二极管电路的步骤:

(1)判断出二极管的工作状态。先假设二极管截止(或开路),求出二极管两端正向电压 v_D。若 $v_D<0$,则假设成立,二极管截止;若 $v_D>0$,二极管导通。

(2)用理想模型代替二极管后进行电路分析。若二极管导通,正向导通压降为零,二极管相当于短路;若二极管截止,流过二极管的电流为零。

2.恒压降模型

如图 1-2-5 所示,虚线表示实际伏安特性。粗实线为恒压降模型的伏安特性,恒压降模型的特点是当二极管正向导通后,其正向导通压降视为一个恒压源 V_{on};反向截止时,反向电流为零。通常硅管 V_{on} 约为 0.7 V,锗管 V_{on} 约为 0.2 V。该模型比理想模型更接近于实际的二极管特性,适用于工作电压与二极管正向压降相比不是大很多的电路。

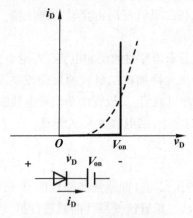

图 1-2-5 二极管恒压降模型

用恒压降模型分析电路的步骤为:

(1)判断出二极管的工作状态。先假设二极管截止(或开路),求出二极管两端正向电压 v_D。若 $v_D < V_{on}$,则假设成立,二极管截止;若 $v_D > V_{on}$,二极管导通。

(2)用恒压降模型代替二极管后进行电路分析。若二极管导通,正向导通压降为 V_{on};若二极管截止,流过二极管的电流为零。

1.2.5 特殊二极管

1.稳压二极管

稳压二极管实质上是一个二极管,但它工作在反向击穿区。由二极管的特性曲线可知,如果工作在反向击穿区,当反向电流急剧增大时,管子两端的电压却几乎维持不变,说明其具有"稳压"特性。利用这种特性制成的二极管称为稳压二极管,简称稳压管。稳压管的伏安特性及电路符号如图 1-2-6 所示。

稳压管的主要参数有:

稳定电压 V_Z:V_Z 是指稳压管反向击穿后,在规定电流时稳压管两端的稳定电压值。

稳定电流 I_Z:I_Z 是指稳压管工作时的电流参考值。它通常有一定的范围 $I_{Zmin} \sim I_{Zmax}$。

动态电阻 r_Z:r_Z 是指稳压管两端电压变化量 Δv_Z 和电流变化量 Δi_Z 的比值。r_Z 越小,曲线越陡,说明稳压管的稳压性能越好。

额定功耗 P_{Zm}:P_{Zm} 是指其允许的最大工作电流 I_{Zmax} 和稳定电压 V_Z 的乘积,$P_{Zm} = V_Z I_{Zmax}$。这部分功耗转化成热能使稳压管发热,超过 P_{Zm} 会使稳压管损坏。

图 1-2-7 为稳压管工作时的等效电路。V_{Z0} 是过工作点的切线与横轴的交点。由于动态电阻 r_Z 很小,一般 $V_{Z0} = V_Z$。如果稳定压管工作于非反向击穿区,等效电路与普通二极管相同。

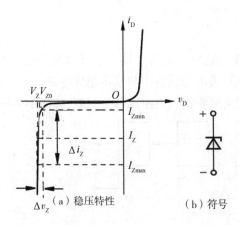
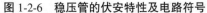

（a）稳压特性　　　（b）符号

图 1-2-6　稳压管的伏安特性及电路符号

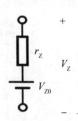

图 1-2-7　稳压管工作时的等效电路

2.变容二极管

变容二极管是利用 PN 结的势垒电容随外加反向电压变化而制成的一种特殊二极管。当 PN 结外加反向电压时,结电容主要决定于势垒电容。当反向电压增大时结电容减小,反之结电容增大,如图 1-2-8 所示。变容管的电路符号如图 1-2-9 所示。

变容二极管在高频技术中应用较多,如压控振荡器、频率调制等。

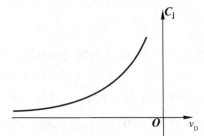

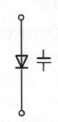

图 1-2-8　结电容 C_j 随反向电压变化特性曲线　　　图 1-2-9　变容管的电路符号

3.发光二极管

发光二极管(Light-Emitting Diode,LED)也具有单向导电性。只有当外加的正向电压使得正向电流足够大时才发光,正向电流越大,发光越强。发光二极管的发光颜色取决于所用材料,目前有红、绿、蓝等色。它的门限电压比普通二极管电压大,红色的工作电压为 1.6~1.8 V,绿色的工作电压为 2.2~2.4 V,蓝色的工作电压为 3~3.4 V。图 1-2-10 所示为发光二极管的外形和符号。发光二极管因其驱动电压低、功耗小、寿命长、可靠性高等优点广泛应用于显示电路之中。七段数码显示器就是用七支发光二极管排列成 8 字形,控制各段发光二极管的通断从而显示 0~9 的 10 个数字,如图 1-2-11 所示。

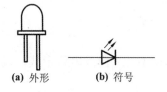

(a) 外形　　　(b) 符号

图 1-2-10　发光二极管

图 1-2-11　七段数码显示器

1.3 二极管的基本应用电路

利用二极管的单向导电性可以实现整流、检波、限幅等电路。利用二极管的反向击穿特性,可以构成稳压电路。其中,整流和稳压是直流电源设备中的基本组成电路。

直流电源由电源变压器、整流电路、滤波电路和稳压电路四部分组成,如图1-3-1所示。

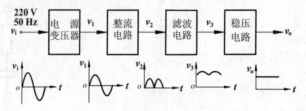

图 1-3-1 直流电源的基本框图

电源变压器的作用是将电网电压 220 V 变换为合适的交流电压。整流电路是将双向的交流电转换为单向脉动的直流电。滤波电路是将整流后的脉动大的直流电处理成平滑的脉动小的直流电。虽然经过整流和滤波后得到的直流电压脉动程度大为减小,但是当电网电压波动或负载大小变化时,都将引起输出直流电压的不稳定。稳压电路的作用就是使输出直流电压稳定,不受电网电压变化和负载变化的影响。

1.3.1 整流电路

整流电路是将双极性的电压(或电流)变为单极性电压(或电流)的电路。

1.半波整流电路

图 1-3-2(a)为半波整流电路。设二极管为理想二极管。在 v_i 正半周($v_i>0$)时,二极管导通,正向导通压降为 0,相当于短路,$v_o=v_i$;在 v_i 负半周($v_i<0$)时,二极管截止,电阻 R 中无电流流过,$v_o=0$。半波整流电压波形如图 1-3-2(b)所示。

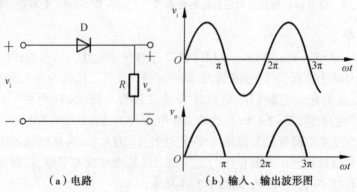

（a）电路　　　　　　（b）输入、输出波形图

图 1-3-2 半波整流电路

2.桥式整流电路

桥式整流电路如图 1-3-3(a)所示,四只整流二极管 D_1、D_2、D_3、D_4 构成电桥形式。设二极管为理想二极管。

在 v_i 正半周($v_i>0$)时,v_i 电压极性为上正下负,二极管 D_1、D_3 导通,D_2、D_4 截止。电流通路

从"1"端出发,经 D_1、R_L、D_3 后回到"2"端,电流方向如图 1-3-3(a)中实线箭头所示。

在 v_i 负半周($v_i < 0$)时,v_i 电压极性为下正上负。二极管 D_2、D_4 导通,D_1、D_3 截止,电流通路从"2"端出发,经 D_2、R_L、D_4 后回到"1"端,电流方向如图 1-3-3(a)中虚线箭头所示。

可见,负载 R_L 在整个周期里均有电流 i_L 流过,且方向相同。桥式整流电压波形如图 1-3-3(b)所示。就电路的输出电压平均值而言,桥式整流电路是半波整流电路的 2 倍。

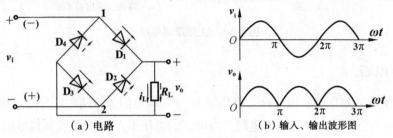

（a）电路　　　　　　　　（b）输入、输出波形图

图 1-3-3　桥式整流电路

1.3.2 限幅电路

限幅电路又称削波电路,是用来限制输入信号电压范围的电路。限幅电路也可作为保护电路,防止半导体器件由于过压被烧毁。

1.下限限幅电路

下限限幅电路是把输入信号的底部削去一部分的电路。二极管下限幅电路如图 1-3-4(a)所示。设二极管为理想二极管,输入电压 $v_i = 10\sin\omega t$(V)。在 v_i 正半周($v_i > 0$)时,二极管 D 导通,$v_o = v_i$;在 v_i 负半周($v_i < 0$)时,二极管 D 截止,$v_o = 0$。v_i 和 v_o 的波形如图 1-3-4(b)所示。

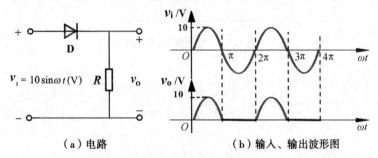

（a）电路　　　　　　　　（b）输入、输出波形图

图 1-3-4　下限限幅电路

2.上限限幅电路

上限限幅电路就是将输入信号的顶部削去一部分的电路。二极管上限幅电路如图 1-3-5(a)所示。设二极管为理想二极管,输入电压 $v_i = 10\sin\omega t$(V)。当 $v_i > 5$ V 时,二极管 D 导通,$v_o = 5$ V;当 $v_i < 5$ V 时,D 截止,$v_o = v_i$。v_i 和 v_o 的波形如图 1-3-5(b)所示。

将图 1-3-4(a)下限限幅电路中的二极管极性反接即可构成上限限幅电路;将图 1-3-5(a)上限限幅电路中的二极管极性反接即可构成下限限幅电路。

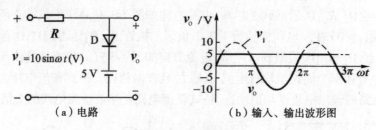

(a) 电路　　　　　　　(b) 输入、输出波形图

图 1-3-5　上限限幅电路

1.3.3　稳压电路

图 1-3-6 所示为稳压管稳压电路。稳压管 D_z 与负载电阻 R_L 并联,V_i 为经过桥式整流和电容滤波电路后得到的电压,R 为限流电阻。当电源的电压 V_i 产生波动或负载电阻 R_L 在一定的范围内变化时,由于稳压管的稳压作用,使负载 R_L 两端的输出电压 V_o 基本保持不变,输出电压等于稳压管的稳定电压,即 $V_o = V_z$。

使用稳压管组成稳压电路时,首先要保证稳压管工作在反向击穿状态。其次,I_{Zmin} 和 I_{Zmax} 是稳压管工作在正常稳压状态的最小和最大工作电流,当 $I_Z < I_{Zmin}$ 时,稳压管不再稳压;当 $I_Z > I_{Zmax}$ 时,稳压管可能被烧毁。因此,为了保证稳压管正常工作,需要选择合适的限流电阻 R,将稳压管的工作电流限定在 $I_{Zmin} < I_Z < I_{Zmax}$ 的合适范围内。

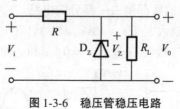

图 1-3-6　稳压管稳压电路

习　题

1-1　试说明 P 型半导体、N 型半导体与本征半导体的区别。

1-2　由半导体二极管的伏安特性曲线说明其正向特性和反向特性。

1-3　半导体二极管正常工作的主要参数是什么?

1-4　试说出几种特殊二极管各自的特点和适用场合。

1-5　使用稳压管组成稳压电路时,要注意哪几个问题?

1-6　试说出二极管的电容特性。

1-7　分析图 P1-7 所示电路中二极管导通和截止的条件,并分别画出当 $V = 2\ V$,$v_i = 5\sin\omega t\,(V)$ 时输出 v_o 的波形。设二极管为理想二极管。

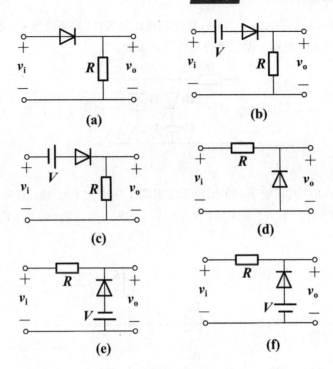

图 P1-7

1-8 分析图 P1-8 所示电路中二极管导通和截止的条件,并分别画出当 $V=3$ V,$v_i = 5\sin\omega t$ (V)时输出 v_o 的波形。设二极管为理想二极管。

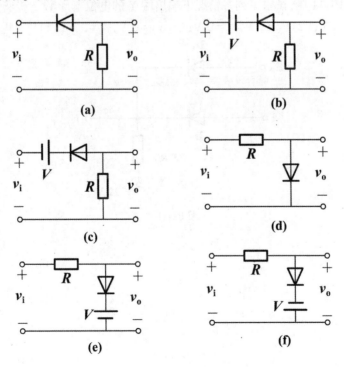

图 P1-8

1-9　分析图 P1-9 所示电路中二极管导通和截止的条件,并画出当 $V_1 = 6$ V, $V_2 = 4$ V, $v_i = 10\sin\omega t$ (V)时输出 v_o 的波形。设二极管为理想二极管。

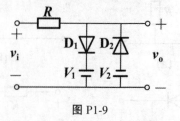

图 P1-9

1-10　在图 P1-10 中,试求下列各情况下输出端 Y 的电位 V_Y。设二极管为理想二极管。
(1) $V_A = V_B = 0$ V;(2) $V_A = 3$ V, $V_B = 0$ V;(3) $V_A = 0$ V, $V_B = 3$ V;(4) $V_A = V_B = 3$ V。

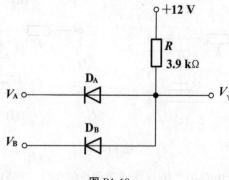

图 P1-10

1-11　在图 P1-11 中,试求下列各情况下输出端 Y 的电位 V_Y。设二极管为理想二极管。
(1) $V_A = V_B = 0$ V;(2) $V_A = 3$ V, $V_B = 0$ V;(3) $V_A = 0$ V, $V_B = 3$ V;(4) $V_A = V_B = 3$ V。

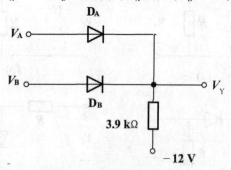

图 P1-11

第2章 双极结型晶体管及其放大电路

2.1 双极结型晶体管(BJT)

双极结型晶体管(Bipolar Junction Transistor,BJT)因有自由电子和空穴两种载流子参与导电而得名。它是由两个靠得很紧且背对背排列的 PN 结组成的。双极结型晶体管又称晶体三极管。

2.1.1 BJT 的结构及类型

BJT 可分为 NPN 和 PNP 两种类型。如图 2-1-1(a)所示,在一个硅片上生成三个杂质半导体区域,中间是 P 区,两边是 N 区,是 NPN 型;中间是 N 区,两边是 P 区,是 PNP 型。三个杂质半导体区域,中间是基区,两边分别称为发射区和集电区。发射区、基区和集电区各自引出的电极分别称为发射极 e、基极 b 和集电极 c。三个区域形成两个 PN 结,发射区和基区之间的 PN 结称为发射结(简称 be 结),集电区和基区之间的 PN 结称为集电结(简称 bc 结)。

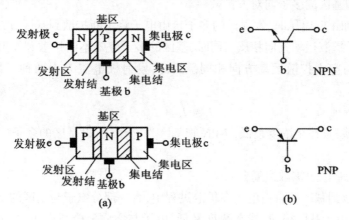

图 2-1-1 NPN 和 PNP 型 BJT 结构示意图及相应的电路符号

两种类型 BJT 的电路符号如图 2-1-1(b)所示,发射极的箭头方向表示当发射结正偏时,发射极电流的实际方向。

2.1.2 BJT 的电流放大作用

BJT 一般工作于放大、饱和、截止或倒置放大四种状态。

1.BJT 处于放大状态的工作条件

BJT 工作在放大状态需要满足内部和外部两方面的条件：

从内部结构来看,主要有三个特点。第一,发射区进行高掺杂,其掺杂浓度最高,掺杂浓度远大于集电区。第二,基区宽度很薄,而且掺杂浓度很低。第三,集电结面积大于发射结面积,易于收集载流子。

从外部条件来看,当 BJT 用作放大器件时,外加电源的极性应使发射结正偏,集电结反偏。

2.BJT 放大状态下内部载流子的传输过程

图 2-1-2 描述了一个处于放大状态的 NPN 型 BJT 的内部载流子的传输过程。BJT 内部载流子的运动有以下三个过程：

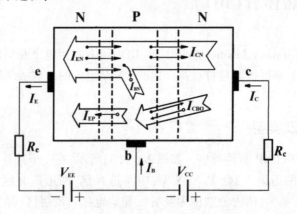

图 2-1-2　放大状态下 BJT 中载流子的传输过程

（1）发射区和基区的多子向对方扩散

当发射结外加正向电压时,发射区的多子自由电子将不断扩散到基区,形成电子扩散电流 I_{EN},其方向与电子扩散运动方向相反。同时,基区的多子空穴不断扩散到发射区,形成空穴扩散电流 I_{EP},方向与空穴扩散运动方向相同。因此,发射极电流 I_E 由两种扩散电流 I_{EN} 和 I_{EP} 构成。

$$I_E = I_{EN} + I_{EP} \qquad (2.1.1)$$

由于基区很薄,且掺杂浓度很低, NPN 管基区为 P 型,所以基区的多子空穴的浓度很低, I_{EP}很小, $I_E \approx I_{EN}$。

（2）载流子在基区边扩散边复合

由发射区扩散到基区的自由电子在扩散过程中,有一部分电子与基区的空穴复合,形成基区复合电流 I_{BN}。由于基区很薄,掺杂浓度又低,电子与空穴复合机会少, I_{BN}很小。基区中的自由电子不断被电源 V_{EE}拉走,相当于不断地补充基区被复合掉的空穴。

（3）扩散到集电结的载流子被集电区收集

从发射区注入基区后没有被复合的大量自由电子成了基的少子,它们扩散到集电结的边缘,并在集电结反向电压的作用下,使它们很快漂移过集电结,被集电区收集,形成集电极电流的主要部分 I_{CN},其方向与电子漂移运动方向相反。显然,由发射区扩散到基区的自由电子除了一小部分在基区被复合形成复合电流 I_{BN}外,绝大部分能够被集电区收集形成电流 I_{CN},因此

$$I_{EN} = I_{BN} + I_{CN} \tag{2.1.2}$$

集电极电流 I_C 除了电流 I_{CN} 外，在集电结反向电压作用下，集电区中的少子空穴和基区中的少子自由电子也要产生漂移运动，形成集电结反向饱和电流 I_{CBO}。因此，集电极电流 I_C 由两部分组成，即

$$I_C = I_{CN} + I_{CBO} \tag{2.1.3}$$

由图 2-1-2 所示，基极电流 I_B 由三部分组成：

$$I_B = I_{BN} + I_{EP} - I_{CBO} \tag{2.1.4}$$

则

$$I_C + I_B = I_{CN} + I_{BN} + I_{EP} = I_{EN} + I_{EP} = I_E$$

因此，BJT 三个电极的电流关系满足：

$$I_E = I_C + I_B \tag{2.1.5}$$

3. BJT 的电流分配关系

从载流子的传输过程可知，当发射结正偏、集电结反偏时，由发射区扩散到基区的自由电子绝大部分能够被集电区收集，形成电流 I_{CN}，一小部分在基区被复合，形成电流 I_{BN}。

由式（2.1.1）和式（2.1.4），若忽略基区空穴的扩散电流 I_{EP}，$I_E = I_{EN}$，$I_B = I_{BN} - I_{CBO}$。

通常把 I_{CN} 与发射极电流 I_E 的比值定义为 BJT 共基极直流电流放大系数 $\bar{\alpha}$，即

$$\bar{\alpha} = \frac{I_{CN}}{I_E} \tag{2.1.6}$$

$I_{CN} = \bar{\alpha} I_E$，显然 $\bar{\alpha} < 1$，但接近于 1，一般在 0.98 以上。由式（2.1.3）得

$$I_C = I_{CN} + I_{CBO} = \bar{\alpha} I_E + I_{CBO} \tag{2.1.7}$$

I_{CBO} 是发射极开路时，集电极与基极之间的反向饱和电流。I_{CBO} 很小，若忽略，$I_C = I_{CN}$，则

$$I_C = \bar{\alpha} I_E \tag{2.1.8}$$

通常把 I_{CN} 与 I_{BN} 的比值定义为 BJT 共发射极直流电流放大系数 $\bar{\beta}$，即

$$\bar{\beta} = \frac{I_{CN}}{I_{BN}} \tag{2.1.9}$$

由于 $I_{BN} = I_{EN} - I_{CN} \approx (1 - \bar{\alpha}) I_E$，$\bar{\beta}$ 与 $\bar{\alpha}$ 的关系为

$$\bar{\beta} = \frac{I_{CN}}{I_{BN}} \approx \frac{\bar{\alpha} I_E}{(1 - \bar{\alpha}) I_E} = \frac{\bar{\alpha}}{1 - \bar{\alpha}} \tag{2.1.10}$$

$\bar{\beta}$ 一般远大于 1，通常在几十到几百之间。

由式（2.1.3）和式（2.1.4），当 I_{EP} 忽略时，有

$$\bar{\beta} = \frac{I_{CN}}{I_{BN}} = \frac{I_C - I_{CBO}}{I_B + I_{CBO}}$$

则

$$I_C = \bar{\beta} I_B + (1 + \beta) I_{CBO} = \bar{\beta} I_B + I_{CEO} \tag{2.1.11}$$

$$I_{CEO} = (1 + \bar{\beta}) I_{CBO} \tag{2.1.12}$$

I_{CEO} 是基极开路时，集电极与发射极之间的反向饱和电流，常称为穿透电流。

I_{CBO} 和 I_{CEO} 的数值一般很小可忽略，$\bar{\beta} = \dfrac{I_C}{I_B}$。

$$I_C = \bar{\beta}\, I_B \tag{2.1.13}$$

所以，

$$I_E = I_C + I_B = (1 + \bar{\beta})\, I_B \tag{2.1.14}$$

要使 BJT 有放大作用，必须保证发射结正偏、集电结反偏。对于 NPN 管子而言，$V_B > V_E$，$V_C > V_B$，即 $V_C > V_B > V_E$，集电极的电位最高，发射极电位最低；对于 PNP 管子而言，$V_B < V_E$，$V_C < V_B$，即 $V_C < V_B < V_E$，发射极的电位最高，集电极电位最低。当 BJT 用作信号放大时，具有一个输入端口和一个输出端口，如果分别把发射极、集电极、基极作为输入和输出端口的公共端口，放大电路有三种连接方式：共发射极（简称共射）、共集电极和共基极，如图 2-1-3 所示。无论是哪种连接方式，当 BJT 处于放大状态时，都必须保证发射结正偏、集电结反偏。其内部载流子的传输过程相同，各个电极间的电流控制关系也是相同的。式（2.1.8）、式（2.1.13）和式（2.1.14）分别体现了由发射极电流 I_E 控制集电极电流 I_C，由基极电流 I_B 控制集电极电流 I_C，和由基极电流 I_B 控制发射极电流 I_E 的关系。因此，BJT 被称为电流控制器件。

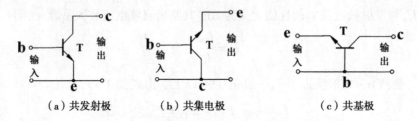

（a）共发射极   （b）共集电极   （c）共基极

图 2-1-3　BJT 的三种连接方式

2.1.3　BJT 共发射极连接的伏安特性

BJT 的伏安特性包括输入特性和输出特性。输入特性曲线用来描述输入端口的电压和电流之间的关系，输出特性曲线用来描述输出端口的电压和电流之间的关系。下面主要讨论 BJT 共发射极的伏安特性曲线。BJT 共发射极连接方式如图 2-1-4 所示。

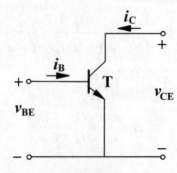

图 2-1-4　BJT 共发射极连接方式

1. 输入特性曲线族

共射极接法时，当 v_{CE} 为一常数时，输入电流 i_B 与输入电压 v_{BE} 之间的关系曲线称为输入特性曲线。

$$i_B = f(v_{BE}) \mid v_{CE} = 常数$$

图 2-1-5 所示为 NPN 型硅 BJT 共射连接的输入特性曲线。当 $v_{CE} = 0$ V 时,相当于集电极和发射极短路,即发射结和集电结并联。因此,输入特性曲线与 PN 结的伏安特性相似。

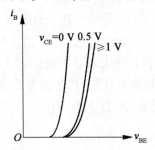

图 2-1-5　NPN 型硅 BJT 共射连接的输入特性曲线

当 v_{CE} 增大时,曲线将右移。因为当 v_{CE} 较小时,集电结可能处于正偏或者反偏电压很小,集电区收集载流子的能力较弱,使得发射区注入基区的载流子在基区复合的机会增大,i_B 较大。随着 v_{CE} 增大,集电结的反偏电压增大,使得集电结的空间电荷区变宽,基区的有效宽度减小,载流子在基区复合的机会减少,结果使 i_B 减小。相当于在同样的 v_{BE} 下 i_B 减小,输入特性曲线右移。

当 $v_{CE} \geqslant 1$ V 时,集电结的反偏电压足以将载流子收集到集电区,v_{CE} 再增加时,i_B 不再明显减小,因此输入特性曲线几乎重叠,用一条曲线表示。

2. 输出特性曲线族

共射极接法时,输出特性曲线是当基极电流 i_B 为一常数时,输出电流 i_C 与输出电压 v_{CE} 之间的关系的曲线。

$$i_C = f(v_{CE}) \mid i_B = 常数$$

如图 2-1-6 所示,对于每个确定的 i_B,都有一条对应的 i_C 与 v_{CE} 关系曲线。因此,输出特性是一系列曲线构成的曲线族。i_B 为一常数时,对应一条曲线,当 v_{CE} 从零逐渐增大时,i_C 快速增大,当 v_{CE} 增大到一定数值时,曲线几乎平行于横轴,i_C 几乎不再随着 v_{CE} 的增加而变化,i_C 主要受 i_B 的控制。

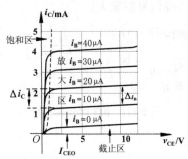

图 2-1-6　NPN 型硅 BJT 共射连接的输出特性曲线

2.1.4　BJT 的三个工作区

BJT 的输出特性曲线可划分为三个区域:截止区、饱和区和放大区,如图 2-1-6 所示。

1.截止区

$i_B=0$ 以下的区域为截止区。BJT 工作在截止区的条件是发射结反偏,集电结反偏。截止区的特点是 $i_B=0$,$i_C=i_E=I_{CEO}$,I_{CEO} 通常很小,可以忽略不计,$i_C=i_E\approx0$。

2.饱和区

输出特性曲线横轴的左上方 i_C 随 v_{CE} 增加快速上升区域为饱和区(图 2-1-6 中虚线左侧的区域)。BJT 工作在饱和区的条件是发射结正偏,集电结正偏。此时 $v_{CE}<v_{BE}$,v_{CE} 很小,集电结收集载流子的能力弱,i_B 增加 i_C 几乎不变,i_B 对 i_C 失去控制,$i_C<\beta i_B$。当 $v_{CE}=v_{BE}$(即 $v_{BC}=0$ 集电结零偏)时,BJT 处于饱和与放大的临界状态,称为临界饱和。此时集电极-发射极间的电压 v_{CE} 称为饱和压降,用 V_{CES} 表示。把输出特性上不同 $i_B(v_{BE})$ 时的临界饱和点连接起来就得出临界饱和线,如图 2-1-6 中虚线所示。

3.放大区

在 $i_B=0$ 以上,虚线右侧近似平行于横轴的区域为放大区。BJT 工作在放大区的条件是发射结正偏,集电结反偏。放大区的特点是 i_C 主要受 i_B 的控制,几乎与 v_{CE} 无关,$i_C=\beta i_B$。但实际上随着 v_{CE} 的增加,i_C 略有增加,即曲线向上略微倾斜,反映了 v_{CE} 对 i_C 略有影响。

共射交流电流放大系数 β 定义为:当 v_{CE} 为常数时,集电极电流的变化量 Δi_C 与基极电流的变化量 Δi_B 之比。由图 2-1-6 可见,基极电流发生微小变化 Δi_B,就可引起集电极电流很大的变化 Δi_C。

$$\beta=\Delta i_C/\Delta i_B\mid v_{CE}=常数$$

$\bar{\beta}$ 和 β 的含义不同,但两者数值较为接近,$\bar{\beta}\approx\beta$。今后在估算时,都用 β 表示。

2.1.5 BJT 各工作状态的基本应用

当 BJT 工作于截止区时,发射结和集电结均反偏,集电极-发射极间呈高阻状态,若忽略 I_{CEO},BJT 的集电极-发射极(c-e)间近似为开路,相当于开关的断开,如图 2-1-7(a)所示;当晶体管工作于饱和区时,集电极、发射极间的饱和压降 V_{CES} 压降很小,忽略 V_{CES} 不计时,BJT 的集电极-发射极(c-e)间近似为短路,相当于开关的闭合,如图 2-1-7(b)所示。

因此,在数字电路中,BJT 工作在饱和区和截止区。而在模拟电路中,主要利用 BJT 工作在放大区时的正向受控特性来实现信号的放大。

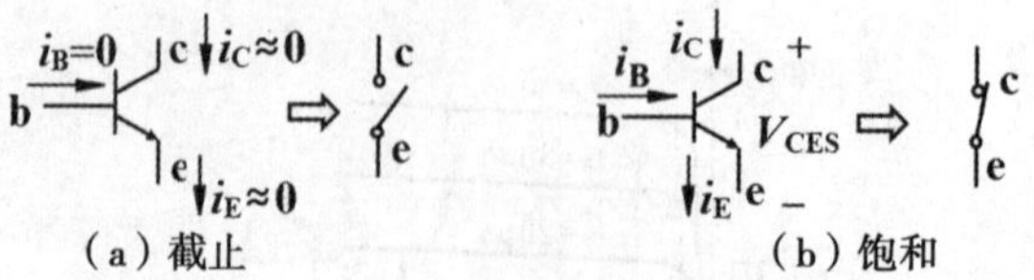

(a)截止   (b)饱和

图 2-1-7　BJT 的开关特性

2.1.6 场效应晶体管

场效应晶体管(Field Effect Transistor,FET)是另一种具有正向受控作用的半导体器件。BJT 是双极型器件,有自由电子和空穴两种极性的载流子参与导电,是一种电流控制器件。场效应晶体管是单极型器件,只有一种载流子(多子)参与导电,是一种电压控制器件。

场效应晶体管按基本结构的不同,可以分为两大类:结型场效应晶体管(Junction FET,

JFET)和金属-氧化物半导体场效应晶体管(Metal-Oxide-Semiconductor FET, MOSFET);按导电沟道中的多数载流子不同,场效应晶体管可分为N(电子)沟道和P(空穴)沟道场效应晶体管;按导电沟道形成的不同原理,场效应晶体管又分为增强型和耗尽型场效应管两大类。

MOS 场效应晶体管不仅体积小、重量轻、寿命长,还具有输入电阻高、噪声低、热稳定性好、抗辐射能力强、功耗低、便于集成等特点。因此,它是目前制造超大规模集成电路的主要有源器件。

2.2 共发射极放大电路

2.2.1 基本共发射极放大电路的组成

如图 2-2-1 所示,交流输入信号 v_i 是待放大的输入电压信号,加在输入回路的基极和发射极(b-e)之间;交流输出电压 v_o 从输出回路的集电极和发射极(c-e)之间取出。因此,发射极是输入回路和输出回路的公共端,称为共发射极放大电路,又称共射放大电路。

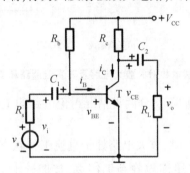

图 2-2-1 基本共发射极放大电路

BJT 是整个放大电路的核心元件,用来实现放大作用。

直流电压源 V_{CC} 与基极偏置电阻 R_b 保证 BJT 发射结正偏,并提供合适的基极电流 I_B。V_{CC} 还通过集电极电阻 R_c 保证 BJT 集电结反偏。

集电极电阻 R_c 的另一作用是将集电极电流的变化转换为电压的变化,实现电压放大。

耦合电容 C_1 和 C_2 的作用是"隔直通交"。对直流信号,C_1、C_2 视为开路,有隔离直流作用;对交流信号,C_1 和 C_2 容抗很小可忽略,视为短路,起耦合的作用。

由于放大电路中既有直流成分又有交流成分,因而 BJT 各极电压、电流瞬时值包含了直流分量和交流分量。我们对本书的各种符号做如下约定:

大写字母和大写下标表示直流分量(如 V_{BE}、I_B);

小写字母和小写下标表示交流分量(如 v_{be}、i_b);

小写字母和在大写下标表示瞬时总量(如 v_{BE}、i_B);

大写字母和小写下标表示交流的有效值(如 V_i);

$\dot{V}_i$、$\dot{I}_i$:正弦交流电压或电流的复数表示。

2.2.2 基本共射极放大电路的放大原理

在基本共射极放大电路中,直流信号和交流信号总是共存的。由于电抗性元件的存在,直流信号所流经的通路与交流信号所流经的通路通常是不完全相同的。

直流通路是直流信号流经的通路。画直流通路的方法是:交流信号源置零(电压源短路,电流源开路);电容开路;电感短路;其余保留。

交流通路是交流信号流经的通路。画交流通路的方法是:直流信号源置零(电压源短路,电流源开路),大电容对交流信号短路;其余保留。

在图 2-2-2(a)所示的基本共射极放大电路中,对于直流信号,C_1、C_2 开路,v_s 短路,直流通路如图 2-2-2(b)所示。对于交流信号,C_1、C_2 相当于短路,直流电压源 V_{CC} 短路视为接地,交流通路如图 2-2-2(c)所示。

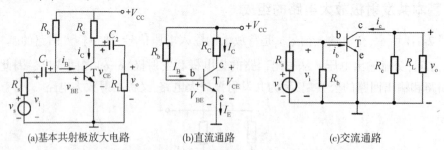

(a)基本共射极放大电路   (b)直流通路   (c)交流通路

图 2-2-2 基本共射极放大电路及其直流通路和交流通路

为了说明电压放大原理,我们不妨分两种情况讨论电路的工作状态。

1. 静态

当没有输入交流信号($v_i = 0$)时,放大电路处于直流工作状态,称为静止工作状态,简称静态。静态时,各极电流和极间电压称为静态工作点,常加一个下标 Q,用 V_{BEQ}、I_{BQ}、I_{CQ}、I_{EQ} 和 V_{CEQ} 表示。

当 $v_i = 0$ 时,V_{CC} 通过电阻 R_b 使发射结导通,在输入回路中产生基极电流 I_B。

$$I_{BQ} = \frac{V_{CC} - V_{BEQ}}{R_b} \tag{2.2.1}$$

电源电压 V_{CC} 又通过 R_c 使集电结反偏,BJT 处于放大状态,由于 BJT 的电流控制作用,有

$$I_{CQ} = \beta I_{BQ} \tag{2.2.2}$$

$$V_{CEQ} = V_{CC} - I_{CQ}R_c \tag{2.2.3}$$

静态工作点 V_{BEQ}、I_{BQ}、I_{CQ} 和 V_{CEQ} 用虚线表示,如图 2-2-3 所示。由于 V_{CEQ} 是直流量被电容 C_2 阻隔,输出电压 $v_o = 0$。也就是说,当输入电压 v_i 为零时,输出电压 v_o 为零。

2. 动态

当加上输入信号 v_i 后($v_i \neq 0$),放大电路处于交流工作状态。此时各极的电压、电流电路处于动态工作的情况,称为动态工作状态,简称动态。

当在静态基础上加入输入信号 v_i 时,BJT 各极电压和电流瞬时总量是动态变化的,均为直流量叠加交流量构成,即

$$v_{BE} = V_{BEQ} + v_{be} = V_{BEQ} + v_i \tag{2.2.4}$$

$$i_B = I_{BQ} + i_b \tag{2.2.5}$$

$$i_C = \beta i_B = \beta I_{BQ} + \beta i_b = I_{CQ} + i_c \tag{2.2.6}$$

$$v_{CE} = V_{CC} - i_C R_c = V_{CC} - (I_{CQ} + i_c) R_c = (V_{CC} - I_{CQ} R_c) - i_c R_c = V_{CEQ} + v_{ce} \tag{2.2.7}$$

如图 2-2-3 所示,当输入交流电压 v_i 通过 C_1 加到 BJT 的 b-e 之间时,使得发射结上瞬时电压 v_{BE} 不再是 V_{BEQ},而是 V_{BEQ} 与 v_i 的叠加;在交流电压 v_i 的作用下,基极电流也产生相应的交流分量 i_b,如果电路的静止工作状态设置合适,且输入信号 v_i 为小信号时,i_b 的变化规律将与 v_i 一致。由于 BJT 的电流放大作用,交流量 i_b 将产生集电极电流中的交流量 $i_c = \beta i_b$。

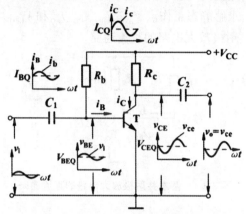

图 2-2-3   基本共射极放大电路的放大原理

由式(2.2.7)可知,瞬时总量 v_{CE} 是直流量 V_{CEQ} 与交流量 v_{ce} 的叠加,当 i_c 的瞬时值增加时,v_{CE} 瞬时值要减小;当 i_c 的瞬时值减小时,v_{CE} 瞬时值要增加。v_{CE} 的交流量 v_{ce} 与 i_c 极性相反,$v_{ce} = -i_c R_c$。由于电容 C_2 具有"隔直流、通交流"的作用,输出信号 v_{CE} 的直流分量 V_{CEQ} 被阻隔后,仅将交流分量 v_{ce} 传送到输出端,因此,输出电压

$$v_o = v_{ce} = -i_c R_c \tag{2.2.8}$$

若输出端带负载 R_L,$v_o = -i_c (R_c /\!/ R_L)$。

可见,如果电路的参数选择适当,由于 BJT 具有电流放大作用,v_o 的幅度将比 v_i 大得多,从而实现了电压放大。相应的电压、电流波形如图 2-2-3 所示。

通过分析可以得出以下几点结论:

(1)当输入信号 v_i 为零(静态)时,电路处于直流工作状态,$v_o = 0$。

(2)输入小信号 v_i 后,放大电路处于动态的工作状态。i_B、i_C 和 v_{CE} 能否如实反映 v_i 的变化规律,静态工作点 V_{BEQ}、I_{BQ}、I_{CQ} 和 V_{CEQ} 大小的选择是很重要的。因此,为放大电路设置合适的静态工作点,是保证电路动态正常工作的前提。

(3)输出电压 v_o 是输入电压 v_i 被放大后得到的交流信号,对共射放大电路,v_o 与 v_i 相位相反,相位相差 180°。

2.3   放大电路的分析方法

在分析放大电路时,应遵循"先静态,后动态"的原则。只有静态工作点设置合适,动态分析才有意义。

2.3.1　放大电路的静态分析

静态分析是指输入信号 v_i = 0 时，求解放大电路处于直流工作状态时 BJT 各极的电流和极间电压，即静态工作点 Q（如 V_{BEQ}、I_{BQ}、I_{CQ} 和 V_{CEQ} 等）。求解静态工作点时应先画直流通路。静态分析有两种方法：解析法（近似估算法）和图解法。

1.解析法

解析法的分析步骤为：画直流通路，分别写出输入、输出回路的外部条件方程，根据 BJT 放大状态的电流控制关系，求解静态工作点 V_{BEQ}、I_{BQ}、I_{CQ}、I_{EQ} 和 V_{CEQ}。

图 2-3-1 所示为基本共射极放大电路的直流通路。

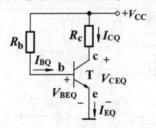

图 2-3-1　基本共射极放大电路的直流通路

由输入回路方程

$$V_{CC} = I_{BQ} R_b + V_{BEQ} \tag{2.3.1}$$

得

$$I_{BQ} = \frac{V_{CC} - V_{BEQ}}{R_b} \tag{2.3.2}$$

BJT 导通时，一般取 V_{BEQ} = 0.7 V（硅管），V_{BEQ} = 0.2 V（锗管）。

$$I_{CQ} = \beta I_{BQ} \tag{2.3.3}$$

$$I_{EQ} = (1+\beta) I_{BQ} \tag{2.3.4}$$

由输出回路方程

$$V_{CC} = I_{CQ}R_c + V_{CEQ} \tag{2.3.5}$$

得

$$V_{CEQ} = V_{CC} - I_{CQ}R_c \tag{2.3.6}$$

可见，电路中直流电源电压 V_{CC} 以及电路的元件参数 β、R_b 和 R_c 一旦确定，BJT 的静态工作点 Q 就确定了。图 2-3-1 这种结构的偏置电路称为固定偏置放大电路。

2.图解法

图解法是根据输入特性和输出特性曲线，利用作图的方法找到静态工作点 Q。分析步骤为：

（1）画直流通路，根据输入回路方程，在输入特性曲线上作出满足输入回路方程的直线（输入直流负载线），它与输入特性曲线的交点即为静态工作点，可得到 V_{BEQ} 和 I_{BQ}。

（2）根据输出回路方程，在输出特性曲线上作出满足输出回路方程的直线（输出直流负载线），它与 I_{BQ} 对应那条曲线的交点即为静态工作点。可得到 V_{CEQ} 和 I_{CQ}。

根据式（2.3.1）的输入回路方程，有

$$v_{BE} = V_{CC} - i_B R_b \tag{2.3.7}$$

在输入特性曲线上,画出满足式(2.3.7)的一条直线,该直线满足当 $i_B = 0$ 时,$v_{BE} = V_{CC}$;当 $v_{BE} = 0$ 时,$i_B = V_{CC}/R_b$,这条直线称为输入直流负载线,其斜率为 $-1/R_b$。输入直流负载线与输入特性曲线的交点就是所求的静态工作点 Q,其坐标分别为所求 V_{BEQ} 和 I_{BQ},如图 2-3-2(a)中所示。

同样,根据式(2.3.5)的输出回路方程,有

$$v_{CE} = V_{CC} - i_C R_c \tag{2.3.8}$$

在输出特性曲线上,画出满足式(2.3.8)的一条直线,该直线满足当 $i_C = 0$ 时,$v_{CE} = V_{CC}$;当 $v_{CE} = 0$ 时,$i_C = V_{CC}/R_c$,这条直线称为输出直流负载线,简称直流负载线。其斜率为 $-1/R_c$。直流负载线与输出特性曲线族中对应 $i_B = I_{BQ}$ 的那一条曲线的交点就是静态工作点 Q,其坐标分别为所求 V_{CEQ} 和 I_{CQ},如图 2-3-2(b)中所示。

在用图解法分析时,通常不必作输入直流负载线,而先用解析法确定 I_{BQ},再在输出特性曲线上作输出直流负载线,它与对应于 $i_B = I_{BQ}$ 的那条输出特性曲线的交点即 $Q(V_{CEQ}, I_{CQ})$。

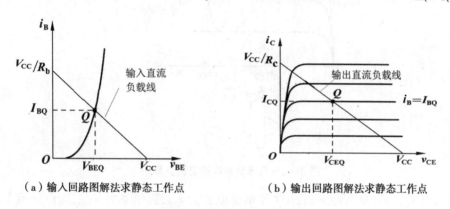

(a)输入回路图解法求静态工作点　　　　(b)输出回路图解法求静态工作点

图 2-3-2　静态工作点的图解法

2.3.2　放大电路的动态分析

动态分析是指输入信号($v_i \neq 0$)时,确定各极电压和电流的波形;或者求出动态参数,如电压放大倍数、输入电阻、输出电阻等。动态分析要先画交流通路。动态分析有两种方法:图解法和微变等效电路法。

1. 图解法

图解法是根据 BJT 的输入特性、输出特性曲线,利用作图方法分析在一定输入信号作用下各极电流和电压信号的动态变化。图解法可以直观形象地得出输入信号与输出信号的相位关系和动态范围,多用于分析 Q 点位置和非线性失真的关系,确定放大电路的电压放大倍数、最大不失真输出电压幅度等。

一般放大电路的输出端都要带负载。如图 2-2-2(a)所示的基本共射极放大电路中,由于 C_2 的隔直作用,负载不会影响静态分析。但是,在动态分析时,负载会影响放大电路的工作情况,需要加以考虑。

当基本共射极放大电路的输出带负载 R_L 时,由图 2-2-2(c)所示的交流通路可以看出,放大电路的交流负载 R'_L 为电阻 R_c 与 R_L 的并联($R'_L = R_c /\!/ R_L$)。

因为

$$v_{ce} = -i_c R'_L = -(i_C - I_{CQ}) R'_L \qquad (2.3.9)$$

$$v_{CE} = V_{CEQ} + v_{ce} \qquad (2.3.10)$$

所以,

$$v_{CE} = V_{CEQ} - (i_C - I_{CQ}) R'_L \qquad (2.3.11)$$

在输出特性曲线上作一条满足式(2.3.11)方程的直线称为输出交流负载线,简称交流负载线,如图 2-3-3 所示。它反映出 v_{CE} 工作点随 i_C 工作点变化的对应关系,该直线的斜率为 $-1/R'_L$。

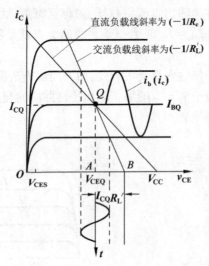

图 2-3-3　直流负载线和交流负载线

当输入电压 $v_i = 0$ 处于静态时,BJT 集电极电流为 I_{CQ},管压降为 V_{CEQ},所以交流负载线必须经过静态工作点 Q。因此,过 Q 点作一条斜率为 $-1/R'_L$ 的直线就是交流负载线。由图 2-3-3 可知,因为交流负载线的斜率为 $-1/R'_L$,在三角形 QAB 中,AB 等于 $I_{CQ}R'_L$,因此交流负载线与横轴的交点 B 的坐标为 $(V_{CEQ} + I_{CQ}R'_L, 0)$,实际上,连接 B 点与 Q 点的直线也就是交流负载线。

直流负载线也过 Q 点,其斜率为 $-1/R_c$,交流负载线比直流负载线要陡一些,但当负载开路($R_L \to \infty$)时,直流负载线将与交流负载线重合。

动态分析图解法的步骤是先根据输入信号电压 v_i,在输入特性上画出相应 i_B 的波形,然后根据 i_B 的变化在输出特性上画出对应的 i_C 和 v_{CE} 的波形。如图 2-3-4 所示,当输入电压 v_i 为正弦电压时,发射结上电压 v_{BE} 是 V_{BEQ} 叠加上交流量 $v_i(v_{be})$。假设输入信号 v_i 是小信号,v_{BE} 的动态工作范围都工作在线性区,在 v_i 的作用下,根据输入特性曲线可画出对应的 i_B 的波形,如图 2-3-4(b)所示。根据 i_B 的动态变化可以在输出特性上得到相应的 i_C 的变化。i_C 工作点和 v_{CE} 工作点沿输出交流负载线变化,可以得到 i_C 所对应的 v_{CE} 的波形图,如图 2-3-4(a)所示。

由如图 2-3-4 可以看出,当 v_i 增大时,v_{CE} 减小;当 v_i 减小时,v_{CE} 增大。经过 C_2 的隔直作用后,v_{CE} 中的交流分量就是交流输出电压 v_o。可见,v_o 与 v_i 相位相反,而且输出电压 v_o 的幅度远大于输入电压 v_i 的幅度,实现了电压放大。由图 2-3-4(a)可知,当忽略 I_{CEO} 时,输出信号的最大不失真幅度是 $I_{CQ}R'_L$ 和 $V_{CEQ} - V_{CES}$ 两者中较小的值。

在输入信号 v_i 不变的情况下,放大电路带负载后输出电压 v_o 的幅值要比空载时 v_o 的幅值小,电压放大倍数也变小。

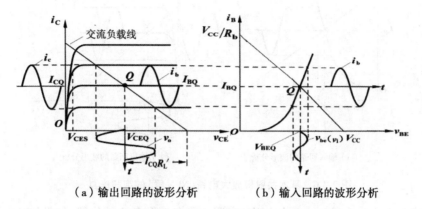

(a)输出回路的波形分析　　　　　(b)输入回路的波形分析

图 2-3-4　基本共射极放大电路的动态图解法分析

放大电路的主要目标是不失真地放大输入信号。当静态工作点 Q 设置不合适或者输入信号幅度太大时,信号的动态工作范围超出了 BJT 特性曲线的线性范围,就会产生非线性失真。非线性失真是由于 BJT 器件的非线性而引起的失真,分为截止失真和饱和失真。图 2-3-5 和图 2-3-6 所示为 NPN 管的基本共射极放大电路中的非线性失真。

由于 Q 点太低,若输入信号 v_i 较大时,动态工作点容易先进入截止区,产生截止失真。如图 2-3-5 所示, i_C 和 v_{CE} 都产生了严重的失真,输出电压 v_o 的正半周(即顶部)被削去了一部分。

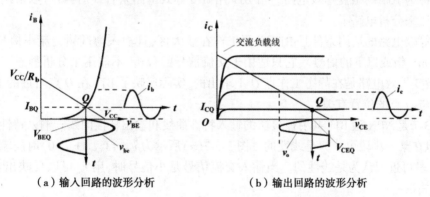

(a)输入回路的波形分析　　　　　(b)输出回路的波形分析

图 2-3-5　基本共射极放大电路(NPN 管)的截止失真

由于 Q 点过高,若输入信号 v_i 又较大时,动态工作点容易先进入饱和区,产生饱和失真。如图 2-3-6 所示, i_C 和 v_{CE} 都产生了严重的失真,输出电压 v_o 的负半周(波形底部)被削去了一部分。

为了避免非线性失真,必须设置合适的静态工作点 Q 的位置。一般直流电源电压 V_{CC} 是固定的,通常情况下,可通过调节 R_b 来改变静态工作点。如果静态工作点过低,可减小 R_b 来避免截止失真。如果静态工作点过高,可通过增大 R_b 或减小 R_c 来避免饱和失真,但减小 R_c 会降低交流信号的电压放大倍数。

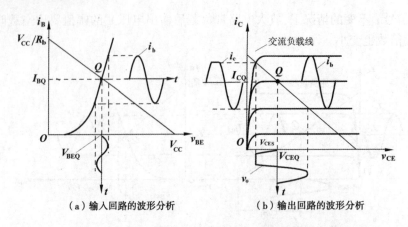

（a）输入回路的波形分析　　　　　（b）输出回路的波形分析

图 2-3-6　基本共射极放大电路(NPN 管)的饱和失真

为了提高最大不失真输出电压的幅度,应调节静态工作点 Q 的位置,如果忽略管子的 V_{CES} 和 I_{CEO},则应选择 Q 点位于交流负载线的中点附近。当然,输入信号的幅值也不能太大,否则即使 Q 的位置合适,放大电路的动态工作范围也会超过特性曲线的线性范围而产生非线性失真。

2.微变等效电路法

BJT 是非线性器件,在放大电路的输入为低频交流小信号(微变)的情况下,可以把 BJT 在某一小段的特性曲线近似为线性的直线。这样,BJT 就可以用一个线性的等效电路来代替,该等效电路称为 BJT 的微变等效电路。当 BJT 用微变等效电路来替换后,就可以采用线性电路的处理方法来分析电路了。

微变等效电路的适用条件是 BJT 必须工作在放大区,且输入为低频交流小信号(小信号一般是指 mV 级或以下的信号),它只适用于交流信号的分析,不能用来分析静态工作点。但是,由于微变等效电路是在静态工作点 Q 上求出的,实际反映了 BJT 在 Q 点附近的工作情况,所以它又与 Q 点的位置有关。

图 2-3-7 是 NPN 型 BJT 共射极接法的输入特性曲线和输出特性曲线。输入特性曲线是非线性的,但在某一小段可认为是线性的。图 2-3-7(a)所示为 $v_{CE} = V_{CEQ}(v_{ce} = 0)$ 时的输入特性曲线,在 AB 段可近似认为是线性的。当输入交流信号是小信号时,用 r_{be} 可以反映出 v_{be} 和 i_b 之间的线性关系。

$$r_{be} = \frac{\Delta v_{BE}}{\Delta i_B}\bigg|_{V_{CEQ}} = \frac{v_{be}}{i_b}\bigg|_{v_{ce}=0}$$

r_{be} 为输出端交流短路($v_{ce} = 0$,即 $v_{CE} = V_{CEQ}$)时的输入电阻,即小信号作用下 b-e 间的交流动态电阻。r_{be} 在手册中常用 h_{ie} 代表。虽然输出回路电压 v_{ce} 对输入回路电压 v_{be} 也有反馈作用,但影响很小,可以被忽略。

低频小功率 BJT 的 r_{be} 常用下式估算:

$$r_{be} = r_{bb'} + (1 + \beta)\frac{26(\text{mV})}{I_E(\text{mA})} \tag{2.3.12}$$

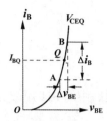
(a) $v_{CE} = V_{CEQ}$ 的输入特性曲线

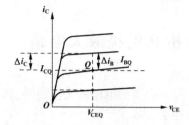
(b) 输出特性曲线中 i_B 对 i_C 的控制

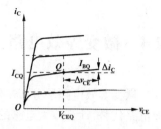
(c) 输出特性曲线中 v_{CE} 对 i_C 的影响

图 2-3-7　NPN 型 BJT 共射极连接的输入、输出特性曲线

式中：$r_{bb'}$ 是基区体电阻，约为 $100 \sim 300\ \Omega$。I_E 是发射极的静态电流。可见，虽然 r_{be} 为交流电阻，但它的大小却和静态电流有关，说明 BJT 的直流状态会影响交流工作情况。

图 2-3-7(b) 是输出特性曲线族，是一组近似等距离的平行直线，i_C 主要受 i_B 控制。在小信号的条件下，β 反映了 i_b 控制 i_c 的关系。

$$\beta = \frac{\Delta i_C}{\Delta i_B}\bigg|_{V_{CEQ}} = \frac{i_c}{i_b}\bigg|_{v_{ce}=0}$$

β 为输出端交流短路($v_{ce}=0$，即 $v_{CE}=V_{CEQ}$)时的电流放大系数。β 在手册中常用 h_{fe} 代表。

此外，如图 2-3-7(c) 所示，输出特性曲线不完全与横轴平行，虽然 i_C 主要受 i_B 控制，但随着 v_{CE} 的增加，i_C 略有增加，即曲线向上略微倾斜，r_{ce} 可以反映出 v_{ce} 对 i_c 的影响。

$$r_{ce} = \frac{\Delta v_{CE}}{\Delta i_C}\bigg|_{I_{BQ}} = \frac{v_{ce}}{i_c}\bigg|_{i_b=0}$$

r_{ce} 为输入端交流开路($i_B = I_{BQ}$，即 $i_b=0$)时的输出电阻。通常 r_{ce} 的阻值很大，约为几十千欧到几百千欧。r_{ce} 在手册中常用 $1/h_{oe}$ 表示。

综上所述，BJT 共射接法的微变等效电路如图 2-3-8(b) 所示。输入回路的 b-e 间可以近似为输入交流电阻 r_{be} 构成的等效电路，输出回路 c-e 间可以近似为受控电流源 βi_b 与输出交流电阻 r_{ce} 并联而构成的等效电路。如果忽略 v_{ce} 对 i_c 的影响，可将 r_{ce} 当开路处理，微变等效电路可进一步简化，简化的微变等效电路如图 2-3-8(c) 所示。需要注意的是，微变等效电路中 $\dot{I}_b$ 是交流量，虽然参考方向可以任意假设，但是受控电流源 $\beta\dot{I}_b$ 的电流方向和 $\dot{I}_b$ 的方向的对应关系不得改变，即假设 $\dot{I}_b$ 的方向从 b 指向 e，则受控电流源 $\beta\dot{I}_b$ 的方向应该从 c 指向 e。如果 $\dot{I}_b$ 的方向改变，受控电流源的方向也要随之改变。

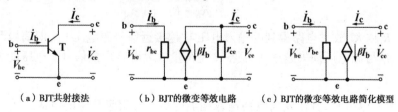

(a) BJT共射接法　　　(b) BJT的微变等效电路　　　(c) BJT的微变等效电路简化模型

图 2-3-8　BJT 共射极接法微变等效电路

2.4 微变等效电路法分析共射极放大电路

微变等效电路法分析步骤如下:画出放大电路的交流通路,将交流通路中的BJT用微变等效电路代替,计算放大电路的动态性能参数。

2.4.1 放大电路的动态性能指标

放大电路的动态性能指标表明放大电路在动态工作情况下的电路性能。其主要参数有输入电阻 R_i、输出电阻 R_o 和电压放大倍数 $\dot{A}_v$ 等。

实际应用中,放大电路的输入端可能要接信号源 $\dot{V}_\mathrm{s}$(也可能是前级放大电路的输出端),而放大电路的输出端可能要带负载 R_L(也可能是后级的放大电路)。如图2-4-1所示,$\dot{V}_\mathrm{s}$ 为信号源电压,R_s 为信号源内阻,$\dot{V}_\mathrm{i}$ 为放大电路的输入电压,$\dot{V}_\mathrm{oo}$ 为负载开路时的输出电压,R_L 为放大电路的负载,$\dot{V}_\mathrm{o}$ 为放大电路的输出电压。如果从信号源 $\dot{V}_\mathrm{s}$ 向放大电路看,放大电路相当于是信号源的负载,信号源的负载电阻就是放大电路的输入电阻 R_i;而如果从输出端负载 R_L 向放大电路看,放大电路对于负载 R_L 而言相当于一个带有内阻的受控信号源(电压源或电流源)。这个受控信号源的内阻就是放大电路的输出电阻 R_o。

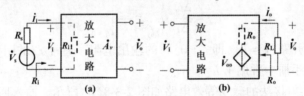

图2-4-1 放大电路的输入电阻和输出电阻

1.输入电阻 R_i

放大电路的输入电阻是从输入信号端口向放大电路看进去,放大电路所呈现的交流等效电阻,用 R_i 表示。如图2-4-1(a)所示,若信号源内阻为 R_s,放大电路的输入电压 $\dot{V}_\mathrm{i}$ 与信号源电压 $\dot{V}_\mathrm{s}$ 之间的关系为

$$\dot{V}_\mathrm{i} = \dot{V}_\mathrm{s} \frac{R_\mathrm{i}}{R_\mathrm{i} + R_\mathrm{s}} \tag{2.4.1}$$

R_s 一定时,R_i 越大,放大电路得到的输入电压 $\dot{V}_\mathrm{i}$ 越接近信号源电压 $\dot{V}_\mathrm{s}$,即信号源内阻 R_s 上的电压就越小,信号源电压损失越小。可见,R_i 是衡量放大电路承接信号源电压能力的一个重要指标。

定量分析输入电阻时,若在放大电路输入端加电压 $\dot{V}_\mathrm{i}$,相应产生的电流为 $\dot{I}_\mathrm{i}$,如图2-4-1(a)所示,输入电阻

$$R_\mathrm{i} = \frac{\dot{V}_\mathrm{i}}{\dot{I}_\mathrm{i}} \tag{2.4.2}$$

2.输出电阻 R_o

放大电路的输出电阻是从放大电路输出端(不包括外接负载)向放大电路方向看进去的等效电阻,用 R_o 来表示。

如图 2-4-1(b)所示,从输出端负载向放大电路看,放大电路可等效为一个受控电压源及其内阻,这个内阻即为放大电路的输出电阻 R_o。其中,$\dot{V}_{oo}$ 为放大电路的负载开路时的输出电压,当带上负载 R_L 后,放大电路的实际输出电压

$$\dot{V}_o = \dot{V}_{oo}\frac{R_L}{R_L + R_o} \tag{2.4.3}$$

因此,输出电阻 R_o 大小是衡量放大电路带负载能力的一个重要指标。R_o 越小,实际输出电压 $\dot{V}_o$ 越接近空载输出电压 $\dot{V}_{oo}$,而且当 R_L 变化时,输出电压的变化率越小,说明放大电路带负载能力越强。

输出电阻 R_o 的计算方法如下:

将放大电路交流通路中的独立交流信号源置零(电压源短路,电流源开路),将负载开路,其余的保留,若在输出端加电压 $\dot{V}_o$,产生的电流为 $\dot{I}_o$,则输出电阻

$$R_o = \left.\frac{\dot{V}_o}{\dot{I}_o}\right|_{\dot{V}_s = 0, R_L \rightarrow \infty} \tag{2.4.4}$$

3.电压放大倍数 $\dot{A}_v$

$$\dot{A}_v = \frac{\dot{V}_o}{\dot{V}_i} \tag{2.4.5}$$

4.通频带 BW

当电压放大倍数由中频电压放大倍数 $|\dot{A}_{vm}|$ 下降到 $1/\sqrt{2}$ 倍 $|\dot{A}_{vm}|$ 时所对应的高频率点 f_H 和低频率点 f_L 之间的频率差,称为放大电路的通频带或带宽,通常用 BW 表示。f_H 称为上限频率,f_L 称为下限频率,如图 2-4-2 所示。通频带反映了放大电路对输入信号频率变化的适应能力。为了不失真地放大有用信号,放大电路的通频带应该大于有用信号的有效带宽。

$$BW = f_H - f_L \tag{2.4.6}$$

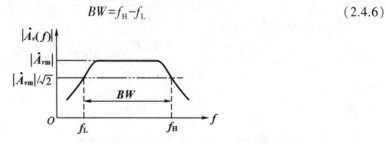

图 2-4-2 放大电路的通频带

2.4.2 共射极放大电路的动态性能的计算

图 2-4-3(a)是固定偏置的共射极放大电路。对交流信号,耦合电容 C_1 和 C_2 短路;直流电压源 V_{CC} 交流短路后视为接地,交流通路如图 2-4-3(b)所示,微变等效电路如图 2-4-3(c)

所示。

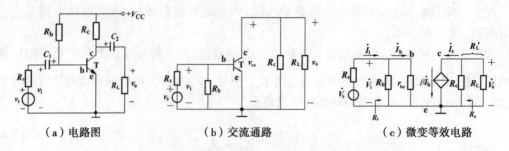

（a）电路图　　　　　　（b）交流通路　　　　　　（c）微变等效电路

图 2-4-3　基本共射极放大电路的交流通路及其微变等效电路

2.4.3　共射极放大电路的动态性能指标的计算

由图 2-4-3（c）的微变等效电路,可计算出输入电阻 R_i、输出电阻 R_o 和电压放大倍数 $\dot{A}_v$。

1.输入电阻 R_i

$$R_i = \frac{\dot{V}_i}{\dot{I}_i} = \frac{\dot{V}_i}{\dfrac{\dot{V}_i}{R_b} + \dfrac{\dot{V}_i}{r_{be}}} = \frac{1}{\dfrac{1}{R_b} + \dfrac{1}{r_{be}}}$$

则
$$R_i = R_b // r_{be} \tag{2.4.7}$$

若 $R_b \gg r_{be}$ 时,
$$R_i \approx r_{be} \tag{2.4.8}$$

若 $r_{bb}' = 300\ \Omega$,根据静态工作点 I_{EQ} 和 β,可估算

$$r_{be} = 300 + (1+\beta)\frac{26(\mathrm{mV})}{I_{EQ}(\mathrm{mA})}$$

2.输出电阻 R_o

当输入电压源 $\dot{V}_s$ 短路（$\dot{V}_s = 0$）,输出负载 R_L 开路（$R_L \to \infty$）时,因为 $\dot{I}_b = 0$,$\beta\dot{I}_b = 0$,所以
$$R_o = R_c \tag{2.4.9}$$

3.电压放大倍数 $\dot{A}_v$

$$\dot{A}_v = \frac{\dot{V}_o}{\dot{V}_i} = \frac{-\beta\dot{I}_b R_L'}{\dot{I}_b r_{be}} \quad (\text{式中 } R_L' = R_c // R_L)$$

即
$$\dot{A}_v = -\frac{\beta R_L'}{r_{be}} \tag{2.4.10}$$

当负载开路时（$R_L \to \infty$）,$R_L' = R_c$,电压放大倍数

$$\dot{A}_{vo} = -\frac{\beta R_c}{r_{be}} \tag{2.4.11}$$

$\dot{A}_v$ 和 $\dot{A}_{vo}$ 的负号表示输出电压 $\dot{V}_o$ 与输入电压 $\dot{V}_i$ 的相位相反;电压放大倍数 $\dot{A}_v$ 与 负载 R_L、β 和 r_{be} 有关。当负载开路时,电压放大倍数最大。共射极放大电路不仅可以实现电压放大,同时也实现了电流放大。

2.5 放大电路静态工作点的稳定

2.5.1 温度对静态工作点的影响

放大电路进行信号正常放大的前提是必须有合适的静态工作点,才能保证信号的工作范围处于放大区而不会产生非线性失真。在前面讨论的固定偏置电路中,当直流电源电压和电路元件参数确定后,静态工作点 I_{BQ}、I_{CQ}、V_{CEQ} 是确定的。但环境温度对静态工作点的影响会通过 β、V_{BEQ}、I_{CBO} 三个对温度敏感的参数而产生变化,温度升高会引起 β 增大、V_{BE} 减小和 I_{CBO} 增大,将会导致静态工作点发生移动,严重时会使信号的工作范围超出放大区而进入截止区或饱和区,并产生非线性失真。而且,静态工作点的变化也会影响放大电路的动态性能。因此,设计具有热稳定性的偏置电路是保证放大电路性能稳定的关键。

2.5.2 分压式射极偏置电路

如图 2-5-1(a)所示的分压式射极偏置电路是一种能使静态工作点稳定的电路。与固定偏置电路相比,分压式射极偏置电路除了用基极上偏置电阻 R_{b1} 和基极下偏置电阻 R_{b2} 组成的分压电路来取代 R_b 外,还在发射极上接入了射极偏置电阻 R_e。

1.稳定静态工作点的过程

如图 2-5-1(b)所示为分压式射极偏置电路的直流通路。如果参数选择合适,满足 $I_1 >> I_{BQ}$,则 $I_1 \approx I_2$,则基极电位 V_{BQ} 由 R_{b1} 和 R_{b2} 的分压决定:

$$V_{BQ} \approx \frac{R_{b2}}{R_{b1} + R_{b2}} \cdot V_{CC} \tag{2.5.1}$$

偏置电阻确定后,V_{BQ} 为定值。其稳定静态工作点的过程如下:

当温度升高使 I_{CQ} 增大时,I_{EQ} 增大,I_{EQ} 在 R_e 上产生的压降 $V_{EQ} = I_{EQ}R_e$ 也增大,而 V_{BQ} 为定值,所以加到发射结的电压 $V_{BEQ} = V_{BQ} - V_{EQ}$ 减小,引起 I_{BQ} 减小,I_{CQ} 也减小,I_{CQ} 趋于稳定。

可见,分压式射极偏置电路之所以能够有效地稳定静态工作点就在于电阻 R_e 对 I_{CQ} 的自动调节作用。由于 R_e 处在输入回路和输出回路之间,它能使输出电流 I_{CQ} 的变化通过 R_e 转换为 V_{EQ} 的变化,反过来影响 V_{BEQ},使 I_{CQ} 基本保持不变。这种自动调节的过程称为负反馈。

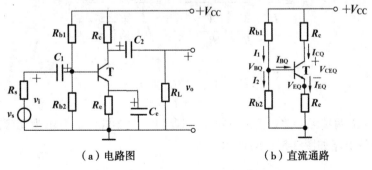

（a）电路图　　　　　　　（b）直流通路

图 2-5-1　分压式射极偏置电路

2.分压式射极偏置电路的分析

(1)静态分析

直流通路如图 2-5-1(b)所示。可以采用戴维南定理将输入回路等效后进行静态工作点的计算。如果参数设计满足 $I_1 \gg I_{BQ}$，$I_1 \approx I_2$ 时，也可以采用如下近似估算方法：

$$V_{BQ} \approx \frac{R_{b2}}{R_{b1} + R_{b2}} \cdot V_{CC}$$

$$V_{EQ} = V_{BQ} - V_{BEQ} \tag{2.5.2}$$

$$I_{EQ} = \frac{V_{EQ}}{R_e} \approx I_{CQ} \tag{2.5.3}$$

$$I_{BQ} = I_{CQ}/\beta \tag{2.5.4}$$

$$V_{CEQ} = V_{CC} - I_{CQ}(R_c + R_e) \tag{2.5.5}$$

(2)动态分析

交流通路如图 2-5-2(a)所示,微变等效电路如图 2-5-2(b)所示。

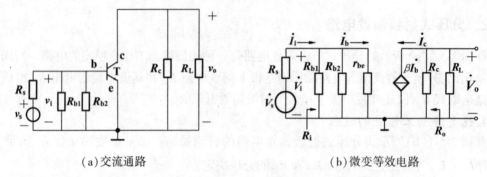

(a)交流通路   (b)微变等效电路

图 2-5-2 分压式射极偏置电路的交流通路和微变等效电路

$$\dot{A}_v = \frac{\dot{V}_o}{\dot{V}_i} = \frac{-\beta \dot{I}_b R'_L}{\dot{I}_b r_{be}} \qquad (\text{式中}, R'_L = R_c /\!/ R_L)$$

则

$$\dot{A}_v = -\frac{\beta R'_L}{r_{be}} \tag{2.5.6}$$

$$R_i = \frac{\dot{V}_i}{\dot{I}_i} = \frac{\dot{V}_i}{\dfrac{\dot{V}_i}{R_{b1}} + \dfrac{\dot{V}_i}{R_{b2}} + \dfrac{\dot{V}_i}{r_{be}}} = \frac{1}{\dfrac{1}{R_{b1}} + \dfrac{1}{R_{b2}} + \dfrac{1}{r_{be}}}$$

则

$$R_i = R_{b1} /\!/ R_{b2} /\!/ r_{be} \tag{2.5.7}$$

$$R_o = R_c \tag{2.5.8}$$

下面分析当 R_e 两端无旁路电容 C_e 时的动态参数。图 2-5-3(a)所示为无旁路电容 C_e 时的电路,其微变等效电路如图 2-5-3(b)所示。

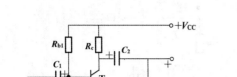 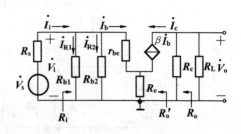

（a）电路图　　　　　　　　　　　　（b）微变等效电路

图 2-5-3　无旁路电容 C_e 的分压式偏置电路和微变等效电路

$$\dot{A}_v = \frac{\dot{V}_o}{\dot{V}_i} = \frac{-\beta \dot{I}_b R'_L}{\dot{I}_b r_{be} + (1+\beta)\dot{I}_b R_e} = -\frac{\beta R'_L}{r_{be} + (1+\beta)R_e} \quad (\text{式中}, R'_L = R_c /\!/ R_L)$$

则

$$\dot{A}_v = -\frac{\beta R'_L}{r_{be} + (1+\beta)R_e}$$

$$R_i = \frac{\dot{V}_i}{\dot{I}_i} = \frac{\dot{V}_i}{\dot{I}_{R1} + \dot{I}_{R2} + \dot{I}_b} = \frac{\dot{V}_i}{\dfrac{\dot{V}_i}{R_{b1}} + \dfrac{\dot{V}_i}{R_{b2}} + \dfrac{\dot{V}_i}{r_{be} + (1+\beta)R_e}} \tag{2.5.9}$$

则

$$R_i = R_{b1} /\!/ R_{b2} /\!/ [r_{be} + (1+\beta)R_e] \tag{2.5.10}$$

$$R_o = R'_o /\!/ R_c$$

一般 $R'_o \gg R_c$，则

$$R_o \approx R_c \tag{2.5.11}$$

通过分析可知，如果无旁路电容 C_e，由于射极电阻 R_e 的存在，会提高输入电阻，但是会引起电压放大倍数的下降。如果有旁路电容 C_e，C_e 对直流信号相当于开路，对直流通路不产生影响，可以起到稳定静态工作点的作用，但在交流通路中，当 R_e 被旁路电容 C_e 短路后，使 $R_e = 0$，因此，不会造成电压放大倍数的下降。

2.6　共集电极和共基极放大电路

共集电极放大电路图如图 2-6-1（a）所示。输入信号加在 BJT 的基极，从发射极输出信号，集电极作为交流输入信号和输出信号的公共端，称为共集电极放大电路，又称为射极输出器。

2.6.1　共集电极放大电路

1.静态分析
直流通路如图 2-6-1（b）所示。根据直流通路，可确定静态工作点。

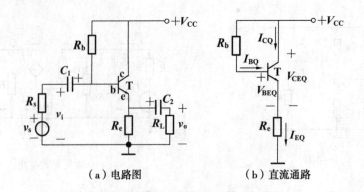

（a）电路图　　　　　（b）直流通路

图 2-6-1　共集电极放大电路

$$V_{CC} = I_{BQ}R_b + V_{BEQ} + (1 + \beta) I_{BQ}R_e$$

$$I_{BQ} = \frac{V_{CC} - V_{BEQ}}{R_b + (1 + \beta) R_e} \tag{2.6.1}$$

$$I_{EQ} = (1+\beta) I_{BQ} \tag{2.6.2}$$

$$V_{CEQ} = V_{CC} - I_{EQ} R_e \tag{2.6.3}$$

2. 动态分析

交流通路如图 2-6-2（a）所示，微变等效电路如图 2-6-2（b）所示。

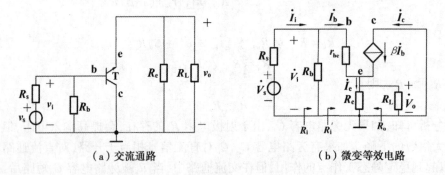

（a）交流通路　　　　　　　　（b）微变等效电路

图 2-6-2　共集电极放大电路的交流通路和微变等效电路

（1）电压放大倍数 $\dot{A}_v$

$$\dot{V}_i = \dot{I}_b r_{be} + \dot{I}_e R'_L = \dot{I}_b r_{be} + (1 + \beta)\dot{I}_b R'_L \tag{2.6.4}$$

式中 $R'_L = R_e /\!/ R_L$。

$$\dot{A}_v = \frac{\dot{V}_o}{\dot{V}_i} = \frac{(1 + \beta) \dot{I}_b R'_L}{\dot{I}_b r_{be} + (1 + \beta) \dot{I}_b R'_L} \tag{2.6.5}$$

则

$$\dot{A}_v = \frac{\dot{V}_o}{\dot{V}_i} = \frac{(1 + \beta) R'_L}{r_{be} + (1 + \beta) R'_L} \tag{2.6.6}$$

由式(2.6.6)可知:共集电极放大电路的 V_o 略小于 V_i，$\dot V_o \approx \dot V_i$。电压放大倍数 $\dot A_v$ 小于1，且接近于1，说明没有电压放大作用。但 $\dot I_e = (1+\beta)\dot I_b$，仍有一定的电流放大和功率放大作用。由于共集电极放大电路的输出电压与输入电压同相位且近似相等，又称为射极跟随器。

（2）输入电阻 R_i

由式(2.6.4)，得

$$R'_i = \frac{\dot V_i}{\dot I_b} = r_{be} + (1+\beta)R'_L \tag{2.6.7}$$

式中 $R'_L = R_e /\!/ R_L$。

$$R_i = R_b /\!/ R'_i = R_b /\!/ [r_{be} + (1+\beta)R'_L] \tag{2.6.8}$$

因为流过 R'_L 的电流 $\dot I_e = (1+\beta)\dot I_b$，$(1+\beta)R'_L$ 可以理解为 R'_L 折算到流过基极电流 $\dot I_b$ 的电阻。式(2.6.8)说明共集电极放大电路的输入电阻比共发射极放大电路的输入电阻大得多。

（3）输出电阻 R_o

求输出电阻 R_o 的等效电路如图 2-6-3 所示。将交流通路中信号源 $\dot V_s$ 短路，保留其内阻 R_s，将负载 R_L 开路后，在输出端加一交流电压 $\dot V_o$，产生电流 $\dot I_o$，则

$$\dot I_o = \dot I_{Re} - (1+\beta)\dot I_b \tag{2.6.9}$$

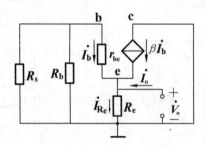

图 2-6-3　计算 R_o 的等效电路

由于 $\dot I_b = -\dfrac{\dot V_o}{r_{be}+R'_s}$　$(R'_s = R_s /\!/ R_b)$，且 $\dot I_{Re} = \dfrac{\dot V_o}{R_e}$，则

$$\dot I_o = \frac{\dot V_o}{R_e} + (1+\beta)\frac{\dot V_o}{r_{be}+R'_s}$$

即

$$R_o = \frac{\dot V_o}{\dot I_o} = \frac{1}{\dfrac{1}{R_e} + \dfrac{1+\beta}{r_{be}+R'_s}}$$

则

$$R_o = R_e \mathbin{/\!/} \frac{r_{be} + R'_s}{1 + \beta} \tag{2.6.10}$$

通常,$R_e \gg \dfrac{r_{be} + R'_s}{1 + \beta}$,

$$R_o \approx \frac{r_{be} + R'_s}{1 + \beta} \tag{2.6.11}$$

式(2.6.11)说明共集电极放大电路的输出电阻很小,而且与信号源的内阻有关。

3.特点和应用

共集电极放大电路的电压放大倍数 $\dot{A}_v$ 小于1,且接近于1,输出电压与输入电压同相位且大小近似相等。它的输入电阻高,输出电阻低,对前级放大电路而言,高输入电阻对前级的影响甚小;对后级放大电路而言,由于它的输出电阻低,正好与输入电阻低的电路配合。因此,共集电极放大电路在多级放大电路中可以做输入级、输出级或中间缓冲级。

2.6.2 共基极放大电路

共基极放大电路图如图 2-6-4(a)所示。输入信号加在 BJT 的发射极,从集电极输出信号,基极作为交流输入信号和输出信号的公共端,称为共基极放大电路。

图 2-6-4(b)所示为直流通路。

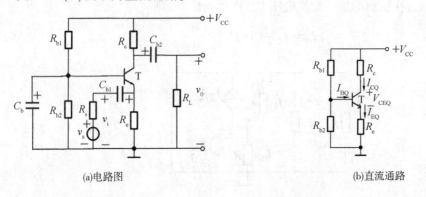

(a)电路图　　　　　　　　　　　(b)直流通路

图 2-6-4　共基极放大电路

图 2-6-5(a)为交流通路,图 2-6-5(b)为微变等效电路。请读者按前面的分析方法自行分析。

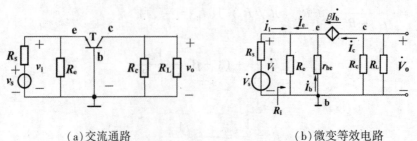

(a)交流通路　　　　　　　　　　(b)微变等效电路

图 2-6-5　共基极放大电路的交流通路和微变等效电路

共基极放大电路的特点是:输入电阻非常低;电压放大倍数与共发射极放大电路大小一

样,但是数值为正,说明输出电压与输入电压同相位;输出电阻与共发射极放大电路大小相当。共基极放大电路的最大优点是频带宽,常用于高频或宽频带低输入阻抗的场合。

2.7 多级放大电路

在实际应用中,为了使微弱的信号达到足够高的幅度,或者获得合适的输入电阻和输出电阻,常常需要将多个放大电路连接起来构成多级放大电路。多级放大电路的构成如图2-7-1所示。在多级放大电路中前后级相连,前级放大电路的输出电阻相当于后级放大电路的信号源内阻,后级放大电路的输入电阻相当于前级放大电路的负载电阻。

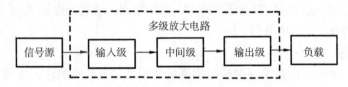

图 2-7-1 多级放大电路的构成框图

2.7.1 多级放大电路的耦合方式

多级放大电路的级与级之间的连接称为放大电路的耦合方式。常见的耦合方式有三种:阻容耦合、直接耦合和变压器耦合。

1.阻容耦合

多级放大电路中前后级采用耦合电容连接的耦合方式称为阻容耦合。图2-7-2所示为两级阻容耦合放大电路。由于耦合电容的"隔直"作用,各级静态工作点相互独立,互不影响。但当信号频率太低时,耦合电容呈现很大的容抗,使信号衰减很大,所以,不适合放大直流和缓慢变化的信号,低频特性很差。其次,大容量的电容在集成电路中难以集成,所以阻容耦合在集成电路中无法采用。

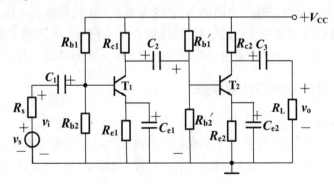

图 2-7-2 两级阻容耦合放大电路

2.直接耦合

直接耦合是前后级直接连接的一种耦合方式,如图2-7-3所示。在这种耦合方式中,信号直接从前级传送到后级,既能放大交流信号,又能放大直流信号和缓慢变化的信号。并且由于电路中没有大容量电容,易于集成化,所以在集成电路中都采用直接耦合。

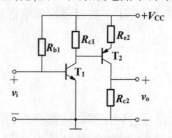

图 2-7-3　两级直接耦合放大电路

　　直接耦合放大电路存在两个问题:一是各级放大电路的静态工作点互相影响,对静态工作点的调试和分析带来困难;二是零点漂移现象(简称零漂),零漂问题需要采用差分放大电路解决。具体内容将在 2.8 节中分析。

　　3. 变压器耦合

　　变压器耦合是将放大电路前级的输出端通过变压器接到后级的输入端或负载电阻上。图 2-7-4 所示为变压器耦合共射极放大电路,R_L 可以是实际的负载电阻,也可以是后级放大电路的输入电阻。

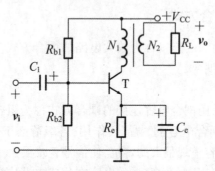

图 2-7-4　变压器耦合共射极放大电路

　　由于变压器耦合前后级是通过磁路耦合,它的各级放大电路的静态工作点相互独立,互不影响,不能放大直流信号和缓慢变化的信号,只能放大交流信号。与前两种耦合方式相比,其最大特点是可以实现阻抗变换,主要用于低频功率放大电路和调谐放大电路。

2.7.2　多级放大电路的动态性能参数

　　1. 电压放大倍数
　　多级放大电路的电压放大倍数等于组成它的各级放大电路的电压放大倍数的乘积。需要注意的是,在计算每一级的电压放大倍数时,后一级放大电路的输入电阻是前一级放大电路的负载电阻。

　　2. 输入电阻
　　多级放大电路的输入电阻就是输入级(放大电路的第一级)的输入电阻。

　　3. 输出电阻
　　多级放大电路的输出电阻就是输出级(放大电路的最后一级)的输出电阻。

2.8 差分放大电路

在模拟集成电路中的多级放大电路都采用的是直接耦合方式。直接耦合方式的主要问题是零漂问题。所谓零漂是指当输入电压为零时,输出电压不为零,而是出现了偏离零点缓慢变化的电压,称为零点漂移(简称零漂)。产生零漂的原因很多,主要有电源电压的波动、元件的老化和半导体器件对温度的敏感性等。最常见的零漂是由于环境温度变化引起的,称为温度漂移(简称温漂)。在多级放大电路中,第一级的零漂会被逐级放大,引起输出电压发生较大偏移,严重时甚至将真正有用的信号淹没。因此,必须在第一级(输入级)解决零漂问题。差分放大电路作为输入级是解决零漂问题的有效方法。

2.8.1 差分放大电路的组成

图 2-8-1(a)所示为 BJT 组成的差分放大电路,它由两个结构参数完全对称的共射极放大电路构成,采用 $+V_{CC}$ 和 $-V_{EE}$ 双电源供电。两个 BJT 特性完全相同,有两个输入信号输入 v_{i1} 和 v_{i2},分别由两管基极输入,两个 BJT 的发射极连在一起接电流源 I,电流源为电路提供稳定和合适的静态工作点。如果输出电压 v_o 从两个 BJT 的集电极之间引出,称为双端输出,如果输出信号不是从两个集电极之间引出,而是从 T_1 管的集电极或者 T_2 管的集电极输出,则称为单端输出。

静态时($v_{i1}=v_{i2}=0$),如图 2-8-1(b)所示,由于电路的对称性,$V_{C1}=V_{C2}$,输出电压 $v_o=V_{C1}-V_{C2}=0$。若温度变化,将引起两个 BJT 静态工作点发生同样的变化,$\Delta v_{C1}=\Delta v_{C2}$。由于电路结构完全对称,$v_o=(V_{C1}+\Delta v_{C1})-(V_{C2}+\Delta v_{C2})=0$。可见,利用结构参数的完全对称,差分放大电路可以有效地抑制零点漂移。也就是说,虽然静态工作点随温度变化,但电路的输出电压 v_o 始终为零。

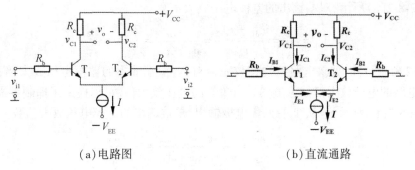

(a)电路图　　　　　　　　(b)直流通路

图 2-8-1　差分放大电路

2.8.2 差分放大电路的分析

1.静态分析

静态时,$v_{i1}=v_{i2}=0$,直流通路如图 2-8-1(b)所示。

$$I_{E1Q}=I_{E2Q}=I/2 \tag{2.8.1}$$

$$I_{C1Q}=I_{C2Q}\approx I/2 \tag{2.8.2}$$

$$I_{B1Q} = I_{B2Q} = \frac{I_{E1Q}}{1 + \beta} = \frac{I}{2(1 + \beta)} \tag{2.8.3}$$

$$V_{C1Q} = V_{C2Q} = V_{CC} - I_{C1Q} R_c$$

$$V_{E1Q} = V_{E2Q} = 0 - I_{B1Q} R_b - V_{BE1Q}$$

$$V_{CE1Q} = V_{CE2Q} = V_{C1Q} - V_{E1Q} = V_{CC} - I_{C1Q} R_c + I_{B1Q} R_b + V_{BE1Q} \tag{2.8.4}$$

2.动态分析

动态时,分为输入差模信号和输入共模信号两种情况。

(1)差模信号

差模信号是一对大小相等、相位相反的信号。若输入为差模信号,即 $v_{i1} = -v_{i2}$,那么 $v_{od1} = -v_{od2}$。画交流通路时,直流电压源相当于短路接地,直流电流源开路但保留其动态电阻 r_o,由于电路结构参数完全对称,$i_{c1} = -i_{c2}$,$i_{e1} = -i_{e2}$,流过电阻 r_o 的交流电流为零,r_o 上的交流压降为零。因此,输入差模信号时发射极 e 对交流相当于接地。输入差模信号时双端输出和单端输出的交流通路如图 2-8-2(a)和(b)所示。

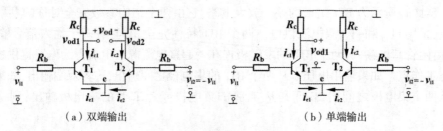

（a）双端输出　　　　　　　　　　　　　（b）单端输出

图 2-8-2　差模输入时的交流通路

(2)差模电压放大倍数

差模电压放大倍数是仅有差模输入信号时输出电压与两个输入电压之差($v_{id} = v_{i1} - v_{i2}$)的比值。

如图 2-8-2(a)所示,双端输出的差模电压放大倍数

$$A_{vd} = \frac{v_{od}}{v_{id}} = \frac{v_{od1} - v_{od2}}{v_{id}} = \frac{2v_{od1}}{v_{i1} - v_{i2}} = \frac{2v_{od1}}{2v_{i1}} = \frac{v_{od1}}{v_{i1}} \tag{2.8.5}$$

由式(2.8.5)可知,如果电路结构参数完全对称,双端输出的差模电压放大倍数为单管共射极放大电路的电压放大倍数。虽然只有单管的电压放大倍数,但换来了抑制零漂的作用。

如图 2-8-2(b)所示,若从 T_1 管的集电极输出,单端输出的差模电压放大倍数

$$A_{vd1} = \frac{v_{od1}}{v_{id}} = \frac{v_{od1}}{v_{i1} - v_{i2}} = \frac{v_{od1}}{2v_{i1}} = \frac{1}{2} \frac{v_{od1}}{v_{i1}} \tag{2.8.6}$$

若从 T_2 管的集电极输出

$$A_{vd2} = \frac{v_{od2}}{v_{id}} = \frac{v_{od2}}{v_{i1} - v_{i2}} = \frac{-v_{od1}}{2v_{i1}} = -A_{vd1} \tag{2.8.7}$$

如果电路结构参数完全对称,单端输出的差模电压放大倍数 A_{vd1} 与 A_{vd2} 大小相等但相位相反。当电路不带负载时,单端输出差模电压放大倍数 A_{vd1} 的大小为双端输出差模电压放大倍数 A_{vd} 的1/2。

(3)共模信号

共模信号是一对大小相等、相位相同的信号。若输入为共模信号 $v_{i1} = v_{i2}$，那么 $v_{oc1} = v_{oc2}$。画交流通路时，直流电压源相当于短路接地，直流电流源开路但保留其动态电阻 r_o。由于结构参数完全对称，$i_{c1} = i_{c2}$，$i_{e1} = i_{e2}$，流过电阻 r_o 的电流为 $2i_{e1}$，因此，共模信号输入时 r_o 折算到单个管子一边电路后相当于发射极电阻接 $2r_o$ 的电阻，如图 2-8-3(a)和(b)所示为共模信号输入时双端输出和单端输出的交流通路。

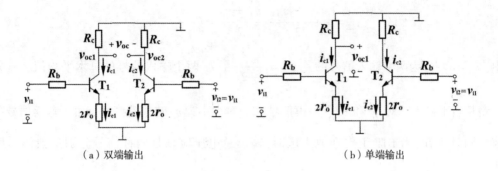

（a）双端输出　　　　　　　　　　　（b）单端输出

图 2-8-3　共模输入时的交流通路

(4)共模电压放大倍数

共模电压放大倍数定义为仅有共模输入信号时输出电压与输入电压（$v_{ic} = v_{i1} = v_{i2}$）的比值。

如图 2-8-3(a)所示，双端输出的共模电压放大倍数

$$A_{vc} = \frac{v_{oc}}{v_{ic}} = \frac{v_{oc1} - v_{oc2}}{v_{ic}} = 0 \tag{2.8.8}$$

由式(2.8.8)可知，如果电路结构参数完全对称，双端输出的共模电压放大倍数为零。

如图 2-8-2(b)所示，单端输出的共模电压放大倍数

$$A_{vc1} = \frac{v_{oc1}}{v_{ic}} = \frac{v_{oc1}}{v_{i1}} \tag{2.8.9}$$

$$A_{vc2} = \frac{v_{oc2}}{v_{ic}} = \frac{v_{oc2}}{v_{i2}} = A_{vc1} \tag{2.8.10}$$

由于射极的电阻 $2r_o$ 很大，当 $2r_o \to \infty$ 时，单端输出的共模放大倍数 $A_{vc1} = A_{vc2} \approx 0$。

因此，若由于温度影响引起两个 BJT 静态工作点发生同样的变化，相当于共模信号输入，无论单端或双端输出的共模电压放大倍数都趋于零，从而能有效地抑制零点漂移。

(5)共模抑制比 K_{CMR}

共模抑制比 K_{CMR} 是衡量差分放大电路放大差模信号能力和抑制共模信号能力的综合指标。

$$K_{CMR} = \left| \frac{A_{vd}}{A_{vc}} \right| \qquad 或 \qquad K_{CMR} = 20\lg \left| \frac{A_{vd}}{A_{vc}} \right| \ (dB) \tag{2.8.11}$$

K_{CMR} 是表明电路抑制零漂能力的重要指标。差模电压放大倍数越大，共模电压放大倍数越小，共模抑制比越大，电路抑制零漂的性能越好。

当双端输出共模电压放大倍数 $A_{vc}=0$、单端输出的共模电压放大倍数 $A_{vc1}\approx0$ 时，

$$K_{CMR}=\left|\frac{A_{vd}}{A_{vc}}\right|\to\infty \qquad 或 \qquad K_{CMR1}=\left|\frac{A_{vd1}}{A_{vc1}}\right|\to\infty$$

对于任意两个输入信号 v_{i1} 和 v_{i2}，可以将之分解为差模信号和共模信号的叠加。

$$v_{i1}=\frac{v_{i1}-v_{i2}}{2}+\frac{v_{i1}+v_{i2}}{2}=\frac{v_{id}}{2}+v_{ic} \tag{2.8.12}$$

$$v_{i2}=-\frac{v_{i1}-v_{i2}}{2}+\frac{v_{i1}+v_{i2}}{2}=(-\frac{v_{id}}{2})+v_{ic} \tag{2.8.13}$$

式中：$v_{id}=v_{i1}-v_{i2}$ 为两个输入信号的差，$v_{ic}=\frac{v_{i1}+v_{i2}}{2}$ 为 两个输入信号的算术平均值。差分放大电路相当于输入一对 $\frac{v_{id}}{2}$ 和 $-\frac{v_{id}}{2}$ 差模信号和一对大小为 v_{ic} 的共模信号。由于差模信号和共模信号同时存在，当 BJT 工作在放大区时，输出总电压应该是两种信号分别单独作用后的叠加。

$$v_o=A_{vd}v_{id}+A_{vc}v_{ic} \tag{2.8.14}$$

式中：$v_{id}=v_{i1}-v_{i2}$，$v_{ic}=\frac{v_{i1}+v_{i2}}{2}$。

双端输出时，由于 $A_{vc}=0$，所以

$$v_o=A_{vd}v_{id}+A_{vc}v_{ic}=A_{vd}(v_{i1}-v_{i2}) \tag{2.8.15}$$

单端输出时，由于 $A_{vc1}\approx0$，所以

$$v_o=A_{vd1}v_{id}+A_{vc1}v_{ic}=A_{vd1}(v_{i1}-v_{i2}) \tag{2.8.16}$$

由式(2.8.15)和式(2.8.16)可看出，差分放大电路无论是双端输出还是单端输出，只对两个输入信号的差进行放大。

差分放大电路的输入信号也有两种方式：双端输入和单端输入。双端输入是指两个输入信号分别加到两个 BJT 的输入端。单端输入是指输入信号加在其中的一个 BJT 的输入端，而另一个 BJT 的输入端接地，如图 2-8-4(a)所示。可将图 2-8-4(a)等效为图 2-8-4(b)所示电路。因此，单端输入时的差模情况等效于双端输入，其差模电压放大倍数与双端输入时相同，对于共模信号是指两输入端完全相同的信号，所以也不区分双端输入和单端输入。

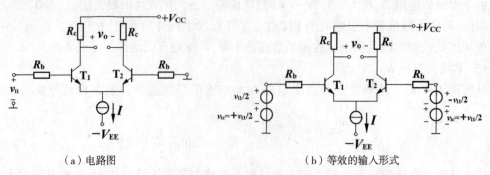

(a) 电路图　　　　　　　　(b) 等效的输入形式

图 2-8-4　单端输入的差分放大电路

2.9 高频小信号谐振放大器

高频小信号放大器放大高频小信号,主要用途是做接收机中的高频放大器和中频放大器。高频小信号的频带宽度远小于中心频率f_0,相对频带宽度很小,因此通常把放大这类信号的放大器称为窄带放大器。由于接收机天线所接收到的信号一般很弱,有用信号往往又与干扰信号同时进入接收机,因此,高频小信号放大器不仅对信号具有放大作用,还具有选频作用。

在高频电子电路中的选频网络可分为两大类:第一类是由电感和电容元件组成的LC谐振回路;第二类是各种滤波器,如LC集中滤波器、石英晶体滤波器、陶瓷滤波器和声表面波滤波器等。

谐振放大器就是采用谐振回路作为负载的放大器。它的选频作用与谐振回路的特性有关。谐振回路的特性是对于靠近谐振频率的信号,有较大的增益;对于远离谐振频率的信号,增益迅速下降。因此,谐振放大器不仅具有放大作用,而且还具有滤波或选频的作用。

2.9.1 LC 谐振回路

LC谐振回路是最基本、应用最广泛的选频网络,它是构成高频谐振放大器、正弦波振荡电路及各种选频电路的重要基础部件。

1.电路结构

LC谐振回路是由电感L和电容C构成的回路,可以分为串联谐振回路和并联谐振回路两种形式。它除了可以完成选频功能外,还可以进行阻抗变换。图2-9-1所示为串联谐振回路,图2-9-2所示为并联谐振回路。并联回路在实际电路中的用途更广泛。图2-9-1和图2-9-2(a)中的r是电感线圈中的损耗电阻。

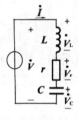

图 2-9-1　串联谐振回路

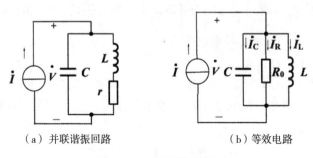

（a）并联谐振回路　　　　　　　（b）等效电路

图 2-9-2　并联谐振回路

在图 2-9-1 所示的串联谐振回路中,当外加信号源的角频率为 ω 时,回路串联阻抗

$$Z_S = r + j\left(\omega L - \frac{1}{\omega C}\right) \tag{2.9.1}$$

式中: $\omega L - \frac{L}{\omega C} = X$ 为电抗。

在图 2-9-2(a)所示并联谐振回路中,当外加信号源的角频率为 ω 时,回路并联阻抗

$$Z_P = \frac{(r + j\omega L)\dfrac{1}{j\omega C}}{r + j\omega L + \dfrac{1}{j\omega C}} = \frac{(r + j\omega L)\dfrac{1}{j\omega C}}{r + j\left(\omega L - \dfrac{1}{\omega C}\right)} \tag{2.9.2}$$

通常 $\omega L \gg r$,因此

$$Z_P \approx \frac{\dfrac{L}{C}}{r + j\omega L + \dfrac{1}{j\omega C}} = \frac{1}{\dfrac{Cr}{L} + j\left(\omega C - \dfrac{1}{\omega L}\right)} \tag{2.9.3}$$

并联谐振回路的导纳

$$Y_P = \frac{1}{Z_P} = \frac{Cr}{L} + j\left(\omega C - \frac{1}{\omega L}\right) \tag{2.9.4}$$

$G = \dfrac{Cr}{L}$ 为电导, $B = \omega C - \dfrac{1}{\omega L}$ 为电纳。

2. 谐振频率

当 LC 串联谐振回路的总电抗 X 或 LC 并联谐振回路的总电纳 B 为 0 时,谐振回路对外加输入信号处于谐振状态,此时的工作频率称为 LC 谐振回路的谐振频率。串联回路和并联回路的谐振角频率 ω_0(或谐振频率 f_0)为:

$$\omega_0 = \frac{1}{\sqrt{LC}} \quad 或 \quad f_0 = \frac{1}{2\pi\sqrt{LC}} \tag{2.9.5}$$

谐振频率完全由电路参数确定,当电路和参数 L 和 C 一定时,改变所加信号源的频率,使之等于频率 f_0 就会发生谐振;或当信号源频率一定,调整 L 或 C 的参数,电路也会出现谐振。

3. 谐振阻抗

当 LC 串联回路谐振时,阻抗 Z_S 最小,呈纯电阻性, $Z_S = r$ 。当 LC 并联回路谐振时,阻抗 Z_P 最大,呈纯电阻性, $Z_P = R_0 = \dfrac{L}{Cr}$, R_0 为并联谐振电阻。因此,图 2-9-2(a)所示的并联谐振回路也可用图 2-9-2(b)为所示的等效电路来表示。

4. 回路的品质因数 Q

回路的品质因数是指回路谐振时的感抗或容抗与回路的损耗电阻 r 的比值,简称 Q 值。 Q 值反映了 LC 谐振回路在谐振状态下储存能量与损耗能量的比值。 Q 值越高,储能作用越强,损耗越小。按照定义,

$$Q = \frac{\omega_0 L}{r} = \frac{1}{\omega_0 Cr} = \frac{1}{r}\sqrt{\frac{L}{C}} \tag{2.9.6}$$

对并联谐振回路,

$$R_0 = \frac{L}{Cr} = Q\omega_0 L = \frac{Q}{\omega_0 C} \tag{2.9.7}$$

式(2.9.7)表明,并联谐振回路谐振时的谐振电阻 R_0 等于电感支路的感抗或电容支路的容抗的 Q 倍。通常 $Q \gg 1$,所以并联谐振时呈现很大的电阻,这是并联谐振电路的特性。损耗电阻 r 越小, R_0 越大。若损耗电阻 $r \to 0$, $R_0 \to \infty$ 。

5.谐振时电压与电流的关系

在图 2-9-2(b)并联谐振回路的等效电路中,谐振时流过电感的电流 $\dot{I}_L$ 与流过电容的电流 $\dot{I}_C$ 大小相等,相位相反,此时输入电流 $\dot{I}$ 正好就是流过 R_0 的电流 $\dot{I}_R$ 。由于并联回路中各支路电流大小与阻抗成反比,因此电感和电容中的电流为输入电流 $\dot{I}$ 的 Q 倍,即

$$\dot{I}_L = \dot{I}_C = Q\dot{I} \tag{2.9.8}$$

因此,并联谐振时,输入电流 $\dot{I}$ 虽然很小,但谐振电路内部的电流很大,并联谐振又称为电流谐振。

在图 2-9-1(a)的串联谐振回路中,谐振时电感上的电压 $\dot{V}_L$ 与电容上的电压 $\dot{V}_C$ 大小相等,相位相反,输入电压 $\dot{V}$ 与电阻 r 上的电压 $\dot{V}_r$ 相等。 $\dot{V}_L$ 和 $\dot{V}_C$ 很大,等于 $\dot{V}$ 的 Q 倍,即

$$\dot{V}_L = \dot{V}_C = Q\dot{V} \tag{2.9.9}$$

所以串联谐振又称为电压谐振。串联谐振需考虑元件的耐压问题。

6.阻抗频率特性

由式(2.9.1)和式(2.9.2)可知, LC 谐振回路的阻抗是频率 ω 的函数。图 2-9-3 所示为串联谐振回路阻抗的幅频特性曲线和相频特性曲线。 $|Z_S|$ 为阻抗的模值, φ_S 为阻抗的相角。当 $\omega = \omega_0$ 谐振时, $\varphi_S = 0$,阻抗有最小值, $Z_S = r$;当 $\omega > \omega_0$ 时,串联回路呈电感性,相角 $\varphi_S > 0$;当 $\omega < \omega_0$ 时,串联回路呈电容性,相角 $\varphi_S < 0$ 。如果忽略串联谐振回路的损耗电阻 r ,串联谐振回路的电抗频率特性曲线如图 2-9-4 所示。

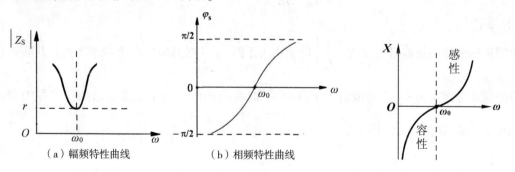

(a)幅频特性曲线　　(b)相频特性曲线

图 2-9-3　串联谐振回路阻抗频率特性曲线　　　**图 2-9-4　串联谐振回路的电抗频率特性曲线**

图 2-9-5 所示为并联回路的阻抗的幅频特性曲线和相频特性曲线, $|Z_P|$ 为阻抗的模值, φ_P 为阻抗的相角。当 $\omega = \omega_0$ 时, $\varphi_P = 0$,阻抗有最大值, $Z_P = R_0 = \frac{L}{Cr}$;当 $\omega > \omega_0$ 时,并联回路呈电

容性,相角 $\varphi_P<0$;当 $\omega<\omega_0$ 时,并联回路呈电感性,相角 $\varphi_P>0$。如果忽略并联谐振回路的损耗电阻 r,并联谐振回路的电抗频率特性曲线如图 2-9-6 所示。

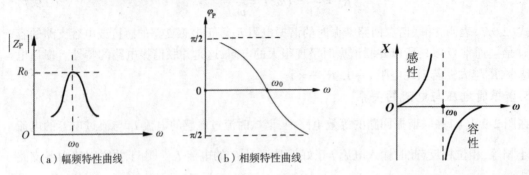

（a）幅频特性曲线　　　　　　（b）相频特性曲线

图 2-9-5　并联谐振回路阻抗频率特性曲线　　　　图 2-9-6　并联谐振回路的电抗频率特性曲线

7.选频特性与通频带

(1)归一化选频特性

在串联谐振回路两端外加信号电压 $\dot{V}$ 的幅度不变的情况下,当发生串联谐振时因阻抗最小,流过回路的电流最大,称为谐振电流 $\dot{I}_0$,则任意频率下的回路电流 $\dot{I}$ 与谐振电流 $\dot{I}_0$ 的比值称为串联谐振回路的归一化选频特性。

$$\frac{\dot{I}}{\dot{I}_0} = \frac{\dot{V}/Z_S}{\dot{V}/r} = \frac{r}{Z_S} \qquad (2.9.10)$$

同理,在并联谐振回路两端外加信号电流 $\dot{I}$ 幅度不变情况下,并联谐振时阻抗最大,回路输出的电压最大,称为谐振电压 $\dot{V}_0$,则任意频率下的输出电压 $\dot{V}$ 与谐振电压 $\dot{V}_0$ 的比值称为并联谐振回路的归一化选频特性。

$$\frac{\dot{V}}{\dot{V}_0} = \frac{\dot{I}Z_P}{\dot{I}R_0} = \frac{Z_P}{R_0} \qquad (2.9.11)$$

(2)通频带

串联谐振回路的通频带定义为 $\left|\dfrac{\dot{I}}{\dot{I}_0}\right|$ 的值由 1 下降到 $\dfrac{1}{\sqrt{2}}$ 时对应的两个频率之差。并联谐振回路的通频带定义为 $\left|\dfrac{\dot{V}}{\dot{V}_0}\right|$ 的值由 1 下降到 $\dfrac{1}{\sqrt{2}}$ 时对应的两个频率之差。通频带也称为带宽,用 $BW_{0.7}$ 表示,如图 2-9-7 所示。

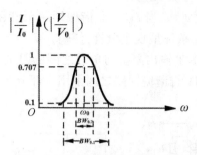

图 2-9-7 *LC* 谐振回路的通频带

$$BW_{0.7} = \frac{f_0}{Q} \qquad (2.9.12)$$

由式(2.9.12)可知,回路的通频带与回路的品质因数 Q 有关,当 f_0 一定时,Q 越大,曲线越尖锐,选择性越好,但通频带越窄。若要保证较宽的通频带,只有降低 Q 值,牺牲回路的选择性。

一个实用的 *LC* 并联回路和串联回路总是要外接信号源和负载的,当考虑信号源内阻 R_s 和负载电阻 R_L 时,并联回路和串联回路的等效品质因数(称为有载品质因数 Q_e)会比空载品质因数 Q 有所下降。R_s、R_L 越小,Q_e 下降越多,回路的选择性越差,而通频带却变宽了。为了减小信号源及负载对谐振回路的影响,可以采用"阻抗变换"的方法,使信号源的等效阻抗及负载阻抗经过简单的阻抗变换电路,使它们折合到回路两端的等效阻抗得到适当的调整或控制。在高频电路的实际应用中,常用到信号源内阻、负载和并联谐振回路之间采用变压器耦合或与振荡回路中的电感或电容采用部分接入的方式。

(3)选择性

选择性是指谐振回路从含有各种不同频率信号中选出有用信号,抑制干扰信号的能力。回路的 Q 值越高,曲线越尖锐,对无用信号的抑制能力越强,选择性越好。选择性用矩形系数来描述,定义为:

$$K_{0.1} = BW_{0.1}/BW_{0.7} \qquad (2.9.13)$$

式(2.9.13)中,$BW_{0.7}$ 为放大器的通频带,$BW_{0.1}$ 为由最大值 1 下降到 0.1 时对应的频带范围。理想的选频电路的矩形系数 $K_{0.1} = 1$,$K_{0.1}$ 越接近 1,选频特性越好。而 *LC* 并联回路的矩形系数远大于 1,与理想选频特性相比,选择性较差,它对宽的通频带和高的选择性不能兼顾。

2.9.2 高频小信号谐振放大器

1.高频小信号谐振放大器的工作原理

高频小信号谐振放大器电路图如图 2-9-8(a)所示,输入为高频小信号,工作在线性区。高频小信号谐振放大电路与低频小信号放大器的主要区别就是将集电极负载电阻换成了 *LC* 并联谐振回路作为负载。由于使用了一个 *LC* 谐振回路作为集电极负载,称为单调谐回路谐振放大器。直流通路如图 2-9-8(b)所示,R_{b1}、R_{b2}、R_e 构成分压式射极偏置。电容 C_b 和 C_e 为旁路电容,对高频短路,电容值比低频小信号放大器中的小得多,交流通路如图 2-9-8(c)所示,为共发射极连接。输入端采用变压器耦合方式与放大电路相连,其作用是能隔离直流信号,耦合交流信号,同时还能实现阻抗匹配与变换。*LC* 并联谐振回路作为 BJT 的集电极负载,为放大器提供选频回路,当 LC 并联谐振回路调谐在输入信号频率 ω 上(即 ω₀=ω)时呈现大的阻抗,而对其他频率呈现小阻抗,使输入信号频率 ω 的电压得到放大,其他频率信号受到抑制。为了实现 BJT 输出阻抗与负载之间的阻抗匹配,减小 BJT 输出阻抗与负载对回路品质因素的影响,BJT 与谐振回路之间采用了部分接入的方式,负载和谐振回路之间采用了变压器耦合。

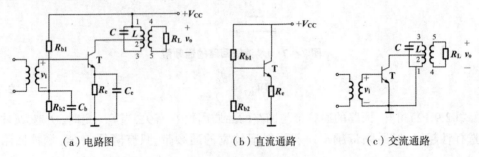

（a）电路图　　　　　　（b）直流通路　　　　　　（c）交流通路

图 2-9-8　高频小信号谐振放大器

2.多级单调谐放大器

单调谐放大器的谐振曲线与矩形相差较远,选择性较差。在实际应用中,可采用多级单调谐放大器进行级联。若每级谐振回路均调谐在同一频率上,称为同步调谐。级联的级数越多,谐振总电压放大倍数越大,幅频特性越尖锐,矩形系数越小,总选择性越好,但总通频带越窄。

3.参差调谐放大器

多级同步单调谐放大器可提高电压放大倍数,使选择性变好,但是随着级联级数增加,通频带越来越窄。若每级谐振回路不是调谐在同一频率上,而是调谐在不同频率上,则称为参差调谐。参差调谐放大电路既可以得到边沿陡峭的频率特性,使选择性得到改善,也可以展宽通频带。

2.9.3　集中选频放大器

随着电子技术的发展,窄带信号的放大采用了由高增益的宽带集成放大器与集中选频滤波器相结合的集中选频放大器。在集中选频放大器中,放大作用是由高增益的宽带放大器来完成,多采用高频线性集成放大电路。而选频则由专门的集中选频滤波器来完成。这种集中选频放大电路的主要优点是电路简单、调整方便、性能稳定、成本低。

高频电路中常用的集中选频滤波器除了 LC 集中选频滤波器外,还有陶瓷滤波器、晶体滤波器和声表面波滤波器。它们只适用于固定频率的选频放大器。LC 集中选频滤波器实际上就是由一节或若干节调谐回路构成的 LC 滤波器。陶瓷滤波器是由压电陶瓷材料做成的具有选频特性的二端或多端网络。它无须调谐,体积小,适合于小型化,可与宽带放大器或线性集成组件配合,构成固定频率的选择性放大器,例如超外差式接收机的中频放大器等。而采用石英晶体做成的晶体滤波器具有中心频率稳定、通频带很窄的特点,常用于要求较高的窄带通信接收机,如单边带接收机,它的特性将在第 5 章中详细地介绍。陶瓷滤波器的品质因数 Q 值的大小处于 LC 滤波器和石英晶体滤波器之间,所以陶瓷滤波器的通频带比石英晶体滤波器宽,选择性比石英晶体滤波器差。

集中选频放大器的组成框图如图 2-9-9 所示。图 2-9-9(a)所示是集中选频放大器的一种常用接法,是将集中选频滤波器放在宽带放大器的后面,这种接法需要使宽带放大器与集中滤波器之间实现阻抗匹配。图 2-9-9(b)是另一种接法,则将集中滤波器放在宽带放大器的前面,这种接法的特点是频带外的强干扰信号不会直接进入放大器,避免强干扰信号使放大器进入非线性状态而产生新的干扰。但若选用的滤波器(如声表面波滤波器)衰减较大时,将会使进入放大器的有用信号减小,因此,2-9-9(b)中在集中滤波器前增加了一个前置放大器,以提高信噪比。

图 2-9-9 集中选频放大器的组成框图

习 题

2-1 同参数的 NPN 管和 PNP 管工作在放大区时,各极的电位有什么不同要求?

2-2 试说明 BJT 的三种连接方式。

2-3 BJT 的三个工作区是什么?说明各个区的偏置电压条件以及各个区的特点。

2-4 试说明 BJT 的开关特性。

2-5 试画出 BJT 的简化微变等效电路并说明其使用的条件。

2-6 画出图 P2-6 中各电路的直流通路与交流通路。设图中所有电容对交流信号视为短路。

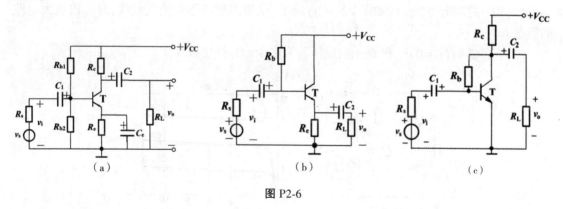

图 P2-6

2-7 根据电压放大电路的基本组成原则,判断如图 P2-7 所示电路哪些可能有电压放大作用(指不失真放大),哪些没有?为什么?

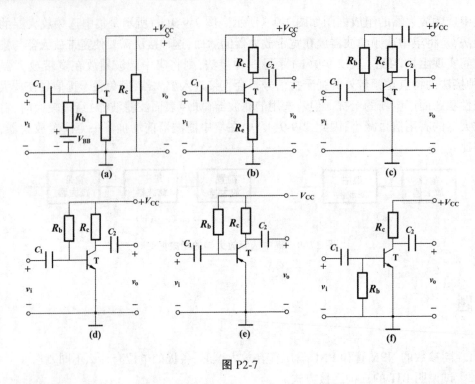

图 P2-7

2-8 放大电路应遵循的原则是什么？什么是放大电路的静态？为什么要给放大电路设置一个合适的静态工作点？

2-9 BJT 放大电路如图 P2-9(a)所示,已知 $V_{CC}=12$ V, $R_c=3$ kΩ, $R_b=240$ kΩ,BJT 的 $\beta=40$。忽略正向导通压降 V_{BE}。

(1)试用直流通路估算各静态值 I_{BQ}、I_{CQ}、I_{EQ} 和 V_{CEQ}。

(2)BJT 的输出特性曲线如图 P2-9(b)所示,试用图解法作直流负载线,并标出放大电路的静态工作点 Q。

(3)在静态时($v_i=0$)C_1 和 C_2 上的电压各为多少？并标出极性。

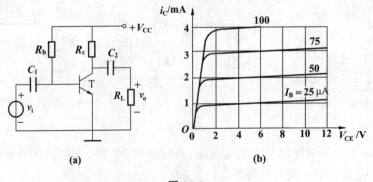

图 P2-9

2-10 已知 $V_{CC}=12$ V, $R_c=3$ kΩ, $R_b=240$ kΩ, $\beta=40$, $r_{be}=0.8$ kΩ,利用微变等效电路计算图 P2-9(a)放大电路的电压放大倍数 A_v 输入电阻 R_i 和输出电阻 R_o。

(1)若负载开路;

(2)若负载 $R_L = 6$ kΩ。

2-11 在图 P2-9(a)中,若 $V_{CC} = 10$ V,要求 $V_{CE} = 5$ V,$I_C = 2$ mA,试求 R_c 和 R_b 的值。设 BJT 的 $\beta = 40$。忽略发射结正向导通压降。

2-12 在图 P2-12 中,已知 $\beta = 50$,$R_c = 1.2$ kΩ,$V_{CC} = 15$ V,$V_{BE} = 0.7$ V。为了使 BJT 饱和,R_b 应该取何值?(假设 BJT 的集电极-发射极饱和压降 $V_{CES} = 0.3$ V。)

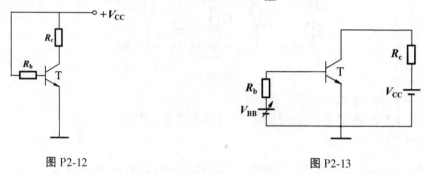

图 P2-12   图 P2-13

2-13 在图 P2-13 中,已知 BJT 的放大倍数 $\beta = 50$,$V_{CC} = 12$ V,$R_b = 70$ kΩ,$R_c = 6$ kΩ,$V_{BE} = 0.7$ V,分析当 $V_{BB} = -2$ V、2 V、5 V 时,晶体管的工作状态(假设 BJT 集电极-发射极饱和压降 $V_{CES} = 0.3$ V)。

2-14 在图 P2-9(a)所示电路中,由于电路参数不同,在信号源电压为正弦波时,测得 NPN 管的输出电压 v_o 波形如图 P2-14(a)、(b)、(c)所示,试说明电路分别产生了什么失真,以及如何消除。

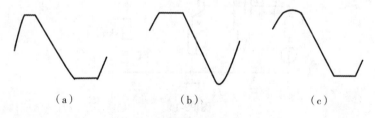

(a)   (b)   (c)

图 P2-14

2-15 在图 P2-15 的分压式射极偏置放大电路中,已知 $V_{CC} = 12$ V,$R_c = 3$ kΩ,$R_e = 1$ kΩ,$R_{b1} = 20$ kΩ,$R_{b2} = 5$ kΩ,$R_L = 3$ kΩ,BJT 的 $\beta = 50$,$V_{BE} = 0.7$ V,$r_{bb'} = 300$ Ω。

(1)画直流通路,计算静态工作点 I_{BQ}、I_{CQ} 和 V_{CEQ}。

(2)画交流通路、微变等效电路。

(3)计算 BJT 的动态输入电阻 r_{be}。

(4)计算电压放大倍数 $\dot{A}_v = \dot{V}_o / \dot{V}_i$。

(5)计算负载开路时的电压放大倍数,并说明如果外接负载 R_L 对电压放大倍数的影响。

(6)计算放大电路的输入电阻 R_i 和输出电阻 R_o。

(7)说明信号源内阻 R_s 对电压放大倍数的影响。

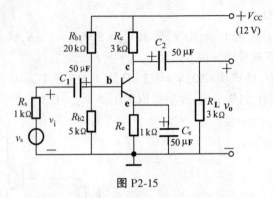

图 P2-15

2-16 在图 P2-16 的电路中,

(1)与图 P2-15 相比,画出直流通路,试问静态值有无变化?

(2)画出微变等效电路。

(3)设 $r_{be} = 1\ \text{k}\Omega$,计算电压放大倍数 $\dot{A}_v$,说明发射极电阻 R_e 的取值大小对电压放大倍数 $\dot{A}_v$ 的影响。

(4)计算放大电路的输入电阻 R_i 和输出电阻 R_o。

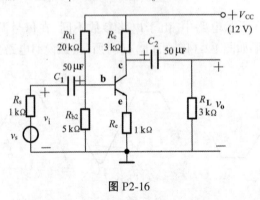

图 P2-16

2-17 共集电极放大电路如图 P2-17 所示,$V_{CC} = 20\ \text{V}$,$\beta = 40$,$r_{be} = 1\ \text{k}\Omega$,$R_s = 1\ \text{k}\Omega$,$R_b = 10\ \text{k}\Omega$,$R_e = 5.1\ \text{k}\Omega$,$V_{BE} = 0.7\ \text{V}$。

(1)画直流通路,计算静态工作点 I_{BQ}、I_{CQ} 和 V_{CEQ}。

(2)画出微变等效电路,并计算 $\dot{A}_v$、R_i 和 R_o。

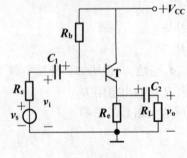

图 P2-17

2-18 放大电路的动态性能指标有哪些？它们各自反映了放大电路的什么性能？

2-19 共集电极放大电路(射极跟随器)有何特点？在多级放大电路中起什么作用？

2-20 差分放大电路主要解决了什么问题？在多级放大电路中处于哪一级？

2-21 差分放大电路中差模信号和共模信号有何特点？为什么电流源差分电路可以抑制零漂？

2-22 高频小信号放大电路的主要作用是什么？在接收机中主要放在哪一级？

2-23 什么叫谐振放大器？为什么说 LC 调谐放大器是窄带放大器？

2-24 试说明单调谐放大器、多级同步单调谐放大器、参差调谐放大器各自性能特点。

2-25 多级放大器的三种耦合方式是什么？比较它们的优缺点，并说明其各自应用。

2-26 试说明如何计算多级放大器的放大倍数、输入电阻和输出电阻。

2-27 试说明集中选频放大器的组成框图,并说出集中选频放大器常用的滤波器。

2-28 两级放大器中,第一级电压放大倍数为-80,第二级电压放大倍数为-50,总的电压放大倍数是多少？

第3章 集成运算放大器及其应用

3.1 集成运算放大器

3.1.1 集成运算放大器概述

1.集成运算放大器的基本结构

在半导体制造工艺基础上,把整个电路中的元器件(晶体三极管、场效应管、二极管、电阻和电容等)及它们之间的连线制作在一块硅基片上,构成特定功能的电子电路,称为集成电路。集成电路体积小,性能好。集成电路按功能划分有模拟集成电路和数字集成电路。在模拟集成电路中,集成放大电路被广泛应用于各种模拟信号的运算上,称为集成运算放大器(简称集成运放),它是实现高增益放大功能的一种模拟集成电路器件,由多级直接耦合放大电路集成。

集成运放的电路常可分为输入级、中间增益级、输出级和偏置电路四个基本部分,如图3-1-1所示。

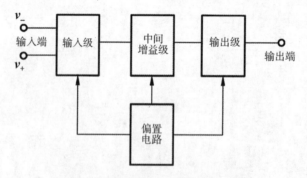

图 3-1-1 集成运算放大器的组成框图

(1)输入级:要求具有输入电阻高,有较强的抑制零漂的能力,一般采用双端输入带电流源的差分放大电路。它有两个输入端,同相输入端 v_+ 和反相输入端 v_-。

(2)中间增益级:要求它的电压放大倍数高,一般采用电流源作为负载的共发射极放大电路。

(3)输出级:要求输出电阻低,提高带负载能力,一般由互补对称电路或射极输出器构成。

(4)偏置电路:偏置电路为上述各级电路提供合适而稳定的静态工作点,一般由各种电流源电路构成。

2.集成运算放大器的符号

图3-1-2所示是两种常用的集成运放的电路符号。本书采用图3-1-2(a)所示的符号。集

成运放有两个输入端和一个输出端。图中标有"－"的输入端为反相输入端 v_-，当仅有电压信号从反相端输入时，输出电压信号 v_o 与该输入信号 v_- 相位相反；图中标有"+"的输入端为同相输入端 v_+，当仅有电压信号从同相端输入时，输出电压信号 v_o 与该输入信号 v_+ 相位相同。

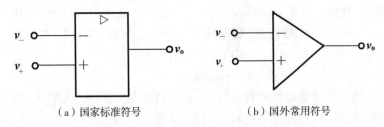

（a）国家标准符号　　　　（b）国外常用符号

图 3-1-2　两种常用的集成运放的电路符号

3.集成运算放大器的电路模型

集成运放的电路模型如图 3-1-3 所示，运放的输入端口等效为一输入电阻 R_i，输出端口等效为受控电压源 $A_{vo}(v_+ - v_-)$ 与输出电阻 R_o 的串联。A_{vo} 是负载开路、运放未接反馈时的电压放大倍数，也称开环电压放大倍数。

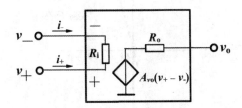

图 3-1-3　集成运放的电路模型

4.集成运算放大器的理想化条件

利用集成运放可以构成各种不同功能的实际电路，在分析电路时，通常把集成运放理想化。所谓理想化，就是将集成运放的动态性能指标理想化，理想的集成运放的几个主要性能指标具有如下特性：

（1）开环电压放大倍数 $A_{vo} \rightarrow \infty$；

（2）输入电阻 $R_i \rightarrow \infty$；

（3）输出电阻 $R_o \rightarrow 0$。

（4）共模抑制比 $K_{CMR} \rightarrow \infty$。

（5）开环带宽 $BW \rightarrow \infty$。

理想运放可以极大地简化集成运放电路的分析。在后面的由集成运放电路中，通常均认为集成运放满足上述理想化条件。

3.1.2　集成运放的特性

1.集成运放的传输特性

表示输出电压 v_o 与输入电压 $v_i(v_i = v_+ - v_-)$ 之间关系的特性称为传输特性。图 3-1-4 所示为集成运放的传输特性，可分为线性区和饱和区。

当运算放大器工作在线性区时，v_o 和 $(v_+ - v_-)$ 是线性关系，即

$$v_o = A_{vo}(v_+ - v_-) \tag{3.1.1}$$

A_{vo} 称为开环电压放大倍数。当运算放大器处于开环状态(无反馈)时,由于 A_{vo} 很高,即使输入端有一个非常微小的差值 $|v_+ - v_-|$,输出电压 $|v_o|$ 也将会达到线性区的最大输出电压幅度而进入饱和区,此时, $|v_o|$ 不再随着 $|v_+ - v_-|$ 的增大而增加,只能保持在 $+V_{om}$ 或 $-V_{om}$ 两个饱和值上, $+V_{om}$ 或 $-V_{om}$ 一般接近正、负电源的电压值。因此,当运算放大器工作在饱和区时,式(3.1.1)的线性关系不能满足,输出电压 v_o 只有两种可能:

$$v_o = +V_{om} \text{ 或 } v_o = -V_{om} \tag{3.1.2}$$

图3-1-4中实线代表理想运放的传输特性,由于理想运放的 A_{vo} 无穷大,只要输入端电压 $|v_+ - v_-|$ 有无穷小的值,输出电压 v_o 也将达到正、负饱和值 $+V_{om}$ 或 $-V_{om}$。因此,对理想化的集成运放,除了当 $v_+ - v_- = 0 (v_+ = v_-)$ 是线性区以外,其余都工作在饱和区。

图3-1-4中虚线代表实际运放的传输特性,可以看出,线性区非常窄。A_{vo} 越大,斜率越大,线性范围越小。

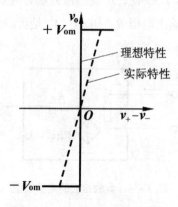

图 3-1-4 集成运放的传输特性

2.集成运放工作在线性区和饱和区的电路结构特点

通常,集成运放必须引入深度负反馈,才能保证其工作在线性区,工作在线性区的应用电路主要包括运算电路和有源滤波电路。当集成运放处于开环(无反馈)或正反馈时,工作在饱和区,它的应用电路主要有电压比较器、正弦波振荡器和非正弦波波形发生等。

3.1.3 线性区和饱和区的分析方法

运算放大器工作在线性区和饱和区时,它们的分析方法是不一样的。

1.线性区的分析方法

集成运放工作在线性区的特点是引入了深度负反馈。

(1)"虚断"原则

由于理想运放的输入电阻 $R_i \to \infty$,可以认为两个输入端的输入电流为零,即

$$i_+ = i_- \approx 0 \tag{3.1.3}$$

式(3.1.3)可看作为运放两输入端的虚假断路,称为"虚断"。

(2)"虚短"原则

由于运算放大器的开环电压放大倍数 $A_{vo} \to \infty$,而输出电压是一个有限的数值,由式(3.1.1)可知,

$$v_+ - v_- = \frac{v_o}{A_{vo}} \approx 0$$

即

$$v_+ \approx v_- \tag{3.1.4}$$

式(3.1.4)说明,若运放工作在线性区,它的同相输入端 v_+ 和反相输入端 v_- 的电位始终近似相等,可把它们之间看成两输入端虚假短路,称为"虚短"。

如果反相端有输入时,同相端接"地",即 $v_+ = 0$,由式(3.1.4)可知, $v_- \approx 0$。这就是说反相输入端的电位接近于"地"电位,它是一个不接"地"的"地"电位端,通常称为"虚地"。

"虚短"和"虚断"是两个重要的概念,对于运放工作在线性区的应用电路,"虚短"和"虚断"是分析其输入和输出信号关系的两个重要依据。

2.饱和区的分析方法

当集成运放处于开环或正反馈时,运放工作在饱和区。在饱和区 $v_+ - v_- \neq 0 (v_+ \neq v_-)$,所以"虚短"原则不再适用。但输入电阻 $R_i \rightarrow \infty$,所以"虚断"原则仍适用。

当理想运放工作在饱和区时,输出电压 v_o 只有两种可能,等于 $+V_{om}$ 或 $-V_{om}$。当 $v_+ > v_-$ 时, $v_o = V_{om}$;当 $v_+ < v_-$ 时, $v_o = -V_{om}$。

3.2 反　馈

3.2.1 反馈放大电路的基本组成

1.反馈放大电路的基本组成

将电路的输出电量(电压或电流)的一部分或全部,按一定路径送回到输入回路,以影响输入电量(电压或电流)的过程称为反馈。施加了反馈的放大电路称为反馈放大电路,它是由基本放大电路和反馈网络组成,如图3-2-1所示。引入反馈后,放大电路和反馈电路构成了一个闭合环路,因此把引入了反馈的放大电路称为闭环放大器;而把没有引入反馈的放大电路称为开环放大电路。图3-2-1中箭头表示信号的传输方向,可认为反馈环路中信号是单向传输的,即信号从输入到输出的传输只经过基本放大电路,而不通过反馈网络。信号从输出到输入的传输只经过反馈网络,而不通过基本放大电路。

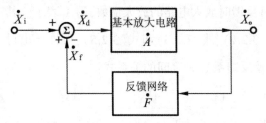

图 3-2-1　反馈放大电路的组成框图

图3-2-1中,基本放大电路的放大倍数(又称开环放大倍数)为 $\dot{A}$,放大电路的输入信号可以是电压或电流,用 $\dot{X}_i$ 表示,输出信号也可以是电压或电流,用 $\dot{X}_o$ 表示, $\dot{X}_d$ 是基本放大电路的

输入信号,称为净输入信号,它并非输入信号 $\dot{X}_i$,而是输入信号 $\dot{X}_i$ 和反馈信号 $\dot{X}_f$ 按参考极性叠加后的结果。符号 Σ 表示信号叠加(比较),"+"和"−"是进行叠加时的参考极性。

3.2.2 反馈的极性

根据反馈的极性不同,可以分为正反馈和负反馈。

1.负反馈和正反馈

凡是引入反馈后使净输入量减小的反馈称为负反馈。凡是引入反馈后使净输入量增大的反馈称为正反馈。本章主要讨论负反馈。

2.负反馈放大电路的一般表达式

对于负反馈放大电路,

$$\dot{X}_d = \dot{X}_i - \dot{X}_f \tag{3.2.1}$$

(1)开环放大倍数

基本放大器的放大倍数(开环放大倍数)表示无反馈时放大电路的放大倍数,用 $\dot{A}$ 表示。

$$\dot{A} = \frac{\dot{X}_o}{\dot{X}_d} \tag{3.2.2}$$

则

$$\dot{X}_o = \dot{A}\dot{X}_d \tag{3.2.3}$$

(2)反馈系数

反馈系数 $\dot{F}$ 是 $\dot{X}_f$ 和 $\dot{X}_o$ 的比值。$\dot{X}_f$ 是 $\dot{X}_o$ 通过反馈网络后回到输入回路的反馈信号。

$$\dot{F} = \frac{\dot{X}_f}{\dot{X}_o} \tag{3.2.4}$$

$$\dot{X}_f = \dot{F}\dot{X}_o = \dot{A}\dot{F}\dot{X}_d \tag{3.2.5}$$

$\dot{A}\dot{F}$ 称为环路增益,表示信号 $\dot{X}_d$ 沿着放大电路和反馈网络组成的环路传递一周后得到的放大倍数。

(3)闭环放大倍数

闭环放大倍数表示有反馈时放大电路的放大倍数,用 $\dot{A}_f$ 表示。其定义为输出信号 $\dot{X}_o$ 与输入信号 $\dot{X}_i$ 之比。根据式(3.2.1)、式(3.2.3)和式(3.2.5),可推导出得反馈放大电路的放大倍数 $\dot{A}_f$ 与开环放大倍数 $\dot{A}$ 及反馈系数 $\dot{F}$ 之间的关系式:

$$\dot{A}_f = \frac{\dot{X}_o}{\dot{X}_i} = \frac{\dot{A}\dot{X}_d}{\dot{X}_d + \dot{X}_f} = \frac{\dot{A}\dot{X}_d}{\dot{X}_d + \dot{A}\dot{F}\dot{X}_d} = \frac{\dot{A}\dot{X}_d}{\dot{X}_d(1 + \dot{A}\dot{F})} = \frac{\dot{A}}{1 + \dot{A}\dot{F}} \tag{3.2.6}$$

引入负反馈后,$1 + \dot{A}\dot{F} > 1$,$|\dot{A}_f| < |\dot{A}|$,放大电路的放大倍数下降,$1 + \dot{A}\dot{F}$ 称为反馈深度,它是衡量负反馈程度的一个重要指标。

如果 $1 + \dot{A}\dot{F} \gg 1$,称为深度负反馈,式(3.2.6)可简化为

$$\dot{A}_{\mathrm{f}} = \frac{\dot{A}}{1 + \dot{A}\dot{F}} \approx \frac{\dot{A}}{\dot{A}\dot{F}} = \frac{1}{\dot{F}} \qquad (3.2.7)$$

式(3.2.7)说明在深度负反馈条件下,闭环放大倍数主要取决于反馈系数$\dot{F}$,与开环放大倍数$\dot{A}$无关。

引入正反馈后,$\dot{X}_{\mathrm{d}} > \dot{X}_{\mathrm{i}}$,此时$|\dot{A}_{\mathrm{f}}| > |\dot{A}|$,说明正反馈可以提高整个电路的放大倍数。

3.反馈的作用

电路中引入正反馈和负反馈具有截然不同的作用。负反馈虽然使放大倍数下降,但具有改善放大电路性能的作用。因此,通常在放大电路中引入负反馈。而正反馈虽能提高放大倍数,但因其会使放大电路其他性能变坏、工作不稳定,甚至产生自激振荡而破坏放大电路的正常放大作用,故在放大电路中很少使用。正反馈多用于振荡器,将在第5章中进行讨论。

3.2.3 负反馈的四种基本类型

按照反馈网络在输出端的取样方式以及反馈信号和输入信号的连接方式的不同,负反馈放大电路可分为四种基本类型:电压串联负反馈、电压并联负反馈、电流串联负反馈和电流并联负反馈。

1.电压反馈和电流反馈

按照反馈网络在放大电路输出端取样方式的不同,可分为电压反馈和电流反馈。如果反馈取自输出电压,和输出电压成正比,则称为电压反馈;如果反馈取自输出电流,和输出电流成正比,则称为电流反馈。

如图3-2-2(a)和(c)所示,在输出端反馈取自负载R_{L}上的输出电压$\dot{V}_{\mathrm{o}}$,称为电压反馈;如图3-2-2(b)和(d)所示,在输出端反馈取自输出电流$\dot{I}_{\mathrm{o}}$,称为电流反馈。

2.串联反馈和并联反馈

按照反馈信号在放大电路的输入回路中和输入信号的连接方式的不同,可分为串联反馈和并联反馈。如果反馈信号和输入信号都是电压,实现电压比较,那么它们在输入回路中必定是串联方式连接,这种反馈称为串联反馈;如果反馈信号和输入信号都是电流,实现电流比较,那么它们在输入回路中必定是并联方式连接,这种反馈称为并联反馈。

由图3-2-2(a)和(b)所示,在输入回路中,反馈信号和输入信号都是电流,实现电流比较后作为基本放大电路的净输入,反馈信号与放大电路的输入信号是并联连接,属于并联反馈;如图3-2-2(c)和(d)所示,反馈信号和输入信号都是电压,实现电压比较后作为基本放大电路的净输入,反馈信号与放大电路的输入信号是串联连接,属于串联反馈。

图3-2-2(a)为电压并联负反馈,图3-2-2(b)为电流并联负反馈,图3-2-2(c)为电压串联负反馈,图3-2-2(d)为电流串联负反馈。

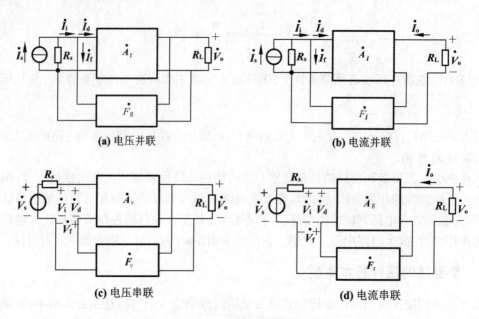

(a) 电压并联   **(b)** 电流并联

(c) 电压串联   **(d)** 电流串联

图 3-2-2   四种类型负反馈放大电路

3.2.4   反馈极性与负反馈类型的判断

1.有无反馈的判断

若放大电路中存在将输出回路与输入回路相连接的通路,称为反馈通路,并由此影响了放大电路的净输入,则表明电路引入了反馈;否则电路中没有反馈。

【例 3-2-1】:判断图 3-2-3 所示的电路中有无反馈。

图 3-2-3(a)所示的电路中,集成运放的输出端与同相输入端、反相输入端均无连接通路,故电路中没有引入反馈。在图 3-2-3(b)所示电路中,电阻 R_2 将集成运放的输出端与反相输入端相连接,因而集成运放的净输入量不仅取决于输入信号,还与输出信号有关,所以该电路中引入了反馈。在图 3-2-3(c)所示电路中,虽然电阻 R 跨接在集成运放的输出端与同相输入端之间,但是由于同相输入端接地,所以 R 只不过是集成运放的负载,因此,电路中没有引入反馈。

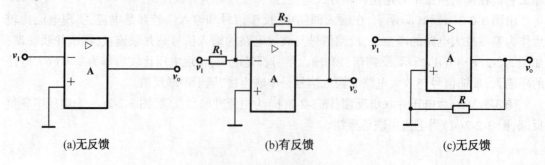

(a)无反馈   (b)有反馈   (c)无反馈

图 3-2-3   有无反馈的判断

2.直流反馈与交流反馈的判断

按照反馈信号中包含交、直流成分的不同,有直流反馈和交流反馈。仅在直流通路中存在的反馈(反馈信号只含有直流成分)称为直流反馈。仅在交流通路中存在的反馈(反馈信号只含有交流成分)称为交流反馈。在很多放大电路中,常常是交流、直流负反馈兼而有之。

(1)直流负反馈和交流负反馈的作用

直流负反馈的作用是稳定放大电路的静态工作点,交流负反馈可以影响放大电路的动态性能。

(2)直流负反馈和交流负反馈的判断

对于电路引入的是直流反馈还是交流反馈,可以通过分析直流通路或交流通路中是否引入了反馈来判断。

判断出电路中存在反馈后,才能进一步分析反馈的极性和负反馈的类型。

【例3-2-2】:判断图3-2-4(a)、图3-2-5所示的电路中引入的是直流反馈还是交流反馈,或者交、直流反馈兼而有之?

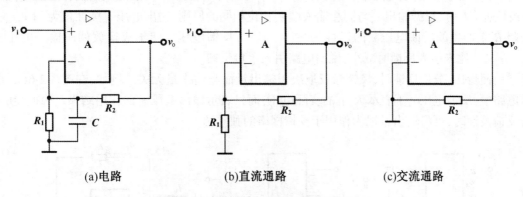

(a)电路　　　　　(b)直流通路　　　　　(c)交流通路

图3-2-4　直流反馈与交流反馈的判断(一)

在图3-2-4(a)中,电容 C 对直流信号视为开路,对交流信号视为短路。它的直流通路和交流通路分别如图3-2-4(b)和(c)所示。由图3-2-4(b)和(c)可知,图3-2-4(a)所示电路中只引入了直流反馈,而没有引入交流反馈。

在图3-2-5所示电路中,电容 C 对直流信号相当于开路,因此,电路中没有直流反馈。对于交流信号,电容 C 可视为短路,因此,电路只引入了交流反馈。

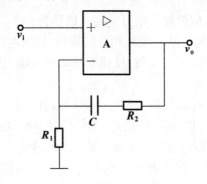

图3-2-5　直流反馈与交流反馈的判断(二)

3.反馈极性的判断

判断反馈的极性是正还是负,可采用瞬时极性法。具体步骤是:

(1)首先假设电路输入信号在某一时刻的瞬时对地极性,用正(+)或负(-)表示,(+)号表示该瞬间信号有增大的趋势,(−)号表示有减小的趋势。

(2)根据输出信号与输入信号的相位关系,逐级判断电路中各相关点电位的瞬时极性或相关支路电流的瞬时流向,从而得到输出信号的极性。

(3)根据输出信号的瞬时极性再判断反馈信号的瞬时极性:若反馈信号使基本放大电路的净输入信号增大,则说明引入了正反馈;若反馈信号使基本放大电路的净输入信号减小,则说明引入了负反馈。

在分析反馈时,认为反馈环路中信号是单向传输的,即只存在由输入端向输出端传送信号的过程,反馈网络主要存在由输出端向输入端传送信号的过程。判断时应特别注意,反馈量仅取决于输出量,而由输入量直接作用所产生的电流(电压)不是反馈量。

【例 3-2-3】:用瞬时极性法判断图 3-2-6 所示的电路正反馈还是负反馈。

在图 3-2-6(a)所示电路中,假设输入电压 v_i 的瞬时极性为(+),则运放的同相输入端电压 v_+ 极性也为(+),根据输出 v_o 与同相输入端 v_+ 相位相同的原则,输出电压 v_o 极性也为(+),v_o 在电阻 R_1 上产生的反馈电压 v_f 的极性为(+)。显然,反馈电压 v_f 使集成运放的净输入电压 v_d($v_d = v_i − v_f$)比未引入反馈时减小,说明电路引入了负反馈。

前面指出,分析反馈时,反馈量仅取决于输出量而与输入量无关。例如,在图 3-2-6(a)所示电路中,反馈电压 v_f 不表示 R_1 上的实际电压,而只表示输出电压 v_o 的作用结果。因此,在分析反馈极性时,可将输出量视为作用于反馈网络的独立源。

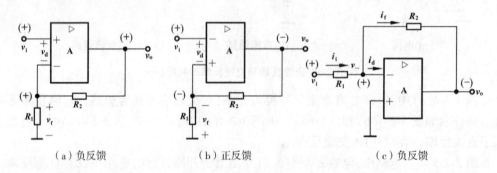

(a)负反馈   (b)正反馈   (c)负反馈

图 3-2-6　反馈极性的判断

图 3-2-6(b)所示电路中,假设输入信号 v_i 瞬时极性为(+),则反相输入端 v_- 的极性也为(+),根据运放输出 v_o 与反相输入端 v_- 相位相反的原则,输出电压 v_o 极性为(−);v_o 在电阻 R_1 上所产生的反馈电压 v_f 极性为(−)。显然,反馈电压 v_f 使净输入电压 v_d 增大($v_d = v_i + v_f$),说明电路引入了正反馈。

在图 3-2-6(c)所示电路中,假设输入信号 v_i 瞬时极性为(+),反相输入端 v_- 的极性也为(+),输出电压 v_o 极性为(−)。因为输入信号和反馈信号并联,所以输入信号和反馈信号是以电流形式进行叠加比较的,输入电流 i_i、反馈电流 i_f 以及净输入电流 i_d 的瞬时流向如图 3-2-6(c)中箭头所示。显然,反馈电流 i_f 使净输入电流 $i_d = i_i − i_f$ 的数值减小,电路引入了负反馈。

以上分析说明,在集成运放组成的反馈放大电路中,可以通过瞬时极性法分析集成运放的净输入电压 v_d 或者净输入电流 i_d 因反馈的引入是增大还是减小来判断出反馈的极性。凡是使净输入量增大的为正反馈,凡是使净输入量减小的为负反馈。

4. 负反馈类型的判断

(1) 电压反馈和电流反馈的判断

在判断是电压或电流反馈时,可以采用输出短路法。

输出短路法:将负载 R_L 短路,使输出电压 $v_o=0$,如果反馈量不存在(反馈量为零),说明反馈取自输出电压,为电压反馈。若反馈量仍然存在,则为电流反馈。

(2) 串联反馈和并联反馈的判断

判断是串联反馈还是并联反馈时,主要从输入回路看输入信号和反馈信号的连接方式来判断。如果输入信号和反馈信号接到放大电路输入端的同一个端口上,则为并联反馈;如果输入信号和反馈信号接到放大电路输入端的不同端口上,则为串联反馈。并联反馈时,输入信号和反馈信号实现电流比较,获得净输入电流 i_d;串联反馈时,输入信号和反馈信号实现电压比较,获得净入电压 v_d。

【例 3-2-4】:判断图 3-2-7(a) 所示电路的负反馈类型。

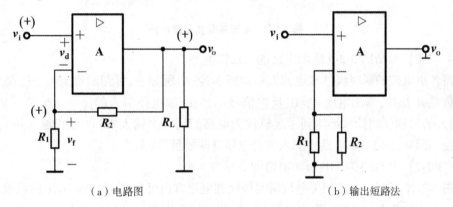

(a) 电路图   (b) 输出短路法

图 3-2-7 电压串联负反馈电路

(1) 根据瞬时极性法判断反馈的极性

如图 3-2-7(a) 中标注的是电路中各点电位的瞬时极性。可以判断出 $v_d=v_i-v_f$,是负反馈。

(2) 判断电压反馈还是电流反馈

若令输出负载 R_L 短路,即输出电压 $v_o=0$(输出短路法),因为集成运放的输出端接地,得到如图 3-2-7(b) 所示电路。此时反馈信号 v_f 不存在了,故电路引入的是电压反馈。

(3) 判断串联反馈还是并联反馈

从图 3-2-7(a) 中的输入回路看,输入信号 v_i 接到了运算放大电路的同相输入端,而反馈信号接到了运算放大电路的反相输入端,反馈信号与输入信号接在不同的输入端口,为串联反馈。串联反馈实现了电压比较。图 3-2-7(a) 引入的是电压串联负反馈。

【例 3-2-5】:判断图 3-2-8(a) 所示电路的负反馈类型。

(1) 如图 3-2-8(a) 所示,电路各点电位的瞬时极性如图中所标注,可判断出 $v_d=v_i-v_f$,是负反馈。

(2) 判断电压反馈还是电流反馈

若令输出负载 R_L 短路,得到如图 3-2-8(b) 所示电路。此时输出电压 $v_o=0$,但输出电流 $i_o\neq0$,反馈电压 $v_f\neq0$,反馈信号依然存在,故电路引入的是电流反馈。

（3）判断串联反馈还是并联反馈

由于输入信号 v_i 接到了运算放大电路的同相输入端，而反馈信号接到了运算放大电路的反相输入端，反馈信号与输入信号接在不同的输入端口，故为串联反馈。图3-2-8(a)电路中引入的是电流串联负反馈。

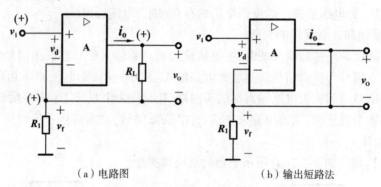

（a）电路图　　　　　　　（b）输出短路法

图 3-2-8　电流串联负反馈电路

【例 3-2-6】：判断图 3-2-9 所示电路的负反馈类型。

电路各点电位的瞬时极性和电流方向如图 3-2-9 中所标注，可判断出 $i_d = i_i - i_f$，是负反馈。令输出负载 R_L 短路，输出电压 $v_o = 0$，反馈信号不存在，故电路引入的是电压反馈。从输入回路看，输入信号和反馈信号都接到了运算放大电路的同一个输入端口（反相输入端），引入了并联反馈。因此，图 3-2-9 电路中引入的是电压并联负反馈。

【例 3-2-7】：判断图 3-2-10 所示电路的负反馈类型。

如图 3-2-10 所示，由各相关电位瞬时极性和电流方向可判断出 $i_d = i_i - i_f$，i_d 的数值减小，是负反馈。令输出负载 R_L 短路，输出电压 $v_o = 0$，此时输出电流 $i_o \neq 0$，反馈电流 $i_f \neq 0$，反馈信号仍然存在，故电路引入的是电流反馈。从输入端与反馈网络的连接看，输入信号和反馈信号都接到了运算放大电路的同一个输入端（反相输入端），引入了并联反馈。因此，图 3-2-10 电路中引入的是电流并联负反馈。

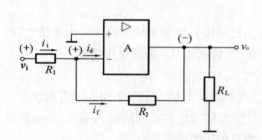

图 3-2-9　电压并联负反馈电路

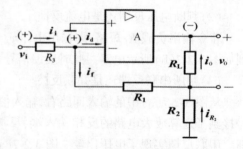

图 3-2-10　电流并联负反馈电路

3.2.5　负反馈对放大电路性能的影响

负反馈能改善放大电路的性能，被广泛应用于放大电路和反馈控制电路中。对于直流负反馈，能够稳定静态工作点；对于交流负反馈，虽然负反馈使放大电路的放大倍数降低，但却可以改善放大电路的性能，如提高了放大倍数的稳定性，展宽了放大电路的通频带，减小了非线性失真,并且会影响输入电阻和输出电阻。

1.提高放大倍数的稳定性

当放大电路的工作状况发生变化时(如环境温度变化、元器件老化更新、电源电压波动或负载改变),将导致放大倍数的变化。引入负反馈后,可以在一定程度上稳定输出电压或输出电流,提高放大倍数的稳定性。放大电倍数的稳定性用相对变化量来表示,闭环放大倍数的相对变化量 $\Delta A_f/A_f$ 是开环放大倍数相对变化量 $\Delta A/A$ 的 $1/(AF+1)$。说明反馈深度越深,放大倍数的稳定性越好。引入电压负反馈能够稳定输出电压,引入电流负反馈能够稳定输出电流。

2.展宽放大电路的通频带

通频带是放大电路的一个重要的性能指标。如图 3-2-11 中的上、下两条曲线分别表示同一放大电路在无负反馈和有负反馈的情况下放大倍数 A_v 和 A_{vf} 的幅频特性。A_{vm} 和 A_{vfm} 分别是放大电路在无负反馈和有负反馈时的中频放大倍数。当放大电路引入负反馈后,闭环放大倍数下降,但通频带 $BW_f = f'_H - f'_L$ 却比无反馈时的通频带 $BW = f_H - f_L$ 相对展宽了。反馈深度越深,中频放大倍数下降越多,通频带越宽。放大电路的放大倍数和带宽的乘积的绝对值(称为增益带宽积)近似是一个常量。可见,引入负反馈可以展宽通频带,但它是以牺牲中频放大倍数为代价的。

3.减小非线性失真

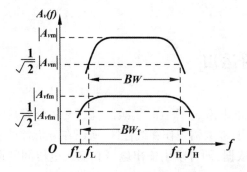

图 3-2-11　负反馈展宽通频带

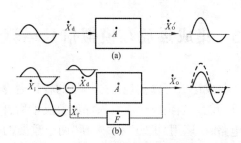

图 3-2-12　负反馈减小非线性失真

在图 3-2-12(a)所示的电路中,放大电路没有引入反馈,当基本放大电路的输入信号为正弦波时,假设由于放大电路的非线性,使输出信号与输入信号之间不是线性关系,成为上半周大、下半周小的不对称的失真波形。但是引入负反馈后,由于反馈网络是线性的,因此反馈信号与输出信号成正比,反馈信号 $\dot{X}_f$ 的波形将与 $\dot{X}_o$ 的波形相似,也呈上大下小的形状。又因为净输入信号 $\dot{X}_d = \dot{X}_i - \dot{X}_f$,所以净输入信号 $\dot{X}_d$ 的波形将会呈现上小下大的形状,如图 3-2-12(b)中 $\dot{X}_d$ 的波形所示,净输入信号 $\dot{X}_d$ 再次通过基本放大电路的非线性不对称放大(前半周 A 大,后半周 A 小)后,使输出信号波形的正、负半波的非线性失真显著减小,近似为正弦波,从而改善了输出波形。$\dot{X}_o$ 波形的波形如图 3-2-12(b)中实线所示。

4.对输入电阻和输出电阻的影响

放大电路中引入的交流负反馈类型不同,对输入电阻和输出电阻的影响也不同。负反馈网络的输出端与放大电路输入端的连接方式,将影响反馈放大电路的输入电阻。引入串联负反馈使输入电阻增大;引入并联负反馈使输入电阻减小。而负反馈网络的输入端与放大电路输出端的连接方式则对反馈放大电路的输出电阻有所影响。由于电压负反馈能够使放大电路的输出电压趋于稳定,从输出端看进去近似于理想电压源,其内阻更小,因此,引入电压负反馈使输出电阻减小;而引入电流负反馈能够使放大电路的输出电流趋于稳定,从输出端看进去近似于理想电流源,其内阻更大,因此,电流负反馈使输出电阻增大。

综上所述,电流串联负反馈电路能够稳定输出电流,使输出电阻增大,输入电阻增大;电压串联负反馈电路能够稳定输出电压,使输出电阻减小,输入电阻增大;电压并联负反馈电路能够稳定输出电压,使输出电阻减小,输入电阻减小;电流并联负反馈电路能够稳定输出电流,使输出电阻增大,输入电阻减小。

3.2.6 引入负反馈的一般原则

在设计放大电路时,可根据实际的需要选择不同类型的反馈。为了稳定静态工作点,应引入直流负反馈;为了改善电路的动态性能,应引入交流负反馈。根据信号源的性质决定引入串联还是并联负反馈,当信号源为恒压源或内阻较小的电压源时,为增大放大电路的输入电阻,应引入串联负反馈;当信号源为恒流源或内阻较大的电流源时,为减小放大电路的输入电阻,应引入并联负反馈。而根据负载对信号源的要求决定引入电压负反馈或电流负反馈。当负载需要稳定的电压信号时,应引入电压负反馈;当负载需要稳定的电流信号时,应引入电流负反馈。

3.3 集成运放在模拟信号运算中的运用

集成运放可以实现模拟信号的各种运算电路,如比例运算、加法、减法、积分、微分等数学运算功能。当集成运放引入深度负反馈后,由于运算放大器工作在线性区,所以在分析各种运算电路时,运用"虚短"和"虚断"两个重要的分析依据,即可求出输出电压和输入电压间的运算关系式。

3.3.1 比例运算电路

比例运算电路的输出电压与输入电压之间存在比例关系。比例电路是最基本的应用电路,许多由集成运放组成的功能电路都是在比例运算电路的基础上加以扩展或联合演变而来的。根据输入信号的接法不同,比例运算电路有反相比例电路和同相比例电路。

1.反相比例电路

图 3-3-1 所示为反相比例电路,其特点是输入信号 v_s 通过电阻 R_1 接入运放的反相输入端,输出端通过反馈电阻 R_f 与运放的反相输入端连接。同相输入端经电阻 R_2 接地。为了保证集成运放输入级差分放大电路的对称性,要求 $R_2 = R_1 /\!/ R_f$。R_2 称为平衡电阻。反相比例电路引入的是电压并联负反馈。

由于运放引入深度负反馈,因此运放工作在线性区。

因为"虚断",R_2 上没有压降,$v_+ = 0$。

根据"虚短"原则,

$$v_- \approx v_+ = 0$$

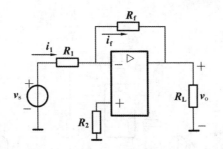

图 3-3-1 反相比例电路

根据"虚断"原则，

$$i_1 = i_f$$

$$\frac{v_s - v_-}{R_1} = \frac{v_- - v_o}{R_f}$$

$$\frac{v_s}{R_1} = \frac{-v_o}{R_f}$$

所以，输出电压 v_o 与输入电压 v_s 的运算关系式为

$$v_o = -\frac{R_f}{R_1}v_s \tag{3.3.1}$$

电压放大倍数

$$A_{vf} = \frac{v_o}{v_s} = -\frac{R_f}{R_1} \tag{3.3.2}$$

由式（3.3.2）可知，A_{vf} 与集成运放的内部参数无关，仅取决于外部电阻 R_f 和 R_1 的比值，调节 R_f 和 R_1 的比值，即可调节电压放大倍数。A_{vf} 为负值表示 v_o 与 v_s 反相，故有反相比例之称。当 $R_1 = R_f$ 时，$v_o = -v_s$，此时称为反相器。

2.同相比例电路

图 3-3-2（a）为同相比例电路，其特点是输入信号 v_s 经 R_2 接到同相输入端，输出信号通过 R_f 回送到反相输入端，反相输入端通过电阻 R_1 接地。运放引入深度负反馈。同相比例运算电路引入的是电压串联负反馈。同样，平衡电阻 $R_2 = R_1 /\!/ R_f$。

根据"虚断"原则，流入反相输入端的电流为零，则

$$v_- = \frac{R_1}{R_1 + R_f}v_o$$

根据"虚短"和"虚断"的原则，

$$v_- \approx v_+ = v_s$$

所以

$$v_+ = v_s = \frac{R_1}{R_1 + R_f}v_o$$

输出 v_o 与输入电压 v_s 的运算关系式为

$$v_o = \left(1 + \frac{R_f}{R_1}\right)v_+ = \left(1 + \frac{R_f}{R_1}\right)v_s \tag{3.3.3}$$

电压放大倍数

$$A_{vf} = \frac{v_o}{v_s} = 1 + \frac{R_f}{R_1}$$ （3.3.4）

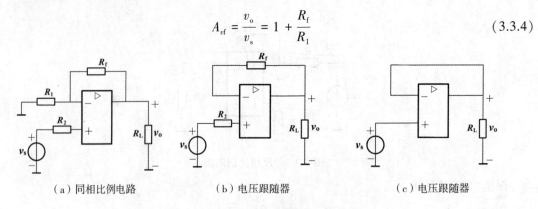

| （a）同相比例电路 | （b）电压跟随器 | （c）电压跟随器 |

图 3-3-2　同相比例电路和电压跟随器

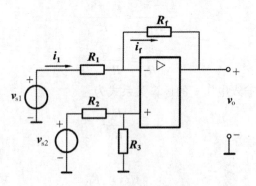

图 3-3-3　减法运算电路

式（3.3.3）说明输出电压 v_o 与输入电压 v_s 之间存在比例关系。A_{vf} 为正值，说明 v_o 与 v_s 同相，所以称为同相比例放大。如果 $R_f = 0$ 或 $R_1 \to \infty$，$A_{vf} = 1$，输出电压 v_o 与输入电压 v_s 大小相等且同相，称为电压跟随器，如图 3-3-2（b）或 3-3-2（c）所示。

3.3.2　减法运算电路

图 3-3-3 是由反相比例和同相比例电路组合而成的减法运算电路，输入信号 v_{s1} 和 v_{s2} 分别输入到运放的反相输入端和同相输入端。外接电阻满足平衡条件：$R_1 /\!/ R_f = R_2 /\!/ R_3$。当电路引入深度负反馈工作在线性区时，采用叠加原理很容易得到输出 v_o 的表达式。

当 v_{s1} 单独作用时，令 $v_{s2} = 0$，产生的输出电压为 v'_o，此时电路为反相比例电路

$$v'_o = -\frac{R_f}{R_1}v_{s1}$$ （3.3.5）

当 v_{s2} 单独作用时，令 $v_{s1} = 0$，产生的输出电压为 v''_o，此时电路为同相比例电路

$$v''_o = \left(1 + \frac{R_f}{R_1}\right)v_+$$

而

$$v_+ = \frac{R_3}{R_2 + R_3}v_{s2}$$

故

$$v''_o = \left(1 + \frac{R_f}{R_1}\right)\frac{R_3}{R_2 + R_3}v_{s2}$$ （3.3.6）

根据叠加原理,当 v_{s1}、v_{s2} 同时作用时

$$v_o = v'_o + v''_o = \left(1 + \frac{R_f}{R_1}\right)\frac{R_3}{R_2 + R_3}v_{s2} - \frac{R_f}{R_1}v_{s1} \qquad (3.3.7)$$

若 $R_1 /\!/ R_f = R_2 /\!/ R_3$,则

$$v_o = \frac{R_f}{R_2}v_{s2} - \frac{R_f}{R_1}v_{s1} \qquad (3.3.8)$$

若 $R_1 = R_2$,$R_f = R_3$,则

$$v_o = \frac{R_f}{R_1}(v_{s2} - v_{s1}) \qquad (3.3.9)$$

由式(3.3.9)可知,电路对 v_{s2} 和 v_{s1} 的差值实现比例运算,又称差分比例运算电路。若 $R_1 = R_2 = R_3 = R_f$,$v_o = v_{s2} - v_{s1}$,可以实现 v_{s2} 和 v_{s1} 的减法运算。

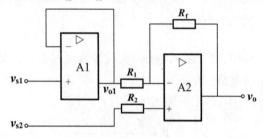

图 3-3-4 例 3-3-1 电路

【例 3-3-1】:图 3-3-4 是由运算放大器构成的另一种减法运算电路。试求输出电压 v_o 的表达式。

解:A1 是电压跟随器,因此

$$v_{o1} = v_{s1}$$

A2 是减法运算电路,因此

$$v_o = \left(1 + \frac{R_f}{R_1}\right)v_{s2} - \frac{R_f}{R_1}v_{o1} = \left(1 + \frac{R_f}{R_1}\right)v_{s2} - \frac{R_f}{R_1}v_{s1}$$

3.3.3 加法运算电路

1. 反相加法电路

在图 3-3-5(a)所示电路中,两个输入电压 v_{s1}、v_{s2} 分别通过 R_1、R_2 同时作用于集成运放的反相输入端构成反相加法电路,平衡电阻 $R_3 = R_1 /\!/ R_2 /\!/ R_f$。

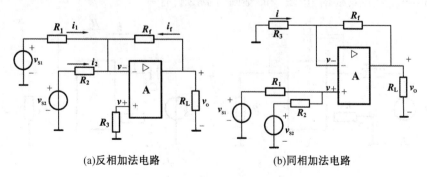

(a)反相加法电路   (b)同相加法电路

图 3-3-5 加法运算电路

根据叠加原理,当 v_{s1} 单独作用时,令 $v_{s2}=0$,此时因为 $v_- \approx v_+ = 0$,所以电阻 R_2 两端的电位均为 0,流过电阻 R_2 的电流 $i_2 = 0$。此时电路为反相比例运算电路,产生的输出电压为 v'_o,

$$v'_o = -\frac{R_f}{R_1}v_{s1}$$

同理,当 v_{s2} 单独作用时,令 $v_{s1}=0$,产生的输出电压为 v''_o,即

$$v''_o = -\frac{R_f}{R_2}v_{s2}$$

根据叠加原理,当 v_{s1}、v_{s2} 同时作用时,得

$$v_o = -\frac{R_f}{R_1}v_{s1} - \frac{R_f}{R_2}v_{s2} \tag{3.3.10}$$

式(3.3.10)表明,输出电压 v_o 等于两个输入电压按不同比例的负值相加,故称为反相加法电路。若 $R_1 = R_2 = R_f$,则 $v_o = -(v_{s1}+v_{s2})$。

2.同相加法电路

在图 3-3-5(b)所示电路中,两个输入电压 v_{s1}、v_{s2} 分别通过 R_1、R_2 同时作用于集成运放的同相输入端就构成了同相加法电路。$R_1 /\!/ R_2 = R_3 /\!/ R_f$。

当 v_{s1} 单独作用时,令 $v_{s2}=0$,产生的输出电压为 v'_o,即

$$v'_o = \left(1 + \frac{R_f}{R_3}\right)\frac{R_2}{R_1 + R_2}v_{s1} \tag{3.3.11}$$

当 v_{s2} 单独作用时,令 $v_{s1}=0$,产生的输出电压为 v''_o,即

$$v''_o = \left(1 + \frac{R_f}{R_3}\right)\frac{R_1}{R_1 + R_2}v_{s2} \tag{3.3.12}$$

根据叠加原理,当 v_{s1},v_{s2} 同时作用时,得

$$v_o = \left(1 + \frac{R_f}{R_3}\right)\left(\frac{R_2}{R_1 + R_2}v_{s1} + \frac{R_1}{R_1 + R_2}v_{s2}\right) \tag{3.3.13}$$

式(3.3.13)表明,输出电压 v_o 等于两个输入电压按不同比例正值相加,故称为同相加法电路。若 $R_f = R_3$,$R_1 = R_2$,$v_o = v_{s1}+v_{s2}$,可以实现 v_{s1} 和 v_{s2} 的加法运算。

3.3.4 积分和微分电路

1.积分电路

如图 3-3-6(a)所示,根据"虚短"和"虚断"的原则,有

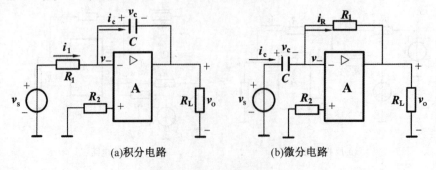

(a)积分电路   (b)微分电路

图 3-3-6 积分和微分电路

$$v_- \approx v_+ = 0$$

$$v_o = -v_c$$

$$i_1 = i_c$$

$$\frac{v_s}{R_1} = C\frac{dv_c}{dt} = C\frac{d(-v_o)}{dt} = -C\frac{dv_o}{dt}$$

$$v_o = -\frac{1}{R_1 C}\int v_s \, dt \tag{3.3.14}$$

式中:$\tau = R_1 C$ 称为积分的时间常数。考虑到 v_o 的初始值 $v_o(t_0)$,积分器的实际输出电压为

$$v_o(t) = v_o(t_0) - \frac{1}{R_1 C}\int_{t_0}^{t} v_s(t)\,dt \tag{3.3.15}$$

式(3.3.15)表明,输出电压 v_o 与输入电压 v_s 的积分成正比,称为积分运算电路,负号表示反向积分。若输入电压 v_s 为直流量,则输出电压 v_o 是输入电压 v_s 的线性积分。

2.微分电路

微分是积分的逆运算,将积分电路中 R_1 与 C 的位置互换,便构成微分电路,如图 3-3-6(b)所示。

根据"虚短"和"虚断"的原则,有

$$v_- \approx v_+ = 0$$

$$v_s = v_c$$

$$i_R = i_c$$

$$-\frac{v_o}{R_1} = C\frac{dv_c}{dt} = C\frac{dv_s}{dt}$$

$$v_o = -R_1 C\frac{dv_s}{dt} \tag{3.3.16}$$

式(3.3.16)表明,输出电压 v_o 是输入电压 v_s 对时间的微分。

积分电路和微分电路是实现波形变换、滤波等信号处理功能的基本电路。例如,积分电路可以将周期性的方波转换为三角波,微分电路可以将周期性的方波转换为尖脉冲波,如图 3-3-7所示。

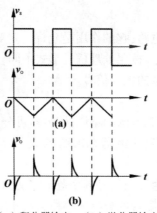

(a)积分器输出　(b)微分器输出

图 3-3-7　波形变换

3.3.5 模拟乘法器

模拟乘法器是一种完成两个模拟信号相乘的电子器件。它可以用来完成相乘、相除等运算。

1.模拟乘法器的电路符号

常用的模拟乘法器的两种电路符号如图 3-3-8 所示，它有两个输入电压信号 $v_x(t)$、$v_y(t)$ 和一个输出电压信号 $v_o(t)$。输出电压

$$v_o(t) = K v_x(t) v_y(t) \qquad\qquad (3.3.17)$$

其中 K 是相乘系数，其值可正可负，若 $K>0$ 则为同相乘法器，若 $K<0$ 则为反相乘法器。

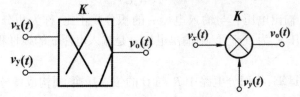

图 3-3-8　模拟乘法器的电路符号

2.模拟乘法器的应用

模拟乘法器除了应用于模拟信号的运算，如乘法、平方、除法及开方等运算外，还用于通信领域中的振幅调制、混频、同步检波、鉴相、鉴频等方面。模拟乘法器在通信领域中的应用将在本书第 6 章中介绍。由于技术性能不断提高，而价格比较低廉，使用方便，因而得到广泛的应用。

3.4　集成运放在信号处理中的运用

集成运放除了可以用于模拟信号的运算外，还可以应用于信号处理中。

3.4.1 滤波器概述

1.滤波器的概念

所谓滤波器，就是一种选频电路，它的作用是允许一定频率范围内的信号顺利通过，而抑制或滤除那些不需要的频率分量。按照处理信号形式不同，滤波器可分为模拟与数字两大类。前者处理模拟信号，后者处理离散的数字信号。

2.滤波器的分类

根据滤波器允许通过信号频率范围的不同，滤波器可分为低通滤波器(LPF)、高通滤波器(HPF)、带通滤波器(BPF)及带阻滤波器(BEF)四大类。四种滤波器幅频特性如图 3-4-1 所示。

对于幅频特性，通常把能够通过的信号频率范围定义为滤波器的通带，而把受阻或衰减的信号频率范围称为阻带。通带和阻带的分界频率称为截止频率。

理想滤波器的幅频特性是在通带内具有零衰减，而在阻带内衰减到零，如图 3-4-1 图中实线所示。但实际滤波器的幅频特性在通带内并非零衰减，而是衰减较小，在通带外，也并非立

刻衰减到零,而是存在一个过渡带,如图 3-4-1 中虚线所示。

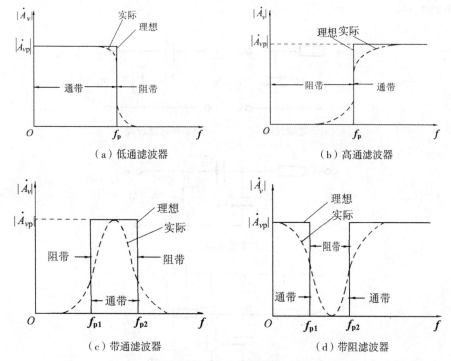

图 3-4-1　四种滤波器幅频特性

如图 3-4-1(a)所示,假设截止频率为 f_p,频率比 f_p 低的信号均能通过,频率高于 f_p 的信号被衰减的电路称为低通滤波器。频率在 $0 \sim f_p$ 为通带,频率大于 f_p 的区域为阻带。

如图 3-4-1(b)所示,假设截止频率为 f_p,频率比 f_p 高的信号均能通过,频率低于 f_p 的信号被衰减的电路称为高通滤波器。频率大于 f_p 的区域为通带,频率在 $0 \sim f_p$ 为阻带。

如图 3-4-1(c)所示,假设下限截止频率为 f_{p1},上限截止频率为 f_{p2},凡是频率介于 f_{p1} 和 f_{p2} 之间的信号均能通过,而频率在 f_{p1} 和 f_{p2} 之外的信号被衰减的电路,称为带通滤波器。它有一个通带和两个阻带。频率在 $f_{p1} \sim f_{p2}$ 为通带,频率在 $0 \sim f_{p1}$ 或频率大于 f_{p2} 的区域为阻带。

如图 3-4-1(d)所示,假设下限截止频率为 f_{p1},上限截止频率为 f_{p2},凡是频率低于 f_{p1} 和高于 f_{p2} 的信号均能通过,而频率介于 f_{p1} 和 f_{p2} 之间的信号被衰减的电路,称为带阻滤波器。频率在 $0 \sim f_{p1}$ 或频率大于 f_{p2} 的区域为通带,频率在 $f_{p1} \sim f_{p2}$ 为阻带。

3.4.2　无源滤波器

1.无源滤波器

由无源元件 R、L 和 C 组成的滤波电路称为无源滤波器。图 3-4-2 所示为无源 RC 滤波器。电容 C 具有阻隔低频信号,让高频信号顺利通过的作用,因此,图 3-4-2(a)和 3-4-2(b)分别为无源 RC 低通滤波器和无源 RC 高通滤波器。将一个无源 RC 低通滤波器和一个无源 RC 高通滤波器串联可以构成带通滤波器,如图 3-4-2(c)所示。当 R_1、C_1 构成的低通滤波器的通带截止频率为 f_{p2},而 R_2、C_2 构成的高通滤波器的通带截止频率为 f_{p1},且 $f_{p2} > f_{p1}$ 时,就构成了幅频特性如图 3-4-1(c)所示的带通滤波器。将一个无源 RC 低通滤波器和一个无源 RC 高通滤波器并联,可以构成带阻滤波器,如图 3-4-2(d)所示。当由 R_1、C_1 构成的 T 型低通滤波器的通带截止频率为f_{p1},而由R_2、C_2构成的T型高通滤波器的通带截止频率为f_{p2},且$f_{p2}>f_{p1}$时,就构成了幅频特性如图3-4-1(d)所示的带阻滤波器。

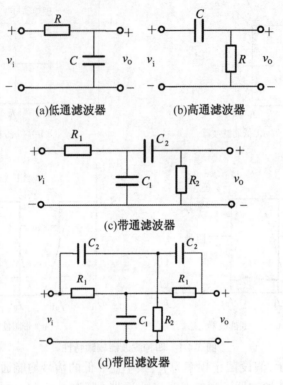

(a)低通滤波器   (b)高通滤波器

(c)带通滤波器

(d)带阻滤波器

图 3-4-2　无源 RC 滤波器

3.4.3　有源滤波器

1.有源低通滤波器

有源滤波器由集成运放和R、C元件组成,通常不用电感。因为运算放大器是有源元件,故因此而得名。图3-4-4所示为一阶有源低通滤波器的电路。它由一个无源RC低通滤波器与一个集成运放构成的同相比例运算电路组成。运放不仅大大提高了滤波器的放大能力,而且由于运放输入电阻很大,输出电阻很小,使滤波器有很强的带负载能力。

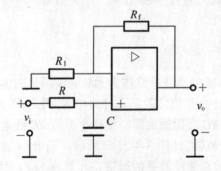

图 3-4-4　一阶有源低通滤波器

要改善一阶低通滤波器的特性,可用多个RC构成多阶低通滤波器。由于集成运放的带宽有限,有源滤波器的工作频率难以做得很高,存在一定的局限。

2.有源高通滤波器

如果将图 3-4-4 中所示有源低通滤波器的 R 和 C 互换,则成为一阶有源高通滤波器,它由一个无源 RC 高通滤波器与一个集成运放构成的同相比例运算电路组成,如图 3-4-5 所示。

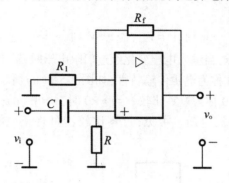

图 3-4-5 一阶有源高通滤波器

3.有源带通滤波器

有源带通滤波器电路如图 3-4-6 所示。设 R_1、C_1 构成的低通滤波器的截止频率为 f_{p2},R_2、C_2 构成的高通滤波器的截止频率为 f_{p1},且 $f_{p2}>f_{p1}$,则带通滤波器的通带为 $f_{p2}-f_{p1}$。R_3 引入正反馈,实现输出电压对电压放大倍数的控制。

4.有源带阻滤波器

有源带阻滤波器如图 3-4-7 所示。设由 R_1、C_1 构成的 T 型低通滤波器的截止频率为 f_{P1},由 R_2、C_2 构成的 T 型高通滤波器的截止频率为 f_{p2},且 $f_{p2}>f_{p1}$,则带阻滤波器阻止通过的频带为 $f_{p2}-f_{p1}$。R_2 引入正反馈,以提高通带截止频率处的电压放大倍数,减小阻带宽度,提高选择性。

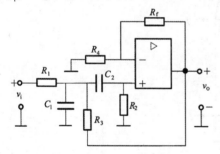

图 3-4-6 有源带通滤波器

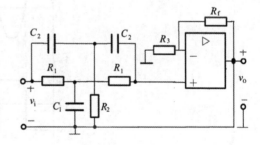

图 3-4-7 有源带阻滤波器

3.5 电压比较器

当集成运放处于开环工作或处于正反馈时,运放工作在饱和区。若 $v_+>v_-$ 时,$v_o=V_{om}$,$v_+<v_-$ 时,$v_o=-V_{om}$。运放工作在饱和区最常见的应用电路是电压比较器。电压比较器的作用是对输入的两个模拟信号电压大小进行比较,输出端用输出电压高电平 V_{oH} 或低电平 V_{oL}(数字信号 "1" 或 "0")来反映比较结果。输出电压高电平 V_{oH} 和低电平 V_{oL} 的数值大小取决于集成运放的

最大输出幅值 V_{om} 或集成运放输出端所接的限幅电路。电压比较器常用于检测输入信号是否达到某一数值或某一范围,广泛应用于各种报警电路、鉴幅、模数转换、各种非正弦波形的产生和变换电路中。

3.5.1 单门限比较器

如图 3-5-1(a)所示,当 $v_i < V_R$ 时,$v_o = V_{om}$;当 $v_i > V_R$ 时,$v_o = -V_{om}$。V_R 也称为门限电压。单门限比较器只有一个门限电压,当输入电压变化经过门限电压时,输出电压发生跳变。输出电压与输入电压之间的关系特性称为电压传输特性,如图 3-5-1(b)所示。通过调节 V_R,可以很方便地调整门限电压,若 $V_R = 0$ 称为过零比较。当 $v_i < 0$ 时,$v_o = V_{om}$;$v_i > 0$ 时,$v_o = -V_{om}$。当 v_i 输入为正弦波电压时,v_o 输出方波电压。可见,过零比较器可将正弦波变换为方波,如图 3-5-2 所示。

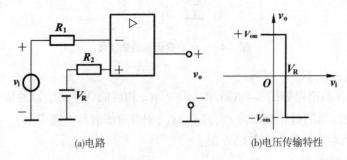

(a)电路　　　　　　　　　　(b)电压传输特性

图 3-5-1　电压比较器

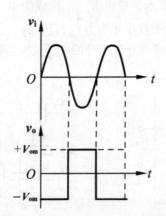

图 3-5-2　过零比较器的波形变换

输入电压 v_i 可以加在反相输入端,称为反相输入比较器。输入电压 v_i 也可以加在同相输入端,称为同相输入比较器。反相比较器的电压传输特性中输出电压跳变的方向是由 V_{oH} 跳变到 V_{oL},而同相比较器的电压传输特性中输出电压跳变的方向是由 V_{oL} 跳变到 V_{oH}。也就是说电压的跳变方向取决于输入电压 v_i 是加在反相输入端还是同相输入端。

有时为了使电压比较器的输出与后面电路的电平配合,可在输出端接一个由限流电阻与双向稳压管组成的限幅电路。图 3-5-3 所示为输入电压 v_i 加在同相输入端,输出有限幅的过零比较器。两个背靠背的稳压管实现了输出限幅的作用,R_3 的作用是防止电流过大烧毁稳压管。假设稳压管的稳定电压为 V_Z,忽略稳压管的导通压降 V_{on}。当 $v_i > 0$ 时,稳压管 D_{Z2} 反向击穿,稳压管 D_{Z1} 正向导通,$v_o=V_Z$;当 $v_i<0$ 时,稳压管 D_{Z1} 反向击穿,稳压管 D_{Z2} 正向导通,输出电压 $v_o=-V_Z$;只要选取合适的稳压管,就可以使输出电压为所需的某一电压值。电压传输特性曲线如图 3-5-3(b)所示。

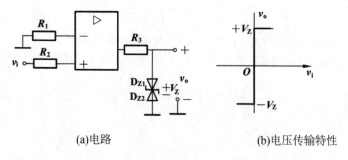

(a)电路　　　　　　　　(b)电压传输特性

图 3-5-3　同相输入的有限幅的过零比较器

3.5.2　迟滞比较器

单门限比较器只有一个门限电压,结构简单,灵敏度高,但抗干扰能力较差,当输入电压受到干扰或噪声在门限电平附近来回波动时,输出电压将会在正、负两个电平之间来回跳变。为解决此问题,采用迟滞比较器。如果从图 3-5-3 所示的单门限比较器的输出端通过电阻 R_4 引回到同相输入端,形成正反馈,就构成迟滞比较器。电路如图 3-5-4(a)所示为反相输入迟滞比较器。其中 $v_-=v_+$ 是输出电压 v_o 发生跳变的临界条件,此时的 v_+ 是由 v_o 和 V_R 共同决定的。

根据运放"虚断"的原则和叠加原理,

$$v_+=\frac{R_4}{R_2+R_4}V_R+\frac{R_2}{R_2+R_4}v_o \tag{3.5.1}$$

$$v_-=v_i$$

令 $v_-=v_+$,所求出的 v_i 就是门限电压 V_T,所以,

$$V_T=v_i=\frac{R_4}{R_2+R_4}V_R+\frac{R_2}{R_2+R_4}v_o \tag{3.5.2}$$

在式(3.5.2)中,根据输出电压 v_o 取不同值 $+V_Z$ 和 $-V_Z$ 时,可分别求出两个门限电压 V_{T+} 和 V_{T-}。

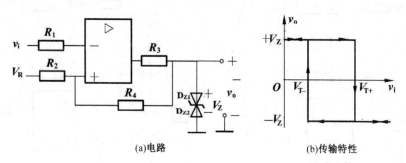

(a)电路　　　　　　　　(b)传输特性

图 3-5-4　迟滞比较器

(1)当输出为高电平时,$v_o=+V_Z$,此时同相输入端的电压称为上限门限电平 V_{T+}:

$$V_{T+}=\frac{R_4}{R_2+R_4}V_R+\frac{R_2}{R_2+R_4}V_Z \tag{3.5.3}$$

当输入电压 v_i 逐渐增大到 $v_i > V_{T+}$ 时，$v_- > v_+$，v_o 由 $+V_Z$ 跳变到 $-V_Z$。

（2）当输出为低电平时，$v_o = -V_Z$，此时同相输入端的电压称为下限门限电平 V_{T-}：

$$V_{T-} = \frac{R_4}{R_2 + R_4} V_R + \frac{R_2}{R_2 + R_4}(-V_Z) \tag{3.5.4}$$

当输入电压 v_i 逐渐减小到 $v_i < V_{T-}$ 时，$v_- < v_+$，v_o 由 $-V_Z$ 跳变到 $+V_Z$。

因此，迟滞比较器的电压传输特性如图 3-5-4(b) 所示。两个门限电平之差称为回差 ΔV_T。

$$\Delta V_T = V_{T+} - V_{T-} = \frac{2R_2 V_Z}{R_2 + R_4} \tag{3.5.5}$$

习　题

3-1　集成运算放大器的理想化条件是什么？理想集成运放的传输特性与实际的集成运放有何不同？

3-2　使用集成运放工作在线性区和饱和区时，应采用什么方式连接到电路中？

3-3　画出反馈放大电路的组成框图。负反馈闭环放大倍数与开环放大倍数之间有什么关系？

3-4　反馈的极性有几种？放大电路中应采用何种极性的反馈？振荡器又应采用何种极性的反馈？

3-5　判断图 P3-5 中是交流反馈还是直流反馈？是正反馈还是负反馈？（图中 C 对交流视为短路）

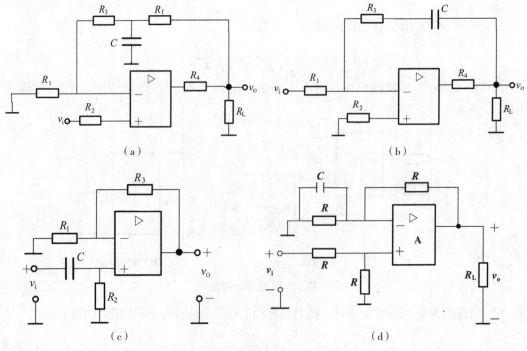

图 P3-5

3-6 四种负反馈的类型是什么？说明四种类型的负反馈对输出电压、输出电流、输入电阻和输出电阻的影响。

3-7 简述负反馈对放大电路性能的影响。

3-8 直流负反馈和交流负反馈的作用是什么？

3-9 电路如图 P3-9 所示，问：

(1)反馈的极性和类型是什么？

(2)引入的反馈稳定了输出电压还是输出电流？

(3)引入的反馈对输入电阻和输出电阻有何影响？是增大了还是减小了？

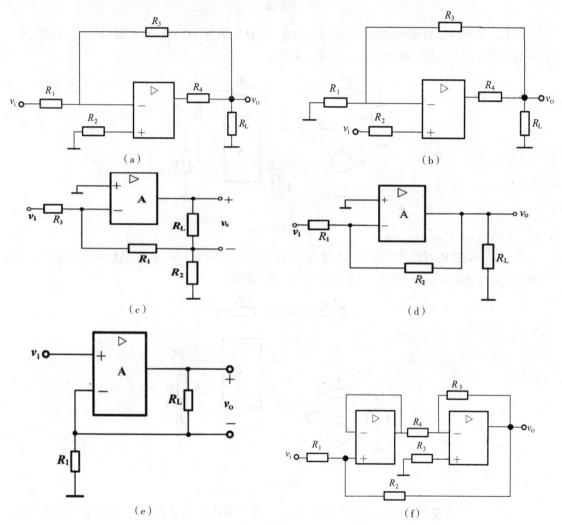

图 P3-9

3-10 在图 P3-10 的电路中，设 $R_1 = 10\ \text{k}\Omega$，$R_f = 500\ \text{k}\Omega$，$R_2 = 9.8\ \text{k}\Omega$，试求闭环电压放大倍数 A_{vf}。若 $v_s = 10\ \text{mV}$，则 v_o 为多少？

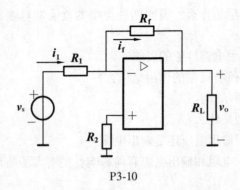

P3-10

3-11 在图 P3-11 的电路中,已知 $R_1 = 100$ kΩ, $R_2 = R_f = 200$ kΩ, $R_3 = 50$ kΩ, $v_{s1} = 100$ mV, $v_{s2} = 200$ mV,(1)写出 v_o 的表达式,(2)求 v_o 的值。

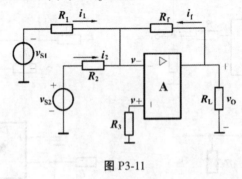

图 P3-11

3-12 在图 P3-12 的电路中,已知 $R_1 = 20$ kΩ, $R_2 = 10$ kΩ, $R_3 = 10$ kΩ, $R_f = 20$ kΩ, $v_{s1} = 300$ mV, $v_{s2} = 200$ mV,(1)写出 v_o 的表达式,(2)求 v_o 的值。

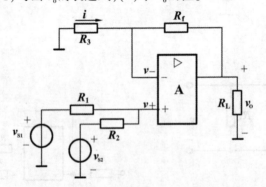

图 P3-12

3-13 为了获得较高的电压放大倍数,而又可避免采用高值电阻 R_f,将反相放大电路改为图 P3-13 所示的电路,并设 $R_f \gg R_4$,试证明: $A_{vf} = \dfrac{v_o}{v_i} = -\dfrac{R_f}{R_1}\left(1 + \dfrac{R_3}{R_4}\right)$

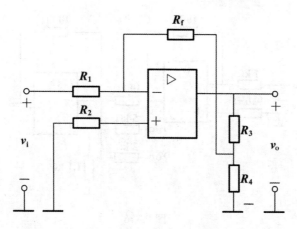

图 P3-13

3-14 电路如图 P3-14 所示,已知 $v_{i1} = 100$ mV,$v_{i2} = 200$ mV,$v_{i3} = 300$ mV,$v_{i4} = 400$ mV,$R_1 = R_2 = 2$ kΩ,$R_3 = R_4 = R_f = 1$ kΩ,试写出输出电压 v_o 的表达式,并求 v_o 的值。

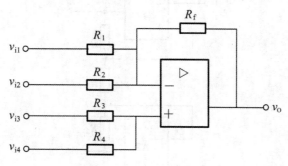

图 P3-14

3-15 求图 P3-15 所示电路中 v_o 与各输入电压的运算关系。

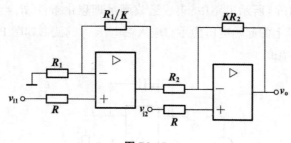

图 P3-15

3-16 试求出图 P3-16 的 v_o 和 v_{i1}、v_{i2},v_{i3} 的运算关系式。

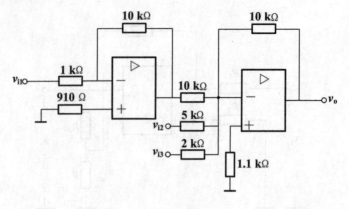

图 P3-16

3-17 电路如图 P3-17 所示，试推导出 v_o 和 v_i 的运算关系式。

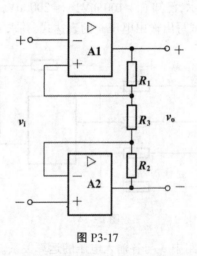

图 P3-17

3-18 在图 P3-18(a)所示电路中，集成运放满足理想化条件，$R_1 = 10\ k\Omega$，$C = 5\ nF$，$R_2 = 10\ k\Omega$，当 $t = 0$ 时，电容上的起始电压为零。输入端电压 v_s 的波形如图 P3-18(b)所示时，画出 v_o 的波形，并标出 v_o 的幅值。

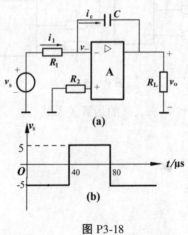

图 P3-18

3-19 一同相积分电路如图 P3-19 所示,试求 v_o 和 v_i 的运算关系式。设集成运放是理想的。

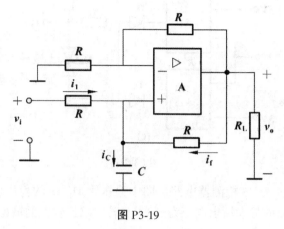

图 P3-19

3-20 电路如图 P3-20(a)所示,设集成运放均为理想的。(1)A_1、A_2 和 A_3 各组成何种基本电路?(2)写出 v_o 的表达式。(3)$R_2 = 100\ \text{k}\Omega$,$C = 10\ \mu\text{F}$,电容的起始电压为零,已知 v_{o1} 的波形如图 P3-20(b)所示,画出 v_o 的波形。

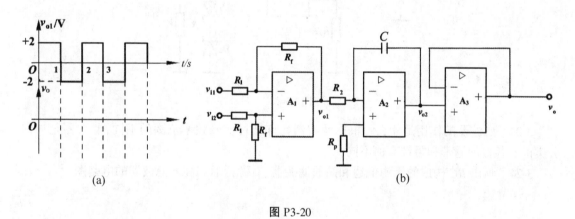

图 P3-20

3-21 试分别求图 P3-21 所示各电路的电压传输特性。

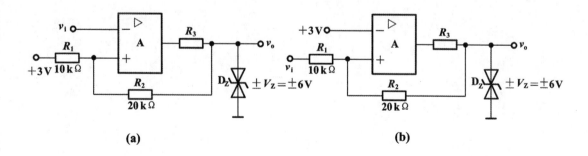

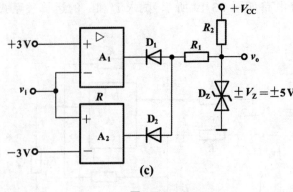

(c)

图 P3-21

3-22 图 P3-22 为一过零检测器电路。图中稳压管 D_1、D_2 的稳压值分别为 V_{Z1}、V_{Z2}，正向导通电压为 0.7 V，运放的最大输出电压为±13 V。若要求比较器的输出电压为 7 V 和−4 V，则 V_{Z1}、V_{Z2} 应选何值？

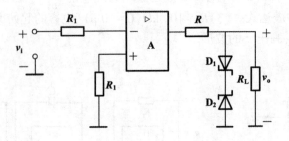

图 P3-22

3-23 滤波器的作用是什么？根据滤波器允许通过信号频率范围的不同，滤波器是如何分类的？各自的通带和阻带有何不同？

3-24 画出 RC 构成的无源低通和高通滤波器、有源低通和高通滤波器的电路图。

第4章 功率放大电路

4.1 功率放大电路概述

向负载提供功率的放大电路称为功率放大电路(简称功放)。功率放大电路通常处于多级放大电路的末级或末前级,功率放大电路输出足够大的信号功率从而推动负载工作,例如:使扬声器发声,使电动机旋转,使继电器动作,使仪表指针偏转等。从能量控制和转换的角度看,功率放大电路与前面讨论的电压放大电路在本质上是相同的,都是能量转换器,即利用BJT 的电流控制作用将直流电源的能量转换为一定形式的交流信号的能量进行输出。但电压放大电路是以电压放大为目的,工作在小信号状态,主要是为了得到不失真的输出信号,在分析时可采用图解法和微变等效电路分析法。而功率放大电路不但要求能够输出较大幅度的电压,而且要能输出较大幅度的电流,即要求在保证输入信号不失真或轻度失真的条件下,获得尽可能大的信号输出功率。由于功率放大电路工作在大信号状态,微变等效电路分析方法不再适用,通常采用图解法来分析。

4.1.1 功率放大电路的特点

功率放大电路与电压放大电路虽然都是放大电路,但有不同的特点及性能指标要求。

1.输出功率 P_o

输出功率 P_o 是指负载上能够得到的交流功率。当输入正弦信号时, $P_o = V_o I_o$, V_o 和 I_o 分别为负载上正弦信号的电压有效值和电流有效值。

2.效率 η

效率 η 是输出功率 P_o 与直流电源提供的功率 P_D 之比, $\eta = \dfrac{P_o}{P_D} \times 100\%$ 。

直流电源提供的功率除了一部分变成交流输出功率外,剩余部分主要以热能的形式消耗在功放管的集电极上,成为集电极功耗 P_c 。

3.非线性失真

功率放大电路工作在大信号状态,不可避免会产生非线性失真。输出功率越大,非线性失真往往越严重,所以,非线性失真和输出功率是一对矛盾。在实际情况中,应根据对非线性失真和输出功率的不同要求和目的,恰当处理好非线性失真和输出功率的矛盾。

4.功放管的保护问题和散热

在功率放大电路中,为使输出功率尽可能大,要求功放管工作在极限应用状态, BJT 的 i_C 、 v_{CE} 和集电极功耗 P_c 都分别接近于它们的极限参数。因此,在选择功放管时,要特别注意集

电极最大允许电流 I_{CM}、集电极–发射极反向击穿电压 $V_{(BR)CEO}$ 和集电极最大功耗 P_{CM} 的选择，以保证管子安全工作，有时还要采取各种保护措施。由于直流电源供给功率除了一部分变成有用的信号功率以外，剩余部分主要消耗在功放管集电结上，导致结温和管壳温度升高，使功率管容易发热损坏。因此，功放管的散热是一个很重要的问题。要特别注意其散热条件，使用时必须安装合适的散热片。

总而言之，功率放大电路就是要保证功放管安全运用的情况下，要求输出功率尽可能大，效率尽可能高，非线性失真尽可能小。

4.1.2　功率放大电路的分类

功率放大电路在输入为正弦信号时，根据功放管的集电极电流在一个周期内的导通时间或导通角 θ 的大小（这里规定导通角 θ 为一个周期内导通角度的一半），可以分为甲类、乙类、甲乙类、丙类、丁类和戊类。

1.甲类

甲类功放管在整个信号周期内都导通，导通角 $\theta = 180°$。甲类的特点是非线性失真小，适用于小信号低频功率放大。在理想的情况下，甲类功放的最高效率为 50%。甲类又称 A 类。

2.乙类

乙类功放管在半个信号周期内导通，导通角 $\theta \approx 90°$。理想情况下，乙类功放的最高效率可达 78.5%。乙类又称 B 类。

3.甲乙类

甲乙类功放管的导通角 θ 介于甲类和乙类之间，$90° < \theta < 180°$。甲乙类又称 AB 类。

4.丙类

丙类功放管导通时间略小于半个周期，导通角 $\theta < 90°$。丙类功放的效率高于 78.5%。丙类不能用于低频功率放大电路，只能用于以谐振回路作为负载的高频谐振功率放大器中。丙类又称 C 类。

5.丁类和戊类

当输入激励为方波或幅度足够大的正弦波时，BJT 交替工作于导通饱和与截止的开关状态，导通角度 $\theta = 90°$。导通时进入饱和区，$v_{CE} = V_{CES}$，集电极瞬时功耗 P_c 很小；截止时 $i_C \approx 0$，瞬时功耗 P_c 几乎为零。因此，理论极限效率可达 100%。丁类是由两个 BJT 组成的，它们轮流导通来完成功率放大任务。而戊类是单个 BJT 工作于开关状态。丁类又称 D 类，戊类又称为 E 类。

4.2　互补对称功率放大电路

前面第 2 章研究的放大电路都工作在甲类。甲类功放之所以效率很低，是由于在没有交流输入信号的情况下，静态集电极电流 I_{CQ} 都始终存在，电源就要一直提供直流功率，而这些电源输出的功率全部消耗在 BJT 和电阻上（称为静态管耗）并且转化成热量。当有输入信号时，其中一部分转化为有用的输出功率，信号越大，输出给负载的功率越大。因此，静态电流是造成静态管耗和效率低的主要因素。为了提高效率，必须降低 BJT 静态时的工作电流。如果降低静态工作点使静态电流 $I_{CQ} \approx 0$，则电路工作在乙类状态。乙类工作状态时，当没有交流信号输入时，电源不供给的直流功率；当有交流信号输入时，电源供给的直流功率大小也会随着输入交流信号的大小而变化。输入交流信号小，电源供给的直流功率也小；输入交流信号大时，电源供给的直流功率也大，所以乙类的效率高。乙类虽然提高了效率，但是如果输入信号是正弦波，BJT 的基极电流和集电极电流却只有半个周期波形，因此产生了严重的波形失真。为了解决效率与非线性失真的矛盾，必须在电路结构上进行改造，基于上述思想，产生了乙类互补功率放大电路。

4.2.1　乙类双电源互补对称功率放大电路

图 4-2-1 所示为两个射极输出器组成的乙类双电源互补对称功率放大电路。电路采用正、负两个电源。T_1(NPN 型)和 T_2(PNP 型)是两个不同类型的晶体管，两管特性和参数相同。T_1 和 T_2 的基极连接在一起，发射极也连接在一起，NPN 管的集电极与正电源连接，PNP 管的集电极与负电源连接，输入信号 v_i 从基极输入，输出信号 v_o 从发射极输出，形成了一个结构与参数对称的电路。电路的输出端与负载 R_L 直接耦合，没有耦合电容，也称为无输出电容OCL(Output Capacitorless)功率放大电路。

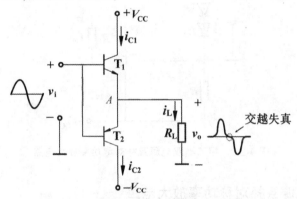

图 4-2-1　乙类双电源互补对称功率放大电路

假设两个功放管的死区电压均为零，当输入信号 $v_i = 0$(静态)时，由于结构和参数对称，A 点的直流电位为 0，T_1 和 T_2 都截止，静态电流 $I_{C1Q} = I_{C2Q} = 0$，工作于乙类状态。由于流过负载 R_L 的电流为零，输出电压 v_o 为零。

当输入信号 $v_i > 0$ 处于正半周时，T_1 导通，T_2 截止，电流由 $+V_{CC}$ 流经 T_1 管到负载电阻 R_L，电流自上而下流过负载电阻 R_L，在负载上获得正半周电压信号；当输入信号 $v_i < 0$ 处于负半周时，T_2 导通，T_1 截止，电流由地经负载电阻 R_L 再流经 T_2 管到 $-V_{CC}$，电流自下而上流过负载电阻 R_L，在负载上获得负半周电压信号。因此，在一个周期内，电流 i_{C1} 和 i_{C2} 以正反不同的方向交替流过负载电阻 R_L，在 R_L 上合成得出一个完整的输出信号电压 v_o。这样，在输出信号的一个周期内，结构对称且两只特性相同的管子交替导通，它们互相补充，故称为互补对称电路。

在上面的讨论中，都假设 T_1、T_2 发射结的死区电压为零，忽略了 BJT 发射结的死区电压。实际上，由于 BJT 的输入特性曲线上有一段死区电压，只有当 $|v_{BE}|$ 大于死区电压后功放管才导通。因此，当输入电压 v_i 在零附近不足以克服死区电压时，T_1、T_2 截止，在这段区域内输出电压 v_o 为零。这种在零点附近产生的失真称为交越失真，如图 4-2-1 中波形所示。

4.2.2 甲乙类双电源互补对称功率放大电路

为了消除交越失真，通常给 T_1、T_2 稍加一点偏置电压，提供一定的静态电流，这种电路被称为甲乙类功率放大电路。

图 4-2-2 所示为甲乙类双电源互补对称功率放大电路。在 T_1 和 T_2 基极间加两个二极管。静态时，T_3 处于前置放大，$+V_{CC}$ 在 D_1、D_2 上产生的正向导通压降，为 T_1、T_2 提供一个适当的偏压，使 T_1、T_2 处于微导通状态，电路工作于甲乙类状态。适当调节 R_1、R_2 使输出电路上、下两部分达到对称时，$I_{C1Q}=I_{C2Q}$，负载上的静态电流为零，因而静态时输出电压等于零。当输入交流信号 v_i 时，由于 D_1、D_2 的动态电阻很小，可忽略不计，因此，T_1、T_2 的基极的交流电位基本相等，可以认为两管的基极输入信号相同。

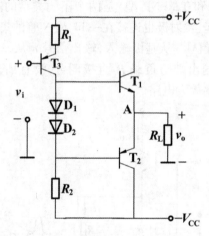

图 4-2-2　甲乙类双电源互补对称功率放大电路

4.2.3 甲乙类单电源互补对称功率放大电路

甲乙类单电源互补对称功率放大电路如图 4-2-3 所示。它采用单电源，D_1、D_2 用于消除交越失真。T_1、T_2 构成互补对称电路，两管的发射极通过耦合电容 C_L 与负载 R_L 相连，而不用变压器，因而又称为无输出变压器 OTL(Output Transformerless)互补对称功率放大电路。

当无输入电压 $v_i=0$(静态)时，T_3 导通，导通的 D_1、D_2 为 T_1、T_2 提供合适的静态偏置，使 T_1、T_2 微导通。适当调节 R_1、R_2 使 A 点的直流电位为 $V_{CC}/2$，输出耦合电容 C_L 上的电压即为 A 点和"地"之间的电位差，也等于 $V_{CC}/2$。

当输入信号 $v_i<0$ 处于负半周时，T_3 集电极输出电压为正半周，T_1 导通，T_2 截止，电流从 V_{CC} 通过 T_1 经 C_L 流向负载 R_L，同时向 C_L 充电，流过负载的电流方向自上而下，在负载上获得正半周电压信号。当输入信号 $v_i>0$ 处于正半周时，T_3 集电极输出电压为负半周，T_1 截止，T_2 导通，电容 C_L 经 T_2 向负载 R_L 放电，流过负载的电流方向自下而上，在负载上获得负半周电压信号。只要选取 C_L 放电的时间常数 R_LC_L 足够大，则 C_L 上的电压在信号的半个周期内基本保持不变，从而可以替代负电源的作用，提供 T_2 所需的直流偏置电压。因此，甲乙类单电源互补对称功率放大电路可等效为双电源为 $\pm V_{CC}/2$ 的甲乙类双电源互补对称功率放大电路。

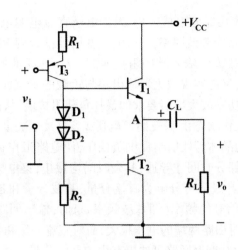

图 4-2-3　甲乙类单电源互补对称功率放大电路

4.3　高频功率放大器

4.3.1　高频功率放大器概述

　　高频功率放大器是无线电发射系统的重要组成部分,用来对高频载波或高频已调波信号进行功率放大。在绪论中所讨论的发射机框图中,需要将有用的信号调制在高频载波信号上,一般情况下,高频振荡器所产生的高频振荡信号功率很小,需经过一系列的放大获得足够的高频功率后才能馈送到天线上辐射出去。为满足发射机天线对发射功率的要求,在发射之前需要经过高频功率放大器才能获得足够的功率。

　　高频功率放大器的主要特点是:输出功率足够大、效率高、非线性失真小及频带宽度满足要求等。高频功率放大器和低频功率放大器的共同点都是将直流电源的能量转换成交流信号能量输出,但二者的工作频率和相对频带宽度相差很大。低频功放的工作频率低,相对频带很宽,一般采用电阻、变压器等非调谐负载。而高频功放的工作频率很高,相对频带一般很窄,例如调幅广播的频带宽度为 9 kHz,如果工作频率为 900 kHz,则相对频带宽度为 1%。工作频率越高,相对频带越小,所以高频功率放大器一般都采用谐振回路作负载。高频功率放大器主要工作在乙类或丙类,大多工作于丙类,属于非线性电路,不能用线性的等效电路来分析,小信号等效电路不适用,工程上采用图解法或解析近似分析法。

　　根据电路的基础知识,要使发射机的输出功率大,放大器输入端和输出端都要求实现阻抗匹配,即放大器输入端阻抗和信号源阻抗匹配,放大器输出端阻抗和负载阻抗匹配,末级功率放大器输出阻抗和天线匹配,以达到最大的功率传输和辐射。

4.3.2　高频功率放大器

　　高频功率放大器的原理电路如图 4-3-1 所示,由于集电极采用谐振回路作为负载,因此常称为高频谐振功率放大器。从电路结构上看,它由功率放大管、输入回路和输出谐振回路、集电极电源和基极偏置电路等几部分组成。V_{CC} 为集电极直流电源电压，V_{BB} 为基极偏置电压，C_b、C_c 为旁路电容。输入回路为调谐回路，信号 v_i 经变压器耦合到 BJT 的基极作输入 v_b，既能实现调谐选频，又能实现与放大管输入端的阻抗匹配。LC 并联谐振回路作为集电极负载回路，既能完成调谐选频功能，又能实现放大器输出端与负载的阻抗匹配，通过谐振回路阻抗的调节，使谐振回路呈现高频功率放大器所要求的最佳负载阻抗值，从而使高频功率放大器高效率输出大功率。放大器的工作状态由基极偏置电压 V_{BB} 的大小决定。为了提高效率，高频功率放大器的基极偏置电路为晶体管发射结提供负偏压，使电路工作在丙类。当输入 v_b 为大信号时，BJT 只在 v_b 正半周的部分时间才导通，其余时间均截止，集电极电流 i_C 是一系列周期性的高频脉冲电流。i_C 按傅里叶级数可分解为直流分量、基波分量和各次谐波分量。当输出端的 LC 谐振回路谐振于输入信号的频率（即基波频率 ω）时，输出回路只对集电极电流中的基波分量呈现很大的阻抗，此时回路两端的电压很大，而对直流分量和各次谐波分量所呈现的阻抗为零和极小。这样，利用 LC 谐振回路可选出有用的基波分量产生的电压，而滤除掉直流分量和各次谐波分量产生的电压。因此，虽然高频功率放大器的集电极电流 i_C 是脉冲电流，失真很大，但是由于输出 LC 谐振回路的选频作用，输出电压仍然只有输入信号频率分量的基波电压，相对于输入信号是没有失真的。

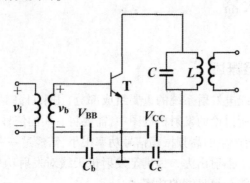

图 4-3-1   高频功率放大器的原理电路

丙类放大器的集电极电流为脉冲电流，含有很多频率分量。如果输出端的 LC 谐振回路不是谐振于基波频率 ω，而是谐振于 n 次谐波频率 $n\omega$ 上，那么输出回路只对集电极电流中的 n 次谐波呈现很大的阻抗，对基波和其他各次谐波分量所呈现的阻抗极小。这样，利用 LC 谐振回路仅选出 n 次谐波产生的电压，而滤除掉了其他分量产生的电压。这种将输入信号频率倍增 n 倍的电路称为倍频器，它广泛应用于无线电发射机等电子设备中。BJT 构成的丙类倍频器，一般只限于二倍频和三倍频。而且在丙类状态的倍频器不适合对调幅信号倍频，但对于振幅不变的窄频带调频和调相信号，可以进行倍频。

4.3.3   宽带高频功率放大器

由于高频谐振功率放大器的相对频带 BW/f_0 的大小只有百分之几甚至千分之几，所以又称为窄带高频功率放大器。这种放大器比较适用于固定频率或频率变化较小的高频设备，其优点是效率高，但调谐不方便。除了 LC 谐振回路以外，常用于高频功率放大电路的负载还有普通变压器和传输线变压器两类，这种以非谐振网络构成的放大器能够在很宽的波段内工作且不需要调谐，称为宽带高频功率放大器。宽带高频功率放大器特别适合于要求频率相对变化范围较大和要求迅速更换工作频率的发射机。

以高频变压器作为负载的放大器,其最高频率可达几百千赫至十几兆赫,但当工作频率更高时,由于线圈漏感和匝间分布电容的作用,其输出功率急剧下降,导致它不能工作在更高频率上。为克服这个困难,使用了传输线变压器。传输线是指连接信号源和负载的两根导线。将传输线(两根紧靠的平行线、扭绞线、带状传输线或同轴线等)绕在高磁导率、低损耗的磁芯上就构成传输线变压器。传输线变压器不仅可以像变压器那样实现信号的倒相和阻抗变换,而且具有变压器所不具备的宽带特性。因此,宽带功率放大器采用频率特性很宽的传输线变压器作为负载,使放大器的最高工作频率可达到几百兆赫甚至上千兆赫,从而在很宽的频率范围内变换工作频率时不需要重新进行调谐。

宽带高频功率放大器的工作状态只能是在非线性失真较小的甲类,效率较低,也就是说宽带高频是以牺牲效率作为代价来换取宽频带输出的。宽带高频功率放大器通常在发射机的中间各级采用。在发射机的末级还是要采用调谐放大器。

4.3.4 功率合成电路

随着无线电技术的发展,要求高频功率放大器的输出功率越来越高。功率合成是利用多个功率放大器同时对输入信号进行放大,然后将各个功放的输出信号相加,这样得到的总输出功率可以远远大于单个功放电路的输出功率,这就是功率合成技术。功率合成应要求放大器间相互隔离,若一路放大器损坏,其他功率放大器的工作状态不受影响。利用功率合成技术可以获得几百瓦甚至上千瓦的高频输出功率。

功率分配是将输入的高频信号功率利用由传输线变压器组成的频率分配网络,均匀地分配到几个独立的负载,使各负载获得的信号功率相同,相位相同或相反。功率分配网络也要求各分路相互隔离,各不相关,若一路有故障,其他分路照常工作。

功率合成电路是由功率合成器、功率放大器、功率分配器三部分组成。图 4-3-2 所示为功率合成的原理方框图。假设 7 个放大器的功率放大倍数 A 都为 2,采用 3 个一分二的功率分配器和 3 个二合一的功率合成器,能将 2 W 的高频功率放大器合成为 16 W 的功率输出。

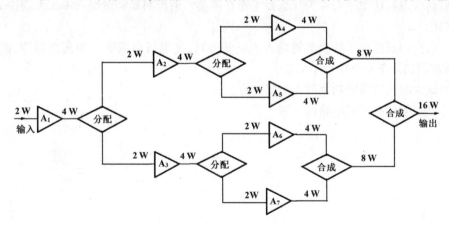

图 4-3-2 功率合成原理图

在 GMDSS 中,峰值包络功率 250 W 以下的小功率 MF/HF SSB 发射机,一般只要一级前置功率放大和一级末级功率放大器就能满足功率要求,但对于峰值包络功率 250 W 以上的大功率 MF/HF SSB 发射机,则须采用功率分配和功率合成技术。

习 题

4-1 试比较电压放大电路和功率放大电路各自的要求和分析方法。

4-2 甲类、乙类、甲乙类、丙类放大电路中,放大管的导通角分别等于多少? 它们的最大效率为多少?

4-3 乙类互补对称功放的交越失真产生的原因是什么? 如何克服交越失真?

4-4 单电源互补对称电路如图 P4-4 所示,

(1)静态时,电容 C_L 两端的电压 V_{CL} 是多少? 调整哪些元件,可以改变 V_{CL} 的值?

(2)电路中 D_1 和 D_2 管的作用是什么?

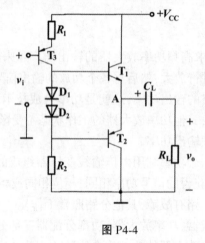

图 P4-4

4-5 试说明高频谐振功率放大器和高频小信号谐振放大器的区别。

4-6 高频谐振功率放大器为什么要工作在丙类? 请说明高频谐振功率放大器中 LC 谐振回路的作用。

4-7 当高频谐振功率放大器的输入为正弦波时,集电极电流通常为高频脉冲,而为什么输出电压却仍然是正弦电压而不失真?

4-8 试说明宽带高频功率放大器的特点。

4-9 试说明功率合成电路的原理。

第5章 正弦波振荡器

在通信、自动控制、测量等领域,常常需要用到各种波形信号,如正弦波、矩形波、三角波和锯齿波等,这些不同的波形信号是由波形产生电路产生的。

振荡器是一种不需外接输入信号,就能将直流能量转换成各种波形的交流能量输出的电路。振荡电路与放大电路最本质的区别在于它不需外加输入信号,就能够产生一定频率和一定幅度的信号输出。

根据产生的波形不同,通常把振荡器分成正弦波振荡器与非正弦波振荡器两类。正弦波振荡器被广泛应用于各种电子设备中,如无线电发射机中的载波和超外差接收系统中的本机振荡都需要用到高频正弦波信号。

5.1 正弦波振荡器的组成

5.1.1 正弦波振荡器的振荡条件

1.正弦波振荡器的振荡平衡条件

正弦波振荡器主要由放大电路和反馈网络构成,输入信号 $\dot{X}_i$ 和反馈信号 $\dot{X}_f$ 按参考极性叠加,引入正反馈,如图 5-1-1(a)所示。

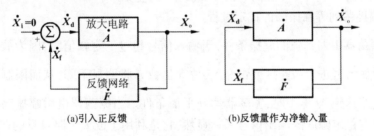

(a)引入正反馈   (b)反馈量作为净输入量

图 5-1-1 正弦波振荡器的方框图

如图 5-1-1(b)所示,放大电路的放大倍数为 $\dot{A}$,反馈网络的反馈系数为 $\dot{F}$。假设输入端无外加信号,即输入量 $\dot{X}_i = 0$ 时,若反馈量 $\dot{X}_f$ 与净输入量 $\dot{X}_d$ 的大小相等且相位相同,即 $\dot{X}_d = \dot{X}_f$,此时,$\dot{X}_o$ 将保持不变,在电路的输出端 $\dot{X}_o$ 就可以得到持续稳定的信号。

因为 $\dot{X}_o = \dot{A}\dot{X}_d$,$\dot{X}_f = \dot{X}_o\dot{F} = \dot{A}\dot{F}\dot{X}_d$,如果要满足 $\dot{X}_d = \dot{X}_f$,即 $\dot{X}_d = \dot{A}\dot{F}\dot{X}_d$,要求 $\dot{A}\dot{F} = 1$。

因此,如果要维持振荡器输出 $\dot{X}_o$ 幅度不变,振荡器的平衡条件为

$$\dot{A}\dot{F} = 1 \qquad (5.1.1)$$

平衡条件可分解成幅度平衡条件和相位平衡条件：

幅度平衡条件： $\qquad\qquad |\dot{A}\dot{F}| = 1 \qquad (5.1.2)$

相位平衡条件： $\qquad\qquad \varphi_A + \varphi_F = 2n\pi$（$n$ 为整数） $\qquad (5.1.3)$

在式(5.1.3)的相位平衡条件中，φ_A 是放大电路的相移，φ_F 是反馈网络的相移。当 $\varphi_A + \varphi_F = 2n\pi$（$n$ 为整数）时，$\dot{X}_f$ 与 $\dot{X}_d$ 同相位。所以，相位平衡条件也就是要求反馈网络必须是正反馈。

2.振荡的建立与稳定

（1）振荡的建立

实际上，一个振荡器在接通电源后，并无外加输入信号的激励，不可能自行输出一定频率、一定幅度的电信号。那么，振荡器又是如何使信号从无到有并达到稳定的呢？下面我们来讨论振荡器的起振条件以及平衡输出的过程。

在图 5-1-1(b)中，假设电源接通时，在接通电源后的一瞬间，电路中总会存在各种电的扰动，这种扰动可能是由于接通电源的瞬间引起的突变电流，也可能是电路中的热噪声等，它们都会在放大电路输入端造成一个小的输入信号，这个输入信号幅度很小，但频谱很宽，含有丰富的频率成分。假设这个小的输入信号作用于输入端，它经过放大电路后会产生一个输出量 $\dot{X}_o$，再通过反馈网络 $\dot{F}$ 后产生的反馈信号 $\dot{X}_f$，$\dot{X}_f$ 又将作为基本放大电路的输入信号 $\dot{X}_d$，再通过放大和反馈过程，又作用于输入端，这样不断循环反复，因此，为了能够使输出信号 $\dot{X}_o$ 的振幅能够逐渐由小变大，振荡电路的起振条件为

$$\dot{A}\dot{F} > 1 \qquad (5.1.4)$$

式(5.1.4)也可分解成幅度起振条件和相位起振条件：

幅度起振条件： $\qquad\qquad |\dot{A}\dot{F}| > 1 \qquad (5.1.5)$

相位起振条件： $\qquad\qquad \varphi_A + \varphi_F = 2n\pi$（$n$ 为整数） $\qquad (5.1.6)$

（2）由增幅振荡到等幅振荡的稳定过程

$\dot{A}\dot{F} > 1$ 是振荡器由弱到强的起振条件，当输入信号超过一定幅值时，因为放大电路的非线性，放大电路由放大区进入截止区或饱和区，放大倍数 $\dot{A}$ 将明显下降，从而限制了输出信号幅度的增大，当电路达到 $\dot{A}\dot{F} = 1$ 时，振荡器达到平衡条件。当振荡器由增幅振荡转变为等幅振荡时，输出端就有稳定幅度的输出信号了。显然，它是利用了放大电路自身的非线性使输出电压的幅度不可能无限制地增大而达到了平衡条件，达到了稳定幅度的目的。或者有时电路也采用外接非线性元件来达到稳幅。

综上所述，要保证正弦波振荡器正常工作，必须满足起振条件和平衡条件，其中相位的平衡和起振条件是关键。因此反馈网络为正反馈是判断电路能否振荡的首要依据。

5.1.2　正弦波振荡器的组成

如前所述，当振荡器在接通电源后的一瞬间，电路中总会存在扰动，这个扰动会在放大电路输入端造成一个小的输入信号，它是一个频谱很宽的非正弦量，含有一系列频率不同的正弦

分量。为了得到单一频率的正弦输出电压,振荡电路必须具有选频网络,从不同频率的信号分量中,选出能满足相位平衡条件的某一个特定频率的信号。

因此,正弦波振荡器由放大电路、正反馈网络、选频网络和稳幅环节四部分组成。

(1)放大电路:对信号进行放大。

(2)正反馈网络:使电路满足起振和平衡的相位条件。

(3)选频网络:选择满足相位平衡条件的某一单一频率信号进行放大,而将其他频率的信号衰减。选频网络通常由 R、C 和 L 等组成。根据构成选频网络元件的不同,正弦波振荡器有 RC 振荡器、LC 振荡器。RC 振荡器的振荡频率较低,一般在 1 MHz 以下;LC 振荡器的振荡频率多在 1 MHz 以上。

(4)稳幅环节:保证输出的振幅稳定。

5.1.3 判断电路能否产生正弦波振荡的分析方法

(1)检查电路是否含有放大电路、正反馈网络、选频网络和稳幅环节四个基本组成部分。不少电路的正反馈网络和选频网络常常合二为一。

(2)检查电路是否满足振荡的相位条件。可采用瞬时极性法来判断。如果是正反馈,则 $\dot{V}_i$ 和 $\dot{V}_f$ 同相,电路满足相位条件。否则,不满足相位条件。

(3)振荡频率 f_0 由相位平衡条件决定。满足相位平衡条件 $\varphi_A + \varphi_F = 2n\pi$($n$ 为整数)的频率就是振荡频率 f_0。

(4)在振荡频率 f_0 下,可通过设定电路的某些参数判断电路是否满足幅度起振条件 $|\dot{A}\dot{F}| > 1$。若既满足相位平衡条件,又满足起振条件,电路就会产生正弦波振荡。

5.2 RC 正弦波振荡器

图 5-2-1 所示为 RC 文氏电桥振荡器。集成运放构成了同相比例运算电路,引入了电压串联负反馈,可以稳定输出电压和改善输出波形。RC 串并联电路在正弦波振荡电路中既为选频网络,又为正反馈网络。

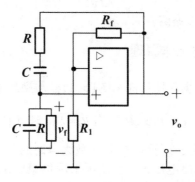

图 5-2-1 RC 文氏电桥振荡器

5.2.1　RC 串并联反馈网络的频率特性

图 5-2-2 所示为 RC 串并联反馈网络。$\dot{V}_{o}$ 是反馈网络的输入电压,也是放大电路的输出电压。$\dot{V}_{f}$ 是反馈网络的输出电压,也是放大电路的输入电压。

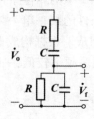

图 5-2-2　RC 串并联反馈网络

反馈网络的反馈系数

$$\dot{F} = \frac{\dot{V}_{f}}{\dot{V}_{o}} = \frac{R /\!/ \dfrac{1}{j\omega C}}{R + \dfrac{1}{j\omega C} + R /\!/ \dfrac{1}{j\omega C}}$$

整理得

$$\dot{F} = \frac{1}{3 + j\left(\omega RC - \dfrac{1}{\omega RC}\right)} \tag{5.2.1}$$

令 $\omega_0 = \dfrac{1}{RC}$,则

$$\dot{F} = \frac{1}{3 + j\left(\dfrac{\omega}{\omega_0} - \dfrac{\omega_0}{\omega}\right)} \tag{5.2.2}$$

由(5.2.2)式可知,当 $\omega = \omega_0$ 时,$\dot{F}$ 的幅值最大,即 $|\dot{F}| = 1/3$,此时 $\varphi_F = 0°$。由于运放同相放大电路的相移 $\varphi_A = 0°$,$\varphi_A + \varphi_F = 0°$,因此,根据相位平衡条件,$RC$ 振荡电路的振荡频率为

$$f_0 = \frac{1}{2\pi RC} \tag{5.2.3}$$

改变 R 和 C 的值,可以调节振荡频率。

5.2.2　RC 正弦波振荡器的工作原理

当 $f = f_0$ 时,$|\dot{F}| = 1/3$,根据起振条件 $|\dot{A}\dot{F}| > 1$,必须满足 $|\dot{A}| > 3$,根据同相比例放大电路的电压放大倍数 $A = 1 + \dfrac{R_f}{R_1}$ 可得 $R_f > 2R_1$。当 $R_f = 2R_1$ 时,$|\dot{A}| = 3$,$|\dot{A}\dot{F}| = 1$ 满足幅度平衡条件,电路进入稳幅振荡状态。为了实现稳幅,可在放大电路的负反馈回路中采用非线性元件来自动调整反馈的强弱以维持输出电压恒定。R_f 可采用负温度系数的热敏电阻。当输出电压 $|\dot{V}_o|$ 增大时,流过 R_f 的电流增大,R_f 的功耗增加引起温度升高,R_f 减小,$|\dot{A}|$ 减小,使 $|\dot{V}_o|$ 减小。反之,当 $|\dot{V}_o|$ 减小时,R_f 增大,$|\dot{A}|$ 增大,使 $|\dot{V}_o|$ 增大,从而维持输出电压基本不变。

5.3 *LC* 正弦波振荡器

LC 振荡器采用 *LC* 并联谐振回路作为正反馈和选频网络。三点式振荡器是 *LC* 振荡中常应用的振荡器,分为电感三点式和电容三点式。用集成运放构成的 *LC* 三点式振荡器的特点是 *LC* 谐振回路有三个引出端点分别与集成运放的同相输入端、反相输入端和输出端相连。为了满足产生振荡的相位平衡条件,集成运放构成的 *LC* 三点式振荡器的组成原则是:与集成运放的同相输入端相连的两个电抗元件必须是同性质的,与反相输入端或输出端相连的两个电抗元件必须是异性质的。这称为"同相端相同,反相端相反"。

5.3.1 电感三点式 *LC* 振荡器

图 5-3-1 所示为用集成运放构成的电感三点式 *LC* 振荡器。图中 *C'* 为耦合电容,是大电容,对高频振荡信号近似为短路,*C* 为 *LC* 回路工作电容,是小电容,对高频振荡信号不能视为短路。一般而言,旁路电容和耦合电容的电容值要比回路工作电容大一个数量级以上。L_1、L_2 为 *LC* 回路工作电感,为小电感。L_1、L_2 和 *C* 既组成正反馈网络,又构成 *LC* 选频网络。当 *LC* 并联回路谐振时,谐振回路电流远比外电路电流大,可忽略谐振回路外部电流的影响。

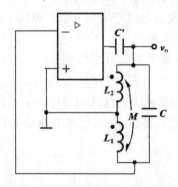

图 5-3-1 电感三点式 *LC* 振荡器

电感三点式 *LC* 振荡器的振荡频率近似为 *LC* 谐振回路的谐振频率:

$$f_0 \approx \frac{1}{2\pi\sqrt{LC}} \tag{5.3.1}$$

式中:$L=L_1+L_2+2M$,是谐振回路总电感量;M 是 L_1 与 L_2 之间的互感。改变 *C* 可以调节振荡频率。

电感三点式 *LC* 振荡电路的优点是容易起振。为使电路满足振幅起振条件,可以适当选择 L_2 与 L_1 的比值。由于反馈电压取自电感 L_2,高次谐波在电感上产生的反馈压降较大,输出波形较差,不适用于高频。

5.3.2 电容三点式 *LC* 振荡器

图 5-3-2 所示电路是用集成运放构成的电容三点式 *LC* 振荡器。与图 5-3-1 相比,这种振

荡器只是将 LC 谐振回路中的电感变为电容,将电容变为电感。

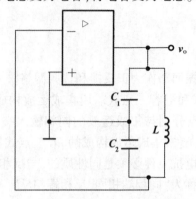

图 5-3-2 电容三点式 LC 振荡器

电容三点式 LC 振荡器的振荡频率近似为 LC 谐振回路的谐振频率:

$$f_0 \approx \frac{1}{2\pi\sqrt{LC}} \tag{5.3.2}$$

式中:$C = \dfrac{C_1 \cdot C_2}{C_1 + C_2}$。调节 C_1 或 C_2 可以改变振荡频率,但同时会影响起振条件。因此,通常在电感 L 支路串联一个容量较小的可变电容来调节振荡频率。

电容三点式 LC 振荡电路的优点是反馈电压 v_f 取自电容 C_2,高次谐波在电容上产生的反馈压降较小,输出波形较好,适用于高频。

振荡器的频率稳定度一般用频率的相对变化量 Δf 与振荡频率 f_0 的比值 $\Delta f/f_0$ 来表示,简称频稳度。LC 谐振回路的品质因数 Q 值对频率稳定度有较大的影响,Q 值越大,频稳度越高。为提高 LC 振荡电路的 Q 值,应尽量减小回路的损耗电阻 r 并加大 L/C。但 LC 谐振回路的 Q 值不可能无限制增加,通常最高也只能达到几百,如果要提高频率稳定度,可以考虑采用石英晶体振荡器。

5.4 石英晶体振荡器

石英晶体振荡器(简称石英晶振)具有很高的频率稳定度,常用于对频率稳定度要求较高的场合。例如通信系统中的射频振荡电路、数字电路和计算机中的时钟脉冲发生器、标准频率发生器等。电子表的核心就是一个振荡电路,要求产生频率稳定度很高的一个周期信号作为时钟。

5.4.1 石英晶体的基本特性

石英的主要成分是二氧化硅(SiO_2),从一块 SiO_2 结晶体上按一定的方向切割成很薄的晶片,再将晶片两个对应的表面抛光和涂敷银层,并引出两个金属电极,最后用金属外壳加以封装,就构成石英晶体谐振器,简称为石英晶体。其结构示意图和电路符号如图 5-4-1 所示。

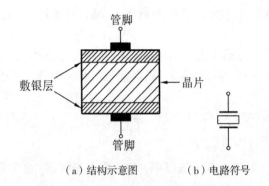

（a）结构示意图　　　（b）电路符号

图 5-4-1　石英晶体谐振器的结构示意图及符号

　　石英晶体的主要特点是具有压电效应。在石英晶体的两极间加电场时,会使晶体产生机械变形。反之,若在极板间施加机械压力,则会在相应的方向上产生一定的电场,这种物理现象称为压电效应。若石英晶体两极间加交变电压时,会产生机械变形振动,同时,机械变形振动又会产生交变电压。当外加交变电压的频率与晶片的固有频率相等时,晶片产生共振,机械振幅最大。这种现象称为压电谐振。晶片的固有频率称为谐振频率。石英的固有频率与晶片外形、尺寸和切割方向都有关。对于一定形状和尺寸的晶体,它既可以在某一基频上谐振,也可以在高次谐波上谐振。利用晶片基频共振的谐振器称为基频谐振器;利用晶片各次谐频共振的谐振器称为泛音谐振器,通常是 3、5、7 等奇次泛音。基频谐振器的最高工作频率可达几十兆赫,泛音谐振器最高工作频率可达 100 MHz。

5.4.2　石英晶体的等效电路

　　石英晶体的等效电路如图 5-4-2(a)所示。当石英晶体不振动时,可看成一个平板电容,用 C_0 表示,称为晶体的静态电容,一般约为几到几十皮法。L_q 为晶片振动时的等效电感,C_q 为晶片振动时的等效动态电容,$C_q \ll C_0$。r_q 为晶片振动时的等效摩擦损耗电阻。

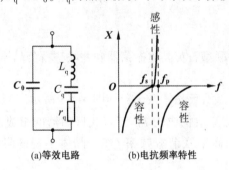

(a)等效电路　　　(b)电抗频率特性

图 5-4-2　石英晶体的等效电路及其电抗频率特性

　　当等效电路中的 L_q、C_q、r_q 支路产生串联谐振时,电抗为 0,该支路的等效阻抗为纯电阻 r_q,其值很小。由于 C_0 很小,它的容抗比 r_q 大得多,其作用可以忽略。因此,石英晶体等效为一个很小的纯电阻 r_q。石英晶体的串联谐振频率

$$f_s = \frac{1}{2\pi\sqrt{L_q C_q}} \tag{5.4.1}$$

当 $f < f_s$ 时，随着频率逐渐减小，容抗逐渐增大，感抗逐渐减小，电容 C_q 起主要作用，石英晶体呈容性。

当 $f > f_s$ 时，随着频率逐渐增大，容抗逐渐减小，感抗逐渐增大，电感 L_q 起主要作用，L_q、C_q、r_q 支路呈感性，当与 C_0 产生并联谐振时，石英晶体又呈纯阻性。它的并联谐振频率

$$f_p = \frac{1}{2\pi\sqrt{L_q\dfrac{C_qC_0}{C_q+C_0}}} = \frac{1}{2\pi\sqrt{L_qC_q}}\sqrt{\frac{C_0+C_q}{C_0}} = f_s\sqrt{1+\frac{C_q}{C_0}} \tag{5.4.2}$$

由于 $C_q \ll C_0$，$f_p \approx f_s$，所以串联谐振频率 f_s 和并联谐振频率 f_p 非常接近，一般 f_p 与 f_s 的相对频率间隔 $\dfrac{f_p-f_s}{f_s}$ 仅为 1‰~2‰。

当 $f>f_p$ 时，随着频率逐渐增大，容抗逐渐减小，感抗逐渐增大，电容 C_0 起主要作用，石英晶体又呈容性。

图 5-4-2（b）所示为石英晶体在忽略等效摩擦损耗电阻 r_q（$r_q=0$ 时）的电抗频率特性曲线。当 $f=f_s$ 时，L_q、C_q 支路串联谐振，电抗 $X=0$。当 $f=f_p$ 时，并联谐振电抗 $X\to\infty$。只有在 $f_s<f<f_p$ 很窄的频率范围内石英晶体才呈感性，在其他频段内，石英晶体均呈容性。

石英晶体外壳上所标明的工作频率为晶体标称频率，它既不是 f_s，也不是 f_p，而是外接一个小的负载电容 C_s 时校正的振荡频率。利用 C_s 可使石英晶体的谐振频率在一个小范围内调整。

石英晶体的 L_q 很大，C_q 和 r_q 均很小，品质因数 Q 值很大，可达到几万到几百万，远远大于 LC 回路的几百数量级。利用它的这个特性，可做成高频窄带滤波器。例如在通信机中的中放级就采用窄带桥型晶体滤波器。晶体滤波器的特点是中心频率很稳定，通频带宽度很窄，等于 f_p-f_s，而且在阻带内有陡峭的衰减特性，在船用 MF/HF 单边带发射机中，第一、二次调制后所用的滤波器都是采用晶体滤波器来选取有用的边带信号。石英晶体谐振器除广泛应用于频率稳定性高的振荡器外，也用作高性能的窄带滤波器。

5.4.3 石英晶体振荡器

石英晶体振荡器分为串联型石英晶体振荡器和并联型石英晶体振荡器。

1.串联型石英晶体振荡器

由集成运放构成的串联型石英晶体振荡器如图 5-4-3 所示。当 $f=f_s$ 串联谐振时，晶体等效为短路元件，电路满足集成运放构成的 LC 三点式振荡器的组成原则，满足相位平衡条件，为电容三点式振荡器。当偏离串联谐振频率 f_s 时，晶体呈现的阻抗值迅速增大，电路不能振荡。

2.并联型石英晶体振荡器

并联型石英晶体振荡器如图 5-4-4 所示。石英晶体等效为一个电感，它相当于用石英晶体取代了电容三点式振荡器中的电感。晶体工作在 f_s 与 f_p 之间的频率范围之内。

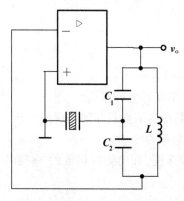

图 5-4-3 串联型石英晶体振荡器

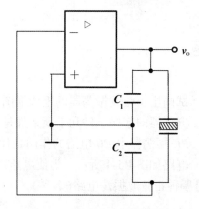

图 5-4-4 并联型石英晶体振荡器

5.5 压控振荡器

振荡频率受外加控制电压变化的振荡器称为压控振荡器(Voltage Controlled Oscillator, VCO)。利用有些电抗元件的电抗值能随外加电压变化的特点,将这种电抗元件接在正弦波振荡器中,使其振荡频率随外加控制电压而变化可构成压控振荡器。常用的压控电抗元件是变容二极管。变容二极管的是利用结电容 C_j 随外加反向电压而变化这一特性而制成的一种压控电抗元件,变容二极管必须工作在反向偏压状态。将变容二极管接入 LC 振荡器或晶体振荡器中就实现了压控振荡器。压控振荡器在频率调制、频率合成、锁相环路等方面有广泛的应用。

为了提高压控振荡器中心频率的稳定度,可采用晶体压控振荡器。由 BJT 构成的三点式 LC 振荡器与集成运放振荡器相比,集成运放振荡器的输出端与 BJT 的集电极相对应,反相端与 BJT 的基极相对应,同相端与发射极相对应,因此,BJT 构成的三点式 LC 振荡电路的组成原则是"射同基(集)反",即与发射极相连的两个电抗元件必须是同性质的,而与基极或集电极相连的两个电抗元件必须是异性质的,就满足振荡的相位平衡条件形成正反馈而振荡。

图 5-5-1 所示为晶体压控振荡器的高频等效电路。由于晶体呈感性,因此,晶体的工作频率处于串联谐振频率 f_s 和并联谐振频率 f_p 之间,通过电压控制调节变容二极管的电容值 C_j,可以改变谐振回路的总电容,从而改变电路的振荡频率。

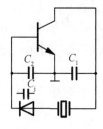

图 5-5-1 晶体压控振荡器高频等效电路

习 题

5-1 试画出正弦波振荡器的组成框图,说明每个组成部分的作用。

5-2 振荡器的起振条件和平衡条件是什么？由起振到平衡是如何实现的？

5-3 RC 振荡器中 RC 电路的作用是什么？振荡频率为多少？

5-4 电路如图 P5-4 所示。为使电路产生正弦波振荡,标出集成运放的"+"和"−",并说明电路是哪种正弦波振荡电路(名称)。

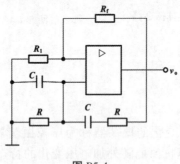

图 P5-4

5-5 LC 三点式振荡器可分为哪两种？试说明集成运放构成的 LC 三点式振荡器的组成原则。

5-6 在如图 P5-6 所示的各三点式振荡器的交流通路中,试用相位平衡条件判断哪个可能振荡？如果不能振荡,应如何改正？指出修改后的振荡电路的名称和它们的振荡频率。

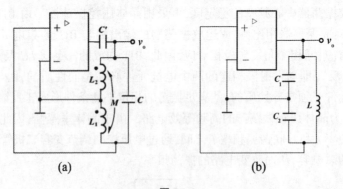

(a)　　　　　　　　　　　(b)

图 P5-6

5-7 石英晶体在并联型和串联型晶体振荡器中起的作用是否相同？结合石英晶体的等效电路和阻抗特性说明。

5-8 什么叫压控振荡器？它的工作原理是什么？

第6章 频率变换电路

无线电通信系统由发射装置、接收装置和传输媒质所组成。发射装置和接收装置的基本组成方框图,已在绪论中介绍过。发射和接收系统中所需的电路,如电压放大电路、功率放大电路、正弦波振荡器已在第2、3、4、5章中讨论,而其他部分如调制、解调、混频则属于另一类电路——频率变换电路。

6.1 调制、解调及混频的一般概念

6.1.1 调制

在绪论中,已经讨论了调制的作用。调制就是由携有信息的电信号去控制高频振荡信号的某一参数(如幅度、频率或相位),使该参数按照电信号的规律而变化的一种过程。通常将携有信息的电信号称为调制信号,调制信号是由物理现象(如声音、文字、图像等)经换能器转变成的低频电信号。高频振荡信号称为载波信号,可以是等幅的正弦波,也可以是非正弦波,如方波、三角波等,载波信号的频率称为载频。调制后的高频振荡信号称为已调信号(或已调波)。

调制方式可分为振幅调制(AM)、频率调制(FM)和相位调制(PM),分别简称为调幅、调频和调相。相应的已调波分别称为调幅波、调频波和调相波。其中,调频和调相统称为调角,调频波和调相波统称为调角波。调角与调幅相比,具有较高的载波功率利用系数和抗干扰能力强等优点,但需占有更宽的传送频带。

调幅是由调制信号控制载波的振幅,使载波的振幅随调制信号的变化而变化。其他参数(频率和相位)不变。如图6-1-1所示,(a)为调制信号,(b)为高频载波,(c)为调幅波。

调频是由调制信号控制载波的角频率,使载波的角频率随调制信号的变化而变化,但振幅不变。如图6-1-2所示,(a)为调制信号,(b)为高频载波,(c)为调频波。调频波的角频率是随调制信号的变化而变化的,当调制信号幅度正向最大时,调频波的角频率最高,波形最密;当调制信号幅度达到负向最大时,调频波角频率最低,波形最疏。

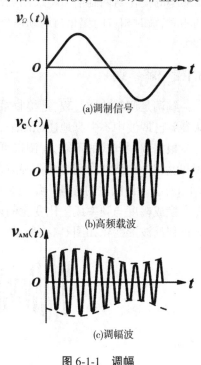

(a)调制信号

(b)高频载波

(c)调幅波

图6-1-1 调幅

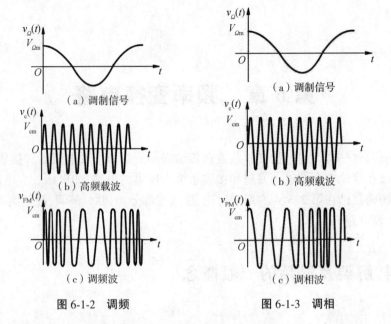

（a）调制信号

（b）高频载波

（c）调频波

图 6-1-2 调频

（a）调制信号

（b）高频载波

（c）调相波

图 6-1-3 调相

调相是由调制信号控制载波的相位,使载波的相位随调制信号的变化而变化,振幅不变。如图 6-1-3 所示,在调制信号零交点处调相波相位与载波相位重合。当调制信号开始由零向正半周变化时,调相波的相位会较未调制时载波的相位逐渐超前;当调制信号开始由零向负半周变化时,调相波相位会较载波相位逐渐滞后。

无论是调频还是调相,瞬时角频率和瞬时相位都在随着调制信号而变化。在调频时,瞬时角频率的变化与调制信号呈线性关系,而瞬时相位的变化与调制信号的积分呈线性关系。在调相时,瞬时相位的变化与调制信号呈线性关系,而瞬时角频率的变化与调制信号的微分呈线性关系。

6.1.2 解 调

解调是调制的逆过程,是接收系统中不可缺少的组成环节。它的作用是将低频调制信号从高频已调波中不失真地还原出来,最终完成接收所需信号的任务。

根据调制方式的不同,解调也可分为振幅解调、频率解调和相位解调,分别简称为检波、鉴频和鉴相。检波的作用是从调幅波中不失真地恢复出调制信号,检波电路的波形及频谱如图 6-1-4所示。调频波的鉴频应用较多的是首先将等幅的调频波输入一个频率-幅度线性网络,先变换成幅度与频率成正比变化的调频-调幅波,然后再进行振幅检波,恢复出调制信号。鉴频过程的波形变化如图 6-1-5 所示。

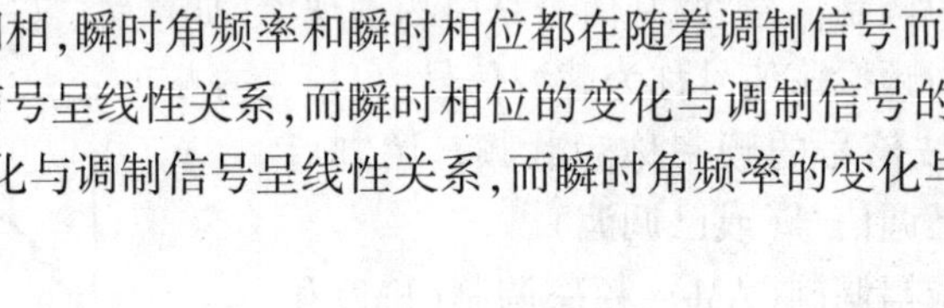

输入 $v_s(t)$　检波器　输出 $v_o(t)$

图 6-1-4　检波电路的波形及频谱

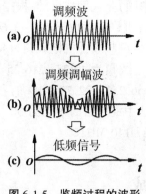

图 6-1-5 鉴频过程的波形

6.1.3 混频

混频是超外差接收系统的"特征"组成部分,没有混频,也就谈不上"超外差"。混频的作用是将载频为 f_c 的高频已调信号不失真地变换为载频为 f_i(固定中频)的已调信号,并保持原调制规律不变。超外差式接收机经混频后,一方面可将后面的中频放大器设计成高增益放大器,提高整机的灵敏度;另一方面有利于各中频放大器的调谐回路对干扰信号及其他电台的信号加以抑制,从而提高了选择性。因此超外差接收机具有灵敏度高、选择性好的优点。

混频有两个输入信号,其中一个输入信号为 $v_s(t)$,工作频率为 f_c,另一个输入 $v_L(t)$ 为本机振荡器产生的本地振荡信号(简称本振信号),本振信号频率为 f_l。混频后得到中频信号 $v_I(t)$,中频信号频率 f_i 是由输入信号 f_c 与 f_l 进行差频或和频得到的。f_l 与 f_i、f_c 之间的关系有几种情况:

$$f_i = f_c + f_l \tag{6.1.1}$$

或

$$f_i = \begin{cases} f_c - f_l & (f_c > f_l) \\ f_l - f_c & (f_l > f_c) \end{cases} \tag{6.1.2}$$

式(6.1.1)和式(6.1.2)中,当 $f_i < f_c$ 时,称为下混频,输出低中频;当 $f_i > f_c$ 时,称为上混频,输出高中频。虽然高中频比输入的载波信号频率 f_c 高,仍将其称为中频。

调幅接收机的混频电路的输入输出波形如图 6-1-6 所示,从图中可以看出,混频后的中频信号仍然是一个调幅波,其振幅包络形状不变,只是中心频率发生了变化。对于调频波或调相波,通过混频电路后仍然是调频波或调相波。只是其中心频率变化了,其调制规律及频谱结构均未改变。

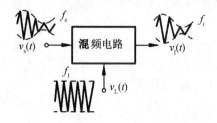

图 6-1-6 调幅接收机混频电路的输入输出波形

混频后的中心频率 f_i(即固定中频)是人们选定的,根据接收系统不同,使用的中频频率也不同。例如,我国的无线电调幅收音机将载频位于 $535 \sim 1\ 605$ kHz 中波波段各电台的普通调幅信号,混频为 465 kHz 的中频信号;调频收音机把载频为 $88 \sim 108$ MHz 的调频台信号混频为 10.7 MHz 的中频信号;电视接收机把载频为 $49.75 \sim 216.25$ MHz 的各电视台的图像信号混频为 38 MHz 的中频信号,把载频为 $56.25 \sim 222.75$ MHz 的各电视台的电视伴音信号混频为 31.5 MHz的中频信号;而在航海雷达中混频后的中频为 30 MHz 或 60 MHz;在微波接收机、卫星接收机混频后的中频为 70 MHz 或 140 MHz。

6.2 频率变换电路的组成

调制、解调、混频过程都是频谱搬移过程。在调制、解调及混频电路中,都存在一个共同点,就是输出信号的频率分量与输入信号的频率分量不完全相同,而是出现了新的频率分量。线性元件的输出电压与输入电压之间是线性关系,其形状和频率都不会发生变化。因此,要完成调制、解调和混频等频谱搬移任务,线性电路是办不到的,必须用非线性电路来完成。

6.2.1 线性元件与非线性元件

线性元件就是其伏安特性为直线的元件。线性电阻是线性元件,当在其两端加上某一频率的正弦波电压时,电阻中流过的电流仍然是这个频率的正弦波,它不会产生新的频率分量。

如果元件的伏安特性不是直线,则称之为非线性元件。当单一角频率为 ω 的正弦波电压作用于非线性元件时,用傅里叶级数展开可知,其流过的电流是由许多频率的正弦波组成。它不仅包含了与输入信号角频率相同的基波分量 ω,还包含有直流分量和各次谐波分量 $n\omega$($n = 1,2,3,\cdots$)。这表明,非线性元件具有频率变换作用,它能将单频正弦波信号变成频谱成分比较复杂的多频信号。

对于二极管和 BJT 来说,它们是非线性元件,但在一定条件下也可以作为线性元件使用。在放大电路中,当静态工作点选在特性曲线线性段的中部,并且输入为小信号时,它们就相当于一个线性元件,没有频率变换的作用。如果工作点选择不当,或输入信号幅度过大超出线性范围时,波形就会产生非线性失真,产生新的频率分量。因此,要实现频率变换作用,光是采用非线性元件本身还不够,还必须使其工作在非线性状态。

6.2.2 非线性电路频率变换作用的数学分析

一个非线性元件,如二极管和 BJT,它的伏安特性为

$$i = f(v)$$

式中:v 为加在非线性元件上的电压;i 为流过元件的电流。假设 $v = V + v_1 + v_2$,V 为静态工作点电压。v_1、v_2 为两个输入电压,设 $v_1 = V_{1m}\cos\ \omega_1 t$,$v_2 = V_{2m}\cos\ \omega_2 t$。采用幂级数逼近,将该伏安特性曲线 $i = f(v)$ 在静态工作点 V 处的展开式为:

$$i = f(V) + f'(V)(v - V) + f''(V)\frac{(v-V)^2}{2!} + f'''(V)\frac{(v-V)^3}{3!} + \cdots$$

$$= f(V) + a_1(v_1 + v_2) + a_2(v_1 + v_2)^2 + a_3(v_1 + v_2)^3 + \cdots$$

$$= f(V) + \sum_{n=1}^{\infty} a_n (v_1 + v_2)^n$$

$$= a_0 + \sum_{n=1}^{\infty} a_n (v_1 + v_2)^n \qquad\qquad (6.2.1)$$

式中：$a_0 = f(V)$，$a_1 = f'(V)$，$a_2 = \dfrac{f''(V)}{2!}$，$a_3 = \dfrac{f'''(V)}{3!}$，$\cdots$，$a_n = \dfrac{f^{(n)}(V)}{n!}$

由于幂次越高系数越小，这里只分析二次项及以下的信号，即

$$i = a_0 + a_1(V_{1m}\cos \omega_1 t + V_{2m}\cos \omega_2 t) + a_2(V_{1m}\cos \omega_1 t + V_{2m}\cos \omega_2 t)^2$$

展开并用三角函数公式整理得

$$
\begin{aligned}
i = & \left(a_0 + \frac{a_2}{2}V_{1m}^2 + \frac{a_2}{2}V_{2m}^2 \right) + && \text{第一项} \\
& (a_1 V_{1m}\cos\omega_1 t + a_1 V_{2m}\cos\omega_2 t) + && \text{第二项} \\
& \left(\frac{a_2}{2}V_{1m}^2\cos2\omega_1 t + \frac{a_2}{2}V_{2m}^2\cos2\omega_2 t \right) + && \text{第三项} \\
& [a_2 V_{1m} V_{2m}\cos(\omega_1 + \omega_2)t] + && \text{第四项} \\
& [a_2 V_{1m} V_{2m}\cos(\omega_1 - \omega_2)t] && \text{第五项}
\end{aligned}
\qquad (6.2.2)
$$

式(6.2.2)中，第一项为与输入信号振幅有关的量，当振幅均为恒定量时，这一项将成为电流中的直流分量；第二项为 $\cos \omega_1 t$ 和 $\cos \omega_2 t$ 的函数，即与原输入信号频率相等的频率成分，称之为基波分量；第三项为 $\cos2\omega_1 t$ 和 $\cos2\omega_2 t$ 的函数，其频率为输入信号的两倍，称为二次谐波分量或倍频分量；第四项为 $\cos(\omega_1 + \omega_2)t$ 的函数项，它的频率为两个输入信号频率的和，称为和频分量；第五项为 $\cos(\omega_1 - \omega_2)t$ 项，它的频率为两个信号频率之差，称为差频分量。

从上述数学分析可以看出，当在非线性电路上加入两个不同频率的余弦波电压信号时，其电流成分中出现了若干个频率的余弦波信号，输出的频率是各输入频率间的各种组合。这充分说明了非线性电路的频率变换作用。

如果考虑式(6.2.1)中的高次项，可以证明：i 中将包含由下列频率通式表示的众多组合频率分量。

$$\omega_{p,q} = |\pm p\,\omega_1 \pm q\,\omega_2|\,(p、q\ \text{为包括零在内的正整数}) \qquad (6.2.3)$$

其电流 i 中包含以下频率分量：

(1) 直流分量；

(2) 基波分量：与原输入信号频率相等的频率成分，如 ω_1、ω_2。

(3) 各次谐波分量：频率为输入信号的 n 倍的频率成分，如 $n\,\omega_1$、$n\,\omega_2$。

(4) 各种频率组合分量：输入信号的差频组合分量、和频组合分量。

综上所述，当有一个或多个信号作用于非线性元件时，非线性元件具有产生新的频率分量的作用。但在这些频率分量中，只有很少频率分量是需要的，其他的绝大多数频率分量是不需要的，如果在非线性电路的输出端配合恰当的选频网络或滤波器，就可以从中选择出所需要频率分量，滤除不需要的频率分量。

6.2.3 频率变换电路的组成原则

频率变换电路的基本组成包括非线性元件和选频网络，如图 6-2-1 所示。非线性元件

产生大量的组合频率分量后,选频网络可从多频率组合信号中选出所需要的频率分量信号。选频网络可以用 *LC* 谐振回路构成的滤波器,也可以选用集中选择性的滤波器,如晶体滤波器、陶瓷滤波器、声表面滤波器等,滤波器的带宽应保证让所有有用的频率分量通过。

图 6-2-1　频率变换电路组成框图

前面提到的振幅调制与解调、混频、频率调制与解调电路统称为频率变换电路。它们的共同特点是将输入信号进行频谱变换,以获得具有所需频谱结构的输出信号。

6.3　调　幅

调幅就是用调制信号去控制载波信号的振幅,使载波的振幅与调制信号呈线性变化关系。模拟调幅通常分为三种方式:普通调幅(AM)、抑制载波的双边带调制(DSB)和抑制载波的单边带调制(SSB)。对应三种调幅方式后得到的已调信号分别称为普通调幅波、双边带调幅波和单边带调幅波。其中普通调幅波信号是最基本的,其他两种振幅调制都是由它演变而来的。

6.3.1　普通调幅(AM)

1.普通调幅(AM)信号的表达式及波形

设调制信号为单一频率信号

$$v_{\Omega}(t) = V_{\Omega m}\cos\Omega\, t = V_{\Omega m}\cos(2\pi F t) \tag{6.3.1}$$

载波信号

$$v_c(t) = V_{cm}\cos\,\omega_c t = V_{cm}\cos(2\pi f_c t) \tag{6.3.2}$$

在式(6.3.1)和式(6.3.2)中,Ω 和 F 分别表示调制信号的角频率和频率;ω_c 和 f_c 分别表示载波信号角频率和频率。通常 $\omega_c \gg \Omega$。

根据调幅的定义,普通调幅波的振幅 $V_{cm}(t)$ 与调制信号 $v_{\Omega}(t)$ 呈线性关系,即

$$
\begin{aligned}
V_{cm}(t) &= V_{cm} + k_a v_{\Omega}(t)\,(k_a \text{ 为比例系数})\\
&= V_{cm} + k_a V_{\Omega m}\cos\Omega t
\end{aligned} \tag{6.3.3}
$$

因此,单频普通调幅波的表达式为

$$
\begin{aligned}
v_{AM}(t) &= V_{cm}(t)\cos\omega_c t\\
&= \left[V_{cm} + k_a V_{\Omega m}\cos\Omega t\right]\cos\omega_c t\\
&= V_{cm}\left[1 + m_a\cos\Omega t\right]\cos\omega_c t
\end{aligned} \tag{6.3.4}
$$

式中:$V_{cm}(t)$ 是调幅波的振幅,它随调制信号的变化而变化,称为调幅信号的包络函数。

$$m_a = k_a V_{\Omega m}/V_{cm} \tag{6.3.5}$$

m_a称为调幅指数(或调幅度),它与调制信号电压的振幅 $V_{\Omega m}$ 成正比,反映了调幅波幅度变化程度。图 6-3-1(c)、(d)、(e)分别是 $m_a<1$、$m_a=1$、$m_a>1$ 时的已调波波形。由图 6-3-1(c)、(d)可见,调幅波的振幅(包络)随调制信号而变化,包络用虚线表示,其变化规律与调制信号波形一致,反映出调制信号的信息存在调幅波的包络中。当 $m_a=1$ 时,称为满调制;当 $m_a>1$ 时,它的包络形状已不能反映调制信号的变化,产生了失真,这种现象称为过调幅,如图 6-3-1(e)所示。在实际调幅电路中,为了保证调幅波的包络能真实地反映调制信号的变化规律,必须 $m_a \leq 1$。

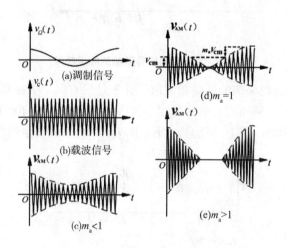

图 6-3-1 AM 调制过程中的信号波形

2.AM 信号的频谱和带宽

信号在频域范围内的分布称为频谱。频谱特性包括幅频特性和相频特性两部分,它们分别反映信号中各个频率分量的振幅和相位分布的情况。任何信号都占据一定的带宽,从频谱特性上讲,带宽(Band Width)就是信号能量主要部分(一般90%以上)所占据的频率范围或频带宽度。不同信号的带宽不同。

将式(6.3.4)用三角函数公式展开,

$$v_{AM}(t) = V_{cm}\cos\omega_c t + \frac{1}{2}m_a V_{cm}\cos(\omega_c+\Omega)t + \frac{1}{2}m_a V_{cm}\cos(\omega_c-\Omega)t \qquad (6.3.6)$$

式(6.3.6)表明,单频调制的普通调幅波频谱由三个频率分量组成:频率为 f_c 的载波分量,频率分别为 (f_c+F) 和 (f_c-F) 的上边频分量和下边频分量。上、下边频相对于载频是对称的,每个边频分量的振幅都是 $\frac{1}{2}m_a V_{cm}$,由于 m_a 不能超过 1,所以边频分量的振幅最大值为 $\frac{1}{2}V_{cm}$。单频信号调幅的幅度频谱如图 6-3-2 所示,可以看出,调幅电路是将低频信号频谱线性搬移到高频段载频两侧的频谱搬移电路。显然,单频调幅信号所占有的频率范围是从 (f_c-F) 到 (f_c+F),它的带宽等于 $2F$。

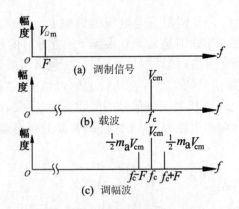

图 6-3-2　单频信号调幅的幅度频谱

实际上,用来控制高频振荡的低频调制信号并不是只有一个单一频率的信号,而是含有多个频率比较复杂的信号。例如语音信号的频率范围大致为 300~3 400 Hz。因此,调幅波的频谱不再是以载波为对称的一对上、下边频,而是形成了相对于载波呈镜像对称的上、下边带,如图 6-3-3 所示。

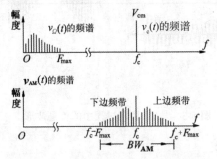

图 6-3-3　复杂信号调幅的幅度频谱

假设调制信号的最高频率为 F_{max},则相应的 AM 调幅波的频带宽度

$$BW_{AM} = 2F_{max} \tag{6.3.7}$$

信号带宽是决定无线电台载波频率间隔的主要因素。AM 调幅广泛应用于无线电通信及广播中,中波收音机的 F_{max} 为 4.5 kHz,调幅波信号带宽为 9 kHz,所以各中波收音机要求发射台载波频率的间隔应该在 9~10 kHz。

3.普通调幅 AM 信号的功率

若式(6.3.6)的单频调幅波的负载电阻为 R_L,载波分量的功率

$$P_c = \frac{V_{cm}^2}{2R_L} \tag{6.3.8}$$

上(下)边频分量的功率

$$P_{usf} = P_{dsf} = \frac{1}{2R_L}\left(\frac{m_a V_{cm}}{2}\right)^2 = \frac{1}{4}m_a^2 P_c \tag{6.3.9}$$

两个边频的平均总功率

$$P_{sf} = \frac{1}{2}m_a^2 P_c \tag{6.3.10}$$

因此,单频调幅波在一个周期内总的平均功率

$$P_{av} = P_c + P_{sf} = \left(1 + \frac{1}{2}m_a^2\right)P_c \qquad (6.3.11)$$

4.用模拟乘法器产生 AM 信号

$$
\begin{aligned}
v_{AM}(t) &= \left[V_{cm} + k_a V_{\Omega m}\cos\Omega t\right]\cos\omega_c t \\
&= V_{cm}\cos\omega_c t + k_a V_{\Omega m}\cos\Omega t\cos\omega_c t \\
&= v_c(t) + \frac{k_a}{V_{cm}}v_c(t)v_\Omega(t) \qquad (6.3.12)
\end{aligned}
$$

由式(6.3.12)可知,普通调幅电路可由一个乘法器和一个相加器组成。由模拟乘法器产生 AM 信号的框图如图 6-3-4 所示,图中 $K = k_a/V_{cm}$。

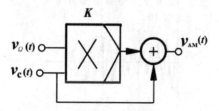

图 6-3-4 模拟乘法器产生 AM 信号的框图

6.3.2 抑制载波的双边带（DSB）调制

调制信号为单一频率信号的普通调幅波(AM)是由载频、上边频、下边频三个频率分量组成的。从图 6-3-2 中可以看出,载频分量的幅度与调制信号完全无关,只有上、下边频的幅度反映了调制信号的幅度大小,也就是说,所传送的信息都包含在两个边频之中。另外,从整个调幅波的输出功率来看,真正有用的是边频功率。由式(6.3.10)和式(6.3.11)可知,边频功率 P_{sf} 随着 m_a 的增大而增大。当 $m_a = 1$ 时,边频功率 P_{sf} 最大,也只有载波功率 P_c 的一半,且仅占总平均功率 P_{av} 的 1/3,即有用功率仅为总平均功率的 1/3。实际应用中 m_a 在 0.1 到 1 之间,边频功率占总平均功率的比值应该比 1/3 还要小,说明不含信息的载波功率占有绝大部分。从能量的观点看,这是一种很大的浪费。只是因其发射与接收系统设备相对简单,因此 AM 在中短波无线电广播系统中仍在使用。既然载波本身并不包含信息,而且还占有较大功率,如果我们在传输前将它抑制掉,就可在不影响传输信息的条件下,大大节省发射机的发射功率。这种只发射上、下边带,而不发射载波的调制方式,称为抑制载波的双边带调制,简称双边带（Double Side Band, DSB）调制。

1.双边带（DSB）调制信号的表达式及波形

双边带信号可以用载波与调制信号直接相乘,得

$$v_{DSB}(t) = Kv_\Omega(t) \cdot v_c(t) \qquad (6.3.13)$$

K 为相乘系数。若调制信号为单频信号 $v_\Omega(t) = V_{\Omega m}\cos\Omega t$,载波信号 $v_c(t) = V_{cm}\cos\omega_c t$,单频 DSB 信号的表达式为

$$
\begin{aligned}
v_{DSB}(t) &= KV_{\Omega m}\cos\Omega t \cdot V_{cm}\cos\omega_c t \\
&= \frac{1}{2}KV_{\Omega m}V_{cm}\cos(\omega_c + \Omega)t + \frac{1}{2}KV_{\Omega m}V_{cm}\cos(\omega_c - \Omega)t \qquad (6.3.14)
\end{aligned}
$$

单频 DSB 信号波形如图 6-3-5 所示,在调制信号的正半周,双边带信号与原载频同相,相位差为 0;而在调制信号的负半周,双边带信号与原载频反相,相位差 180°。也就是说 DSB 信号在

调制信号电压零交点处(调制电压正负交替时)出现180°的相位突变。因此,DSB调制信号的包络已不能完全准确地反映低频调制信号的变化规律,严格讲,它是既调幅又调相的信号。

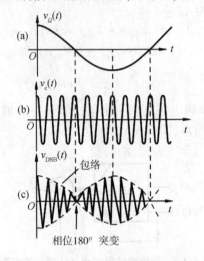

图 6-3-5 双边带调幅信号的波形

(a)调制信号;(b)载波信号;(c)双边带信号

2.双边带(DSB)调制信号的频谱及带宽

调制信号为复杂信号的DSB调制信号的频谱如图6-3-6所示,DSB调制信号的频带宽度

$$BW_{DSB} = 2F_{max} \tag{6.3.15}$$

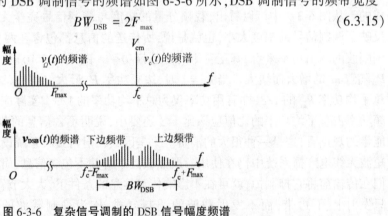

图 6-3-6 复杂信号调制的 DSB 信号幅度频谱

3.用模拟乘法器产生双边带(DSB)调制信号

根据式(6.3.13),用模拟乘法器实现双边带调制信号的电路框图如图6-3-7所示。

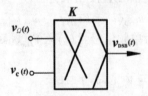

图 6-3-7 模拟乘法器产生 DSB 调制信号的框图

6.3.3 抑制载波的单边带（SSB）调制

由于 DSB 调制信号不含载波,其全部功率为边带占有,故其发送的全部功率都载有信息,功率有效利用率高于 AM 调制方式。但是从信息传输的角度看,由于两个边带的任何一个边带都已经包含调制信号的全部信息,且上、下边带信息相同,因此可以进一步将其中的一个边带抑制掉,这种既抑制载波又仅传输一个边带(上边带或下边带)的调制方式称为抑制载波的单边带调制,简称单边带(Single Side Band, SSB)调制。

1.单边带（SSB）调制信号的表达式及波形

双边带信号经过带通滤波器滤除其中的一个边带后,即可成为单边带调制信号。由式(6.3.14)可得,单频 SSB 调制信号的表达式为:

$$上边频: \frac{1}{2}KV_{\Omega m}V_{cm}\cos(\omega_c + \Omega)t$$

$$下边频: \frac{1}{2}KV_{\Omega m}V_{cm}\cos(\omega_c - \Omega)t \tag{6.3.16}$$

由式(6.3.16)可知,单频调制时 SSB 调制信号是等幅波,其振幅与调制信号的幅度 $V_{\Omega m}$ 成正比,但是其包络已不能反映调制信号的变化规律,是一条水平线,而它的频率却随着调制信号的不同而不同,故它含有传送信息的特征。图 6-3-8 为单频调制时 SSB(上边频)的波形示意图。

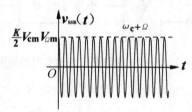

图 6-3-8 单频调制时 SSB 信号波形

2. SSB 调制信号的频谱及带宽

如图 6-3-9 所示为复杂信号的 SSB 调制频谱可以看出,单边带的频带宽度

$$BW_{SSB} = F_{max} \tag{6.3.17}$$

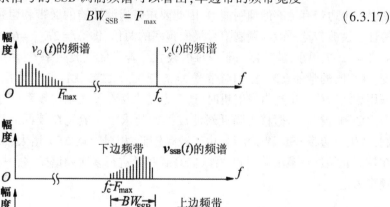

图 6-3-9 复杂信号调制的 SSB 信号幅度频谱

3.SSB 调制的特点

SSB 调制具有如下特点:(1)只发射一个边带,大大节省了发射功率。(2)频带宽度 $BW_{SSB} = F_{max}$,仅为 AM 调幅信号和 DSB 调制信号的频带宽度的一半,提高了频带利用率。(3)抗选择性衰落能力强。在短波传播过程中,由于不同频率的电波会产生不同的幅度衰减和相移,于是在接收端出现了不同频率信号强弱不一致的现象,因而产生所谓的选择性衰落。当存在选择性衰落时,调幅波的两个边带和载波可能具有不同衰落和相移,结果会使调幅信号产生严重的失真,并且在通信距离越远时,这种选择性衰落就越严重,从而使通信质量下降。而对于单边带调制信号来说,由于没有载波,并且只有一个边带分量,这种选择性衰落现象的影响相对来说要小得多。由于上述优点,单边带调制已成为频道特别拥挤的短波无线电通信中最主要的一种调制方式。

4.单边带(SSB)调制信号的产生

单边带调制信号的产生主要有滤波法和移相法。图 6-3-10 所示为滤波法,首先用模拟乘法器产生 DSB 调制信号,再经带通滤波器取出其中一个边带信号而抑制掉另一个边带信号,得到的就是所需要的单边调制信号。

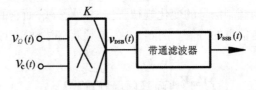

图 6-3-10 模拟乘法器产生 SSB 电路框图

滤波法产生 SSB 调制信号的电路简单,但难点是对带通滤波器要求较高。滤波器的技术难度与载波频率的高低密切相关。假设载波频率为 f_c,调制信号的最低频率为 F_{min},则双边带调制信号最近的上、下频分别为 $f_c + F_{min}$ 和 $f_c - F_{min}$,两个边带的最小频率间隔为 $2F_{min}$。例如:对于话音调制信号来说,语音信号的频率范围大致为 300~3 400 Hz,上、下边两个边带相隔仅 600 Hz。为了得到单边带调制信号,它要求带通滤波器对要保留的边带无失真通过,而对无用的另一个边带有足够的抑制能力,因此要求带通滤波器的通带和阻带间有陡峭的过渡带衰减特性。过渡带宽一般为调制信号最低频率的两倍,即 $\Delta f = 2F_{min} = 600$ Hz。由于 $f_c \gg F_{min}$,其相对带宽 $\Delta f / f_c$ 很小,滤波器的制作难度较大。若降低载波频率 f_c,两个边带的最小频率间隔未变,在相同的带外衰减时,相对带宽 $\Delta f / f_c$ 变大,滤波器就容易实现了。因此,在实际电路中,当采用滤波法构成单边带发射机时,通常不是直接在发送工作频率上进行调制和滤波,而是采用多次调制进行频谱搬移来降低对滤波器的要求。一般先在较低的载波频率上进行第一次调制,产生单边带 SSB 调制信号,由于载频较低,相对带宽 $\Delta f / f_c$ 增大,带通滤波器易于实现,然后在较高载频进行多次调制和滤波,向高载频处进行多次频谱搬移,一直到把载频提高到所需的频率为止。

6.3.4 振幅调制电路

振幅调制电路按调幅级电平的高低,分为高电平调幅电路和低电平调幅电路两大类。

高电平调幅是将调制和功放合二为一,它置于发射机的末端,调制后的信号不须再放大,直接产生满足发射机输出功率要求的已调波发送出去。对高电平调幅电路的要求主要是兼顾输出功率、效率以及调制线性。在调幅发射机中一般采用高电平调幅。

低电平调幅是将调制和功放分开,它置于发射机的前端,先在低电平级进行振幅调制,产生小功率的已调信号,然后需要经过多级线性功率放大,达到所需的发射功率后再发送出去。对低电平调幅电路提出的要求主要是调制线性好,载波抑制能力强,而功率和效率的要求则是次要的。一般来说,低电平调幅主要用来实现双边带和单边带调制。

1. 高电平调幅电路

普通调幅波的产生采用高电平调幅,这种调幅是在高频功率放大器中进行的。为了能够高效率地输出足够大的已调信号功率,广泛采用了丙类高频谐振功率放大器。高频功率放大器根据工作点落在输出特性曲线的位置可以分为欠压、过压和临界三种工作状态。当 $u_{CE\min} > V_{CES}$ 时,工作点落在放大区,称为欠压状态;当 $u_{CE\min} = V_{CES}$ 时,工作点正好落在放大区和饱和区的临界点上,称为临界状态;当 $u_{CE\min} < V_{CES}$ 时,工作点落在饱和区,称为过压状态。

根据调制信号加在 BJT 的不同极,通常分为基极调幅、集电极调幅和集电极-基极组合调幅电路。其基本工作原理是利用改变某一极的直流电压以控制集电极高频电流振幅。

根据高频功率放大器的基极调制特性,在第 4 章图 4-3-1 所示的高频功率放大器中,如果在欠压状态下,集电极电流的基波分量振幅与基极偏置电压近似呈线性关系。当在基极直流电压 V_{BB} 上叠加调制信号 $v_\Omega(t)$ 形成基极偏置电压 $V_B(t) = V_{BB} + v_\Omega(t)$ 时,$V_B(t)$ 随调制信号 $v_\Omega(t)$ 变化,集电极回路输出的电压振幅也将会随调制信号 $v_\Omega(t)$ 的规律变化,从而完成振幅调制,使功放和调制同时完成。

基极调幅电路的原理电路如图 6-3-11 所示。V_{BB} 为基极提供直流偏置电压,当 $V_{BB} < V_{th}$ 时工作在丙类,低频调制信号 $v_\Omega(t)$ 加到了基极上形成基极偏置电压 $V_B(t) = V_{BB} + v_\Omega(t)$,高频载波信号 $v_c(t)$ 输入到 BJT 的基极。

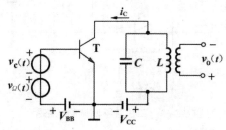

图 6-3-11　基极调幅的原理电路

图 6-3-12 所示为基极调幅电路。C_2、C_4、C_5 为高频旁路电容,对高频相当于短路,而对调制信号相当于开路。C_3 为低频旁路电容,L_B 为低频扼流圈,L_C 为高频扼流圈,R_3 为射极偏置电阻。高频载波信号 $v_c(t)$ 通过变压器加到 BJT 的基极,低频调制信号 $v_\Omega(t)$ 通过耦合电容 C_1 加到 L_B 上,并与高频载波信号 $v_c(t)$ 串联。V_{CC} 经 R_1、R_2 分压,为基极提供直流偏置电压 V_{BB}。显然,基极的有效动态偏置电压为 $V_B(t) = V_{BB} + v_\Omega(t)$,根据高频功率放大器的基极调制特性,当 $V_B(t)$ 随调制信号 $v_\Omega(t)$ 变化时,集电极电流的基波分量振幅也将随 $v_\Omega(t)$ 而变化,如果集电极 LC 谐振回路调谐在载波频率 f_c 上,且通频带为 $2F$,输出电压 $v_o(t)$ 就是振幅随调制信号 $v_\Omega(t)$ 规律变化的调幅信号。

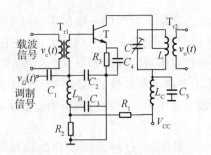

图 6-3-12　基极调幅电路

根据高频功率放大器的调制特性,如果是集电极调幅电路,应选择在过压工作状态。这样,在直流电压 V_{CC} 上叠加调制信号 $v_\Omega(t)$,放大器输出信号的振幅就会随调制信号的规律变化,完成振幅调制。

2.低电平调幅电路

(1)二极管平衡调制器

平衡调制器是利用电路的平衡对称性将载波抵消掉,从而构成了抑制载波的双边带调制电路。图 6-3-13 所示为二极管平衡调制电路图,二极管完全对称。设图中的变压器为理想变压器,其中 T_{r1} 的初次级匝数比为 1:2(初级与上半次级 1:1,初级与下半次级 1:1),T_{r2} 的初次级匝数比为 2:1,T_{r3} 的初次级匝数比为 1:1。

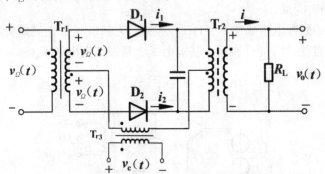

图 6-3-13　二极管平衡调制电路图

如图 6-3-13 所示,设输入载波电压 $v_c(t) = V_{cm}\cos\,\omega_c t$,调制电压 $v_\Omega(t) = V_{\Omega m}\cos\Omega t$,且满足 $V_{cm} \gg V_{\Omega m}$,作用在 D_1、D_2 上的电压分别为

$$v_{D1}(t) = v_c(t) + v_\Omega(t)$$
$$v_{D2}(t) = v_c(t) - v_\Omega(t)$$

(6.3.18)

设二极管的正向导通电阻为 r_d,由于电路上半部分与下半部分对称,变压器 T_2 的初次级匝数比为 2:1,初级又具有中心抽头,因此,次级负载 R_L 折合到初级的等效电阻为 $4R_L$,相对应到有中心抽头的每一部分则为 $2R_L$。

由于载波电压 $v_c(t)$ 足够大,且满足 $V_{cm} \gg V_{\Omega m}$,这时二极管 D_1、D_2 处于大信号状态,它们的导通或截止将主要受载波信号 $v_c(t)$ 的控制,工作在开关状态。设流过二极管 D_1 的电流为 i_1,流过二极管 D_2 的电流为 i_2,对 D_1 来说,在 $v_c(t)$ 的正半周导通,负半周截止,D_1 相当于受载波控制的开关。因此,电流 i_1 可表示为

$$i_1 = \begin{cases} \dfrac{1}{r_d + 2R_L}\left[v_c(t) + v_\Omega(t)\right] & ,v_c(t) > 0 \\ 0 & ,v_c(t) < 0 \end{cases} \tag{6.3.19}$$

D_1 的开关作用可用开关函数 $K(\omega_c t)$ 来表示,

$$K(\omega_c t) = \begin{cases} 1, v_c(t) > 0 \\ 0, v_c(t) < 0 \end{cases} \tag{6.3.20}$$

令 $g_D = \dfrac{1}{r_d + 2R_L}$,则

$$i_1 = g_D K(\omega_c t)\left[v_c(t) + v_\Omega(t)\right] \tag{6.3.21}$$

同理,对二极管 D_2 来说,也是在 $v_c(t)$ 的正半周导通,负半周截止,D_2 也相当于受载波控制的开关,其开关函数也是 $K(\omega_c t)$,i_2 可表示为

$$i_2 = g_D K(\omega_c t)\left[v_c(t) - v_\Omega(t)\right] \tag{6.3.22}$$

按照图 6-3-13 中变压器 T_{r2} 同名端和假设的次级电流 i 的流向,流过负载 R_L 的电流 i 为

$$i = i_1 - i_2 = 2g_D K(\omega_c t) \cdot v_\Omega(t) \tag{6.3.23}$$

由于 $v_c(t)$ 是周期性信号,所以开关函数 $K(\omega_c t)$ 也是周期性函数,其角频率为 ω_c。其傅里叶级数展开式为

$$K(\omega_c t) = \frac{1}{2} + \frac{2}{\pi}\cos\omega_c t - \frac{2}{3\pi}\cos 3\omega_c t + \frac{2}{5\pi}\cos 5\omega_c t - \cdots$$

$$= \frac{1}{2} + \sum_{n=1}^{\infty}(-1)^{n-1}\frac{2}{(2n-1)\pi}\cos(2n-1)\omega_c t \tag{6.3.24}$$

将式(6.3.24)代入式(6.3.23)中,可得

$$i = 2g_D\left[\frac{1}{2} + \frac{2}{\pi}\cos\omega_c t - \frac{2}{3\pi}\cos 3\omega_c t + \frac{2}{5\pi}\cos 5\omega_c t - \cdots\right]V_{\Omega m}\cos\Omega t$$

$$= g_D V_{\Omega m}\left[\cos\Omega t + \frac{2}{\pi}\cos(\omega_c+\Omega)t + \frac{2}{\pi}\cos(\omega_c-\Omega)t - \frac{2}{3\pi}\cos(3\omega_1+\Omega)t - \frac{2}{3\pi}\cos(3\omega_c-\Omega)t + \cdots\right] \tag{6.3.25}$$

由式(6.3.25)可发现,输出电流 i 中只有 Ω、$\omega_c\pm\Omega$、$3\omega_c\pm\Omega$ 等频率分量,而载波分量 ω_c 被抑制掉了。若上半部分与下半部分的 LC 谐振回路谐振在频率 ω_c 处,带宽为 2Ω 就可以将 $\omega_c\pm\Omega$ 频率分量取出,产生一个抑制载波的双边带信号。

在实际电路中,要求做到电路尽可能完全地对称,比如要求管子特性完全一样、变压器在中心抽头且分布参数都要对称。如果有不对称,就不能有效地抑制载波分量,产生"载漏"。载漏是指在载频位置上残留载波电压信号的幅度与边带信号的峰值包络电压幅度的比值。为了改善调制特性,还应使电路工作于理想的开关状态,为此应选开关特性好的二极管,并且要求载波电压幅度足够大,一般应为调制电压幅度的 10 倍以上。

(2)二极管环形调制器

二极管环形调制器又称为二极管双平衡调制器。环形调制器的电路如图 6-3-14(a)所示,四只二极管首尾相连 $D_1 \rightarrow D_4 \rightarrow D_2 \rightarrow D_3$ 构成环形。设图中的变压器为理想变压器,其中 T_{r1} 的初次级匝数比为 $1:2$,T_{r2} 的初次级匝数比为 $2:1$,T_{r3} 的初次级匝数比为 $1:1$。设输入载波电压 $v_c(t) = V_{cm}\cos\omega_c t$,调制电压 $v_\Omega(t) = V_{\Omega m}\cos\Omega t$,且满足 $V_{cm} \gg V_{\Omega m}$,作用在每个二极管的电压

分别为

$$v_{D1}(t) = v_c(t) + v_\Omega(t) \qquad v_{D2}(t) = v_c(t) - v_\Omega(t)$$

$$v_{D3}(t) = - v_c(t) - v_\Omega(t) \qquad v_{D4}(t) = - v_c(t) + v_\Omega(t)$$

随着控制电压 $v_c(t)$ 的正负变化,两组二极管交替导通和截止。在 $v_c(t)$ 的正半周,D_1、D_2 导通,D_3、D_4 截止;而在 $v_c(t)$ 的负半周,D_3、D_4 导通,D_1、D_2 截止。因此,环形调制器可看成是由 D_1、D_2 组成平衡调制器 I 和 D_3、D_4 组成平衡调制器 II 组成,如图 6-3-14(b) 和图 6-3-14 (c) 所示。在理想情况下两个平衡调制器互不影响。

按前面平衡调制器的分析,对于 D_1、D_2 形成的平衡调制器,由于它在控制信号 $v_c(t)$ 的正半周内导通,D_1、D_2 的开关函数为 $K(\omega_c t)$,若流过负载 R_L 的电流为 i' [i' 的方向如图 6-3-14 (b) 所示]。

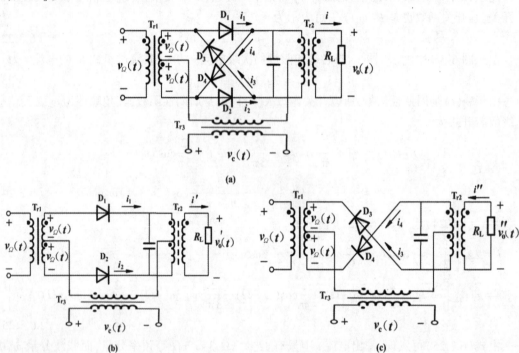

图 6-3-14　二极管环形调制器

$$i' = i_1 - i_2 = 2g_D K(\omega_c t) v_\Omega(t) \tag{6.3.26}$$

而对于 D_3、D_4 形成的平衡调制器,由于它是在控制信号 $v_c(t)$ 的负半周内导通,D_3、D_4 的开关函数为 $K(\omega_c t - \pi)$,与 $K(\omega_c t)$ 相差半个载波周期。若流过负载 R_L 的电流为 i'' [i'' 的方向如图 6-3-14(c) 所示],即

$$i'' = i_4 - i_3 = 2g_D K(\omega_c t - \pi) v_\Omega(t) \tag{6.3.27}$$

式中:$K(\omega_c t - \pi) = \dfrac{1}{2} - \dfrac{2}{\pi}\cos\omega_c t + \dfrac{2}{3\pi}\cos 3\omega_c t - \dfrac{2}{5\pi}\cos 5\omega_c t + \cdots$

$$= \frac{1}{2} + \sum_{n=1}^{\infty} (-1)^n \frac{2}{(2n-1)\pi} \cos(2n-1)\omega_c t \tag{6.3.28}$$

因此,流过负载 R_L 的电流为 i [i 的电流方向如图 6-3-14(a) 所示]

$$i = i' - i'' = 2g_D[K(\omega_c t) - K(\omega_c t - \pi)]v_\Omega(t)$$
$$= 2g_D K'(\omega_c t)v_\Omega(t) \tag{6.3.29}$$

式中：$K'(\omega_c t) = K(\omega_c t) - K(\omega_c t - \pi) = \begin{cases} 1 & v_c(t) > 0 \\ -1 & v_c(t) < 0 \end{cases}$，$K'(\omega_c t)$ 称为双向开关函数。

$$K'(\omega_c t) = \frac{4}{\pi}\cos\omega_c t - \frac{4}{3\pi}\cos3\omega_c t + \frac{4}{5\pi}\cos5\omega_c t - \cdots$$
$$= \sum_{n=1}^{\infty} (-1)^{n-1}\frac{4}{(2n-1)\pi}\cos(2n-1)\omega_c t \tag{6.3.30}$$

将式(6.3.30)代入式(6.3.29)后,得

$$i = 2g_D\left[\frac{4}{\pi}\cos\omega_c t - \frac{4}{3\pi}\cos3\omega_c t + \frac{4}{5\pi}\cos5\omega_c t - \cdots\right]v_{\Omega m}\cos\Omega t$$
$$= g_D V_{\Omega m}\left[\frac{4}{\pi}\cos(\omega_c+\Omega)t + \frac{4}{\pi}\cos(\omega_c-\Omega)t - \frac{4}{3\pi}\cos(3\omega_c+\Omega)t - \frac{4}{3\pi}\cos(3\omega_c-\Omega)t + \cdots\right] \tag{6.3.31}$$

由式(6.3.31)可知,电流 i 中既无载波频率分量 ω_c,也无调制信号频率分量 Ω,只有 $\omega_c \pm \Omega$、$3\omega_c \pm \Omega$ 等频率分量,这是由于两次平衡抵消的结果,每个平衡调制器自身抵消了载波频率分量 ω_c,而由两个平衡调制器构成的环形调制又进一步抵消了调制信号频率分量 Ω。若上半部分与下半部分的 LC 谐振回路谐振在频率 ω_c 处,带宽为 2Ω,可将 $\omega_c \pm \Omega$ 分量取出,在负载上得到双边带调制信号。由式(6.3.25)与式(6.3.31)比较可知,环形调制器的输出电压是平衡调制器输出电压的 2 倍。

3.GMDSS 船用 MF/HF SSB 单边带信号的产生

船用 MF/HF SSB 发射机是一种宽频带工作的发信设备,工作在中、短波波段,可以实现单边带 SSB 无线电话通信、数字选择性呼叫 DSC 通信、窄带直接印字报 NDBP 通信。发射机能够发射多种信号类型,如抑制载波的单路单边带话(J3E)、部分抑制载波单路单边带话(R3E)、全载波单路单边带话(H3E)、普通调幅话(A3E)、调频单路自动接收报(F1B)。在 GMDSS 的 MF/HF 无线电话系统中,实际话音的有效频率范围为 300~3 000 Hz,$F_{min} = 300$ Hz,$F_{max} = 3\,000$ Hz,SSB 信号的带宽一般设计为 3 kHz,普通调幅波 AM 和 DSB 调制信号带宽为 6 kHz。SSB 发射机的工作频率范围是 1.6~27.5 MHz,具有满足各种中远距离、多功能通信的要求。发射机的任务是把要传送的话音信号变换为高频的 SSB 调制信号,或将 NDBP 及 DSC 终端输出的含有数字调制信号的移频信号转换为高频信号,然后再将这些信号放大到额定功率后由天线发射出去。

通常用滤波法来产生单边带信号。海上 SSB 通信规定使用上边带信号,不论经过几次调制,只要最后输出是上边带即可(注意是指第一次调制后的上边带),下边带是无用边带。

单边带信号必须在低电平形成,一般采用环形调制器。调制器产生抑制载波的 DSB 调制信号,输出的 DSB 调制信号再经过一个边带滤波器,将不需要的边带和载漏抑制掉,才能获得 SSB 调制信号输出。为了得到单边带调制信号,要求对无用的另一个边带有足够的抑制能力,即要求边带滤波器的过渡带要陡峭。因此,采用多次调制进行频谱搬移来降低对滤波器的要求。先在较低的载波频率上进行第一次调制,产生载频较低的 SSB 调制信号,然后再在较高载频进行多次调制和滤波,一直到把载频提高到所需的频率为止。图 6-3-15(a)所示的船用 MF/HF SSB 发射机中采用了三次调制,三次调制的目的和工作频率各有不同,三次调制的频

谱搬移过程如图 6-3-15(b)所示。第一次调制的目的主要是产生抑制载波的 DSB 调制信号。第一次调制的载频 f_{c1} 为1.4 MHz,在第一次调制后边带滤波器选择下边带信号(－),将频谱搬移到 1.4 MHz$-F_{max}$～1.4 MHz$-F_{min}$。在第一调制器后的边带滤波器采用晶体滤波器,晶体滤波器的特点是中心频率很稳定,通频带很窄,而且在阻带内有陡峭的衰减特性。一般滤波器的通频带应保证能让所有有用边带的频率分量通过,其带宽应大于信号的带宽。第二次、第三次调制的目的主要是频率搬移,以满足发射频率的要求。第二次调制的载频 f_{c2} 为 43.6 MHz,带通滤波器选择上边带信号(＋),将频谱搬移到 45 MHz$-F_{max}$～45 MHz$-F_{min}$。第三次调制的载频 f_{c3} 在 45～75 MHz 的范围,第三调制器后采用的是 LC 滤波器,便于宽波段、多信道发射频率的选择及调谐,滤波器选择下边带(－),其实际输出的 SSB 信号为上边带(对第一次调制而言),将频谱搬移到(F_{min}～F_{max})～(30 MHz$+F_{min}$～30 MHz$+F_{max}$)。因此,经过三次调制的频谱搬移,输出信号约在 0～30 MHz 频段范围内,满足了发射上边带信号和发射工作频率的要求。产生的 SSB 调制信号经过宽带高频功率放大器、功率合成以及末级功率放大器达到额定的发射功率后,经过天线向外辐射出去。

在某些单边带发射机中,为了使接收机便于产生同步信号,还同时发射低功率的载波信号,称为导频信号。这个载波成分不能靠调制器本身泄漏的载波提供,必须单独设立可自动控制的载波注入电路,将其提供的载波信号与抑制载波的 SSB 调制信号在混合电路中合并,从而获得各种发射类型的信号。根据不同的发射信号类型,通常船用 MF/HF SSB 发射机在第一调制器的边带滤波器与第二调制器之间有一个幅度控制器,幅度控制器对是否注入 1.4 MHz 的载波或对注入载波的幅度可以进行控制和调节。对含有载波的发射类型 R3E 和 H3E,载波应单独注入,R3E 需要部分抑制载波,H3E 需要全载波;对 J3E 和 F1B 的发射类型,不能注入载波。

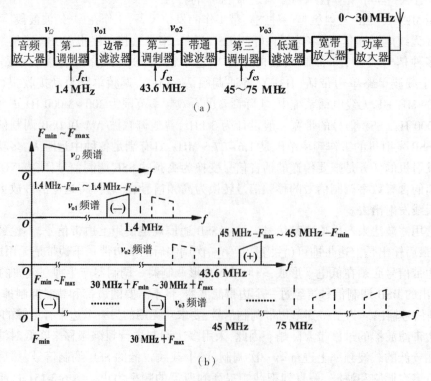

图 6-3-15　船用 SSB 发射机产生 SSB 调制信号的框图及频谱搬移示意图

6.4 振幅解调

振幅解调是振幅调制的逆过程,振幅调制的解调称为检波,它的作用是从高频调幅波中不失真地还原出调制信号来。能完成检波功能的电路称为检波器。

检波器输入和输出波形及幅度频谱如图 6-4-1 所示。从时域上看,检波过程是将调制信号波形从调幅波中恢复出来。从频域上看,对直接放大式接收机而言,检波器的输入信号的频谱成分是 $f_c \sqrt{f_c} + F \sqrt{f_c} - F$。而在超外差接收机中,检波器的输入信号是混频后中放的输出,频谱成分是 $f_i \sqrt{f_i} + F \sqrt{f_i} - F$。因此,在这里检波器输入的调幅信号统一用 $v_s(t)$ 表示,其频谱分量分别用 $f_s \sqrt{f_s} + F \sqrt{f_s} - F$ 表示,$v_o(t)$ 为检波后输出的调制信号,如图 6-4-1(b) 所示,从信号的频谱来看,检波电路的输入信号中并未包含低频调制信号的频率分量 F,显然,必须通过非线性电路,使产生的新的频率成分中包含频率分量 F,再经过一个低通滤波器取出调制信号频率 F。因此,检波电路也是一种频谱搬移电路,它是将调幅信号的频谱从高频(或中频)线性搬移到低频的过程,它的频谱搬移过程正好与调制过程相反。

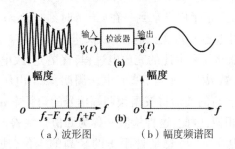

(a) 波形图 (b) 幅度频谱图

图 6-4-1 检波器输入和输出波形及幅度频谱

根据输入调幅信号的不同特点,检波电路可以分为两大类:包络检波和同步检波。包络检波是指检波器的输出电压直接反映输入高频调幅波包络变化规律的一种检波方式。由前面的分析可知,普通调幅 AM 信号的包络与调制信号成正比,而 DSB 调制信号和 SSB 调制信号的包络变化却不同于调制信号。因此,包络检波只适用于 AM 信号的解调($m_a \leqslant 1$),对 DSB 调制信号和 SSB 调制信号的解调,必须使用同步检波。当然 AM 信号的解调也可采用同步检波。

6.4.1 包络检波

包络检波按所用器件的不同,可分为二极管包络检波和晶体三极管包络检波。目前应用最广的是二极管包络检波,而在集成电路中,主要采用晶体三极管射极包络检波。

1.二极管大信号包络检波

图 6-4-2 所示为二极管大信号包络检波原理电路图,由输入选择回路、非线性元件二极管 D 和 RC 低通滤波器组成。在超外差接收机中,检波器的输入回路通常是末级中放的输出回路,当输入信号 $v_s(t)$ 的振幅大于 0.5 V 时,二极管处于大信号工作状态。RC 低通滤波器使解调后的低频调制信号通过,而将高频分量滤掉。

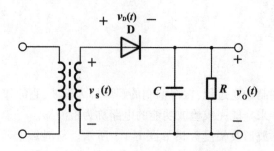

图 6-4-2　二极管大信号包络检波原理电路图

下面结合图 6-4-3(a)来分析,当输入信号 $v_s(t)$ 为高频调幅波信号时,二极管包络检波的工作原理。假设 C 上初始电压为零,设二极管正向导通电阻为 r_d。在 $v_s(t)$ 的正半周,二极管 D 处于正向导通,对 C 充电,因为充电时间常数 $r_d C$ 很小,C 充电很快,C 上的电压 $v_o(t)$ 迅速增大,这个电压同时又反向作用在二极管负极上,因此二极管 D 两端的电压 $v_D(t)=v_s(t)-v_o(t)$。在 $t=t_1$ 时刻 $v_s(t)$ 与 $v_o(t)$ 相等,二极管截止,并且随着 $v_s(t)$ 的继续下降,D 仍处于截止状态,在此期间电容 C 通过电阻 R 放电,其放电时间常数为 RC,由于 $RC \gg r_d C$,放电较慢,当 $v_o(t)$ 下降不多的时候,$v_s(t)$ 的下一个正半周已来到。在 $t=t_2$ 时刻 $v_s(t)=v_o(t)$,随后 $v_s(t)$ 继续上升,D 再次导通,$v_s(t)$ 通过 D 对电容 C 再次充电,$v_o(t)$ 又进一步升高。当 $t=t_3$ 时刻 D 又截止,电容 C 又开始通过 R 放电,如此反复上述的充放电过程,直至充、放电达到动态平衡。因为正向导通时间很短,放电时间常数 RC 又远大于高频电压周期,输出电压 $v_o(t)$ 的起伏很小,$v_o(t)$ 的大小与 $v_s(t)$ 的峰值接近,$v_o(t)$ 的波形将按高频调幅信号的角频率 ω_s 做锯齿状波动,并且与输入调幅波信号的包络波形相似,因此,这种检波又称为峰值包络检波。由于 RC 远远大于高频周期,放电慢,D 的负极电压 $v_o(t)$ 总是处于正的较高的电位,使二极管两端电压 $v_D(t)=v_s(t)-v_o(t)$ 在大部分时间里为负值,只有在输入电压的每个高频周期中接近正峰值的一段时间内才导通,其导通时间很短,电流通角很小,流过二极管的电流 i_D 是一个按输入调幅信号包络变化的窄脉冲序列。脉冲电流 i_D 中除了包含直流分量和低频调制分量外,还有高频分量。其相应的输出电压中将含有直流分量 V_{DC} 和低频电压分量 $v_\Omega(t)$,还有锯齿形状中包含的高频电压分量,如图 6-4-3(b)所示。高频分量大部分被 C 旁路,虽然还有残余很小的高频纹波电压(残余高频电压是因为 RC 低通滤波器非理想滤波特性产生的,称为输出纹波电压),但如果电路元件选择合适,高频纹波电压很小可忽略。因此,检波器的有用输出电压是二极管电流 i_D 中的直流分量和调制分量流经电阻 R,并在 R 两端形成的电压,即 $v_o(t)=V_{DC}+v_\Omega(t)$,如图 6-4-3(c)所示。

实用电路中,如图 6-4-4(a)所示,检波器的有用输出电压 $v_o(t)=V_{DC}+v_\Omega(t)$ 再经过电容 C_c 隔直作用,将直流分量滤掉后可以得到解调后的原低频调制信号 $v_\Omega(t)$。在如图 6-4-4(b)所示的电路中,输出电压 $v_o(t)$ 经旁路电容 C_d 将低频交流分量旁路后,输出的直流分量 V_{DC} 可作为自动增益控制信号(AGC)检测电路中的控制电压,用以改变高频放大器和中频放大器的增益。

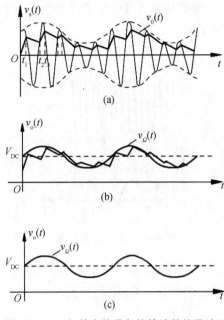

图 6-4-3　二极管大信号包络检波的信号波形

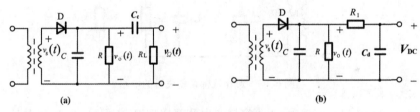

图 6-4-4　二极管大信号包络检波实用电路

2.二极管大信号包络检波器中的失真

RC 数值的选择对检波性能有很大的影响。由于 RC 作为低通滤波器,它应使解调后的调制信号通过,而将高频分量滤掉,因此应该满足条件:$1/\omega_s C \ll R$,且 $1/\Omega C \gg R$。RC 的大小与二极管导通、截止时间的长短也有关。RC 大,放电速度慢,输出的平均电压增大,锯齿波动减小;RC 小,放电快,平均电压下降,锯齿波的波动也增大。当电路一定时,若输入电压幅度变化快(Ω 大或 m_a 大)时,C 的放电也应加快,以使电容电压能跟随峰值包络而下降,若此时 RC 过大,C 放电速度过慢,会使输出波形跟不上输入包络的形状变化而产生失真,这种失真是由电容器放电的惰性引起的,称为惰性失真,如图 6-4-5 所示。

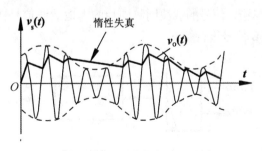

图 6-4-5　惰性失真

另外一种由于检波器的交流负载和直流负载不同所引起的非线性失真称为底部切割失真。失真后的输出波形如图 6-4-6 所示。

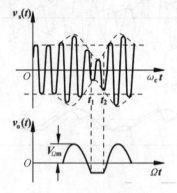

图 6-4-6　底部切割失真

在实际电路中,为避免底部切割失真,常用的方法是将直流负载电阻 R 分成 R_1 和 R_2 两部分,并通过隔直耦合电容 C_c 将 R_L 并接在 R_2 的两端,如图 6-4-7 所示。

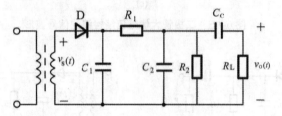

图 6-4-7　减小底部切割失真的电路

当 $R = R_1 + R_2$ 一定时,R_1 越大,越不容易产生底部切割失真,但是,当 R_1 增大时,由于 R_1,R_2 的分压作用,使输出音频电压也会相应减小。为了解决二者之间的矛盾,在实际电路中,常取 $R_1/R_2 = 0.1 \sim 0.2$。同时,为了进一步滤除高频分量,电路中在 R_2 上并接了电容 C_2,以提高检波器的高频滤波能力,隔直耦合电容 C_c 的作用是将检波器输出电压中的直流分量隔离,使电路的输出信号为解调后的调制信号。

6.4.2　同步检波

同步检波又称为相干检波。由于集成电路的发展,在广播接收机、电视接收机中多采用由模拟乘法器和低通滤波器两部分组成同步检波器,原理框图如图 6-4-8 所示。同步检波的特点是在接收端提供一个与输入信号的载波同频同相的本地载波信号,又称同步信号。同步检波可以对 AM、DSB 和 SSB 信号进行解调。

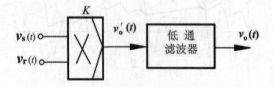

图 6-4-8　同步检波器原理方框图

1.双边带调制信号的同步检波

设输入信号为单频调制的双边带调制信号

$$v_s(t) = V_{sm}\cos\Omega t\cos\omega_c t$$

本地载波信号

$$v_r(t) = V_{rm}\cos\omega_r t = V_{rm}\cos\omega_c t$$

本地载波信号必须与输入信号的载波同频同相。双边带调制信号与本地载波信号相乘后的输出

$$v'_o(t) = Kv_s(t)v_r(t) = KV_{sm}V_{rm}\cos\Omega t\cos\omega_c t\cos\omega_c t$$

$$= \frac{1}{2}KV_{sm}V_{rm}\cos\Omega t + \frac{1}{4}KV_{sm}V_{rm}\cos(2\omega_c + \Omega)t + \frac{1}{4}KV_{sm}V_{rm}\cos(2\omega_c - \Omega)t \quad (6.4.1)$$

经过低通滤波器后,可滤除频率分量 $2\omega_c \pm \Omega$,输出低频调制信号

$$v_o(t) = \frac{1}{2}KV_{sm}V_{rm}\cos\Omega t \quad (6.4.2)$$

2.单边带信号的同步检波

输入信号为单频调制的单边带调制信号

$$v_s(t) = V_{sm}\cos(\omega_c + \Omega)t$$

本地载波信号为

$$v_r(t) = V_{rm}\cos\omega_r t = V_{rm}\cos\omega_c t$$

单边带信号与本地载波信号相乘后,输出为

$$v'_o(t) = Kv_s(t)v_r(t) = KV_{sm}V_{rm}\cos(\omega_c + \Omega)t\cos\omega_c t$$

$$= \frac{1}{2}KV_{sm}V_{rm}\left[\cos\Omega t + \cos(2\omega_c + \Omega)t\right] \quad (6.4.3)$$

经过低通滤波器后,输出低频调制信号为

$$v_o(t) = \frac{1}{2}KV_{sm}V_{rm}\cos\Omega t \quad (6.4.4)$$

3.同步检波中对同步信号的要求

对 AM、DSB、SSB 调制信号都可以采用同步检波。而对 DSB 和 SSB 调制信号的解调,必须采用同步检波。实现同步检波的关键是产生同步信号,这个同步信号必须与输入信号的载波保持严格同步,即同频同相的本地载波,否则将引起检波器性能下降,使解调出的单边带或者双边带调制信号失真。根据解调的信号不同,提取载波的电路也各不相同。如果解调的是普通调幅 AM 信号,它可以将 AM 信号经放大器放大后,经过一个限幅器输出为一个角频率为 ω_c 的近似方波,再通过滤波器后提取出角频率为 ω_c 的同步信号。如果解调的是双边带调制信号,同步信号可直接从输入的双边带调制信号中提取,将双边带调制信号 $v_s(t) = V_{sm}\cos\Omega t\cos\omega_c t$ 取平方后 $v_s^2(t) = (V_{sm}\cos\Omega t)^2\cos^2\omega_c t$,从中取出角频率为 $2\omega_c$ 的分量,再经二分频得到角频率为 ω_c 的同步信号。如果解调单边带调制信号,同步信号无法从中提取。因此,在实际应用中,为了便于接收机产生与输入载波同频同相的同步信号,往往在发射机发射单边带或双边带调制信号的同时,发射一个功率远低于边带信号功率的载波信号,称为导频信号,接收机在接收双边带或单边带调制信号的同时也接收导频信号,然后可采用高选择性的窄带滤波器从输入信号中取出该导频信号,导频信号经放大后就可作为同步信号。如果发射机不发射导频信号,接

收端也可采用高稳定度的石英晶体振荡器或频率合成器来产生同步信号。由于这种同步信号是在接收端独立产生,因此,它要与载波信号保持严格同步是不可能的,但只要让接收端的同步信号与载波信号的频率差和相位差在容许的范围之内还是可用的。

6.5 混 频

6.5.1 混频器的组成

混频器的作用是将载频为 f_c 的已调高频信号不失真地变换为载频为 f_i(固定中频)的已调信号,并保持原调制规律不变。混频器有两个输入信号,已调信号 $v_s(t)$ 和本地振荡信号 $v_L(t)$,本地振荡信号是由接收机内的振荡电路产生的高频等幅振荡信号,简称本振信号。$v_s(t)$ 的工作频率为 f_c,本振信号的工作频率为 f_1,它们都是高频信号,两者经混频后得到一个频率固定的中频已调信号 $v_1(t)$,中频信号的频率为 f_i,f_i 是 f_c 与 f_1 的差频或和频。也就是混频后只是将载频为 f_c 的已调信号变成了载频为 f_i 的已调信号,其中心频率变化了,但调制规律及频谱结构均未改变。对调幅波,经混频后的中频信号仍是调幅波,其振幅包络形状不变,只是中心频率发生了变化。对于调频波或调相波,经混频后仍是调频波或调相波,其调制规律及频谱结构均未改变。

从图 6-5-1(a) 的波形上看,$v_s(t)$ 是一个随调制信号变化的调幅信号,输出的中频信号 $v_1(t)$ 仍然与输入的 $v_s(t)$ 的包络形状相同,仍然是调幅信号,只是内部波形频率不同。从图 6-5-1(b) 信号的频谱来看,混频是将已调波信号频谱从载频 f_c 线性搬移到中频 f_i 处,其频谱结构完全相同。因此,混频属于线性频谱搬移电路。

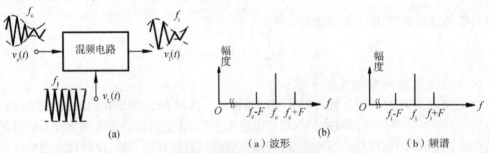

(a) 波形 (b) 频谱

图 6-5-1 混频器输入输出的波形和频谱

混频器由非线性器件、本机振荡器和带通滤波器组成,如图 6-5-2 所示。若用本机振荡器单独产生本振信号,称为混频器。若本振和混频同用一个非线性器件完成,则称之为变频器。在通信接收机中,为了减小混频器和本振的相互影响,提高本振的频率稳定度,通常采用混频器电路。

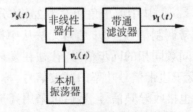

图 6-5-2 混频器的组成方框图

6.5.2 混频器

1.二极管平衡混频器

二极管平衡混频器电路如图 6-5-3 所示。二极管平衡混频器与图 6-3-13 所示二极管平衡调制电路在电路结构上是相同的,它们之间的差别在于输入信号的形式和负载回路的谐振频率不同。假设混频器的两个输入信号分别为本振信号 $v_L(t) = V_{Lm}\cos\omega_1 t$ 和高频调幅波信号 $v_s(t) = V_{cm}(t)\cos\omega_c t$,调幅波的包络 $V_{cm}(t) = V_{cm}(1 + m_a\cos\Omega t)$,当 $V_{Lm} \gg V_{cm}(t)$ 时,即

$$i = i_1 - i_2$$

$$= 2g_D\left(\frac{1}{2} + \frac{2}{\pi}\cos\omega_1 t - \frac{2}{3\pi}\cos3\omega_1 t + \frac{2}{5\pi}\cos5\omega_1 t - \cdots\right)V_{cm}(1 + m_a\cos\Omega t)\cos\omega_c t \quad (6.5.1)$$

若 LC 谐振回路的谐振频率为中频 $\omega_i = \omega_1 - \omega_c$,且回路带宽为 2Ω ,在负载上可输出中频电压 $v_I(t)$, $v_I(t)$ 的包络与输入调幅波 $v_s(t)$ 的包络形状相同。

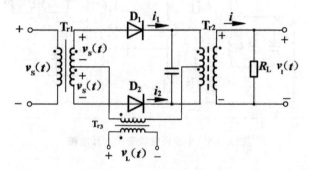

图 6-5-3 二极管平衡混频器

2.晶体三极管混频器

晶体三极管混频器的原理电路图如图 6-5-4 所示。输入高频调幅波信号 $v_s(t) = V_{cm}(t)\cos\omega_c t$ 和本机振荡电压 $v_L(t) = V_{Lm}\cos\omega_1 t$,两个输入信号都是加在基极与发射极之间的。其中,调幅波的包络 $V_{cm}(t) = V_{cm}(1 + m_a\cos\Omega t)$, $V_{Lm} \gg V_{cm}(t)$ 。由于 i_B 与 v_{BE} 的非线性特性以及放大特性,集电极电流 i_C 包含有许多频率成分。如果 LC 谐振回路谐振在中频 $\omega_i = \omega_1 - \omega_c$ 上,且通频带为 2Ω ,就可以选出与输入的高频调幅信号包络一致的中频电压 $v_I(t)$ 。

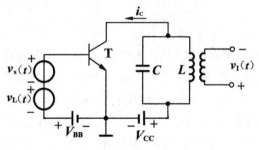

图 6-5-4 晶体三极管混频器的原理电路图

晶体三极管混频电路有许多形式。对输入信号 $v_s(t)$ 来说,有基极输入和发射极输入两种方式。对共射组态,$v_s(t)$ 是由基极输入;而对共基组态,$v_s(t)$ 是由发射极输入。而对本振信号 $v_L(t)$ 来说,则有基极注入和发射极注入两种方式。

如图 6-5-4 所示的混频器为共射组态、基极输入和基极注入的形式。这些电路尽管在形式上不同,但共同点都是:不论本振电压注入方式如何,实际上 $v_s(t)$ 和 $v_L(t)$ 都是加在基极与发射极之间,并且利用晶体三极管的非线性来进行频率变换的。

3.实用混频电路

如图 6-5-5 所示,中波调幅收音机变频电路主要包括输入选择回路、本机振荡、混频和中频选频网络几个部分。电阻 R_1、R_2 和 R_3 构成偏置电路,C_6 为高频旁路,C_7、C_5 和 C_3 是为了收音机统调和调整频率范围所加的电容。

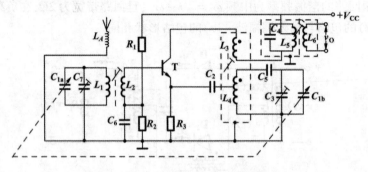

图 6-5-5　中波调幅收音机变频电路

(1)输入选择回路

L_1、C_{1a}、C_7 组成输入选择回路,通过调节 C_{1a} 选择所需要频率的电台信号,并通过 L_1 与 L_2 的耦合,将信号传递给三极管 T 的基极。

(2)本机振荡器和混频

本机振荡器由三极管 T、振荡回路(L_4、C_{1b}、C_5、C_3)和反馈线圈 L_3 构成的正反馈网络,形成变压器反馈振荡器。调节 C_{1b} 可改变本振频率。对于本振频率来说,L_2、C_6 阻抗很小,而 L_5、C_4 回路处于失谐状态,阻抗亦很小,对本振电路不会产生影响。

在调幅广播接收系统中,中频采用 465 kHz。为了经混频后得到固定的中频 465 kHz,在调整 C_{1a} 改变输入信号频率的同时,应同时调节 C_{1b} 改变本振频率,通常 C_{1a} 和 C_{1b} 采用能同轴调节的双联可变电容器。晶体管 T 除了完成混频任务外,还兼作本机振荡器的振荡管,因此也称为变频器。

(3)中频选频网络

L_5、C_4 组成的调谐回路为中频选频网络,此时 L_5、C_4 回路应谐振在 465 kHz 频率上,是固定不变的,预先已调好,并与次级线圈 L_6 一起屏蔽在一个金属罩里,称为中频变压器,简称中周。

变频器电路的工作过程如下:由磁性天线接收到的电磁波,通过线圈 L_A 耦合到 L_1 和 C_{1a} 所组成的调谐回路,通过调节 C_{1a} 选出所需电台信号,并经 L_2 耦合到三极管基极;本振信号经 C_2 注入三极管的射极,显然构成了共射组态、基极输入、射极注入的混频形式,两个信号由晶体三极管混频后由中频选频网络 L_5、C_4 选出 $f_i = f_1 - f_c = 465$ kHz 的中频信号,并通过 L_5、L_6 的耦合,将中频电压信号输送至后级。

6.5.3 混频器的干扰

使用超外差接收机时,由于混频器的非线性,混频器将产生各种干扰和失真。除有用信号外的所有信号统称为干扰,一般混频器存在着下列干扰:信号频率 f_c 与本振信号频率 f_l 的组合干扰称为干扰哨声;外来干扰信号频率 f_n 与本振信号频率 f_l 的组合干扰称为寄生通道干扰;外来干扰信号频率 f_n 互相之间形成的干扰称为互调干扰;外来干扰信号频率 f_n 与信号频率 f_c 形成的干扰称为交叉调制干扰;还有阻塞、倒易混频干扰等。

1.干扰哨声

设输入混频器的有用高频已调信号频率为 f_c,本振信号频率为 f_l,$f_i = f_l - f_c$。经过混频器后产生的组合频率分量为 $f_{p,q} = | \pm pf_l \pm qf_c |$($p$、$q$ 为包括零在内的正整数)。其中,除了 $f_i = f_l - f_c$ 的有用中频被选出外,还可能有其他组合频率为 $pf_l - qf_c = f_i$ 或 $qf_c - pf_l = f_i$ 的干扰信号,它们正好接近中频 f_i 或落在中频通带内,这些干扰都可以顺利地通过中频放大器加到检波器上,通过检波器的非线性特性,这些接近中频的干扰与有用中频 f_i 差拍检波,产生差拍信号,收听者就会在听到有用信号声音的同时还听到由检波器检出的差拍信号所形成的哨叫声,这种干扰称为混频器的干扰哨声。

干扰哨声是信号本身频率 f_c 与本振信号频率 f_l 的各种组合形成的干扰,与外来干扰无关,不能靠提高前端电路的选择性来抑制。当 f_c 和 f_l 确定后,总会找到满足干扰条件的确定的 p、q 的整数值,有确定的干扰点。若 p、q 的值很大,即阶数 $p+q$ 很大,其分量幅度小,实际影响小;若 p、q 的值很小,阶数 $p+q$ 小,则干扰影响大,要设法减小这类干扰。接收机在中频确定后,在其工作频率范围内,由信号及本振信号产生的上述干扰点是确定的。

要消除干扰哨声,可合理选择中频频率 f_i,减少组合频率干扰的点数,并将阶数较低的干扰排除;正确选择混频器的工作点,减少组合频率分量;采用合理的电路形式,从电路上抵消一些组合频率分量。其中接近于中频的输入信号所产生的干扰哨声最强,因而,必须将中频移到接收频段以外。

2.寄生通道干扰

当接收机调谐在 f_c 上接收频率为 f_c 的有用信号时,若中频满足 $f_i = f_l - f_c$,由于混频前输入回路选择性差,使某些无关的电台或干扰信号也同时被收到进入混频器中,假设这种干扰信号的频率为 f_n,若 f_n 与本振信号频率 f_l 的组合频率满足 $pf_l - qf_n = f_i$ 或 $qf_n - pf_l = f_i$ 落入中频通带之内时,经中频放大器放大后进入检波器。经检波后,在输出端不仅能听到有用电台的声音,还将听到干扰电台的声音,造成了寄生通道干扰。其中两个最强的干扰是中频干扰和镜像干扰。

(1)中频干扰

当 $p=0$,$q=1$ 时,$qf_n - pf_l = f_i$,即 $f_n = f_i$。当干扰信号的频率 f_n 等于或接近中频 f_i 时,只要干扰信号泄漏到中频回路中,它将与信号中频一起通过检波器产生差拍,在接收耳机中听到差拍叫声,这种频率等于或接近中频的干扰称为中频干扰,它是一个强干扰。接收机的中频频率是固定的,中频干扰的频率也是固定的。

对中频干扰的抑制,必须在混频前将这种干扰抑制掉,一是通过提高输入回路的选择性以降低漏入混频器输入端的中频干扰的电压值。二是在混频前的高频放大器输入回路中接入中频陷波电路。此外,还要合理地选择中频频率,将中频选在接收频段以外,最好采用高中频方式混频。

（2）镜像干扰

当 $p=1$，$q=1$ 时，$qf_n-pf_1=f_i$，即 $f_n-f_1=f_i$。当外来一个干扰信号频率为 $f_n=f_1+f_i$ 时，f_n 和 f_1 将共同作用在混频器输入端，从而产生 $f_n-f_1=f_i$ 的差频干扰信号，造成在接收机输出端同样将会听到干扰电台的声音。由于 f_n 和 f_c 对称地位于 f_1 的两侧，呈镜像关系，所以将 f_n 称为是信号频率 f_c 的镜像，称镜像频率，其造成的干扰，称为镜像干扰。此时，镜像干扰频率 $f_n=f_c+2f_i$。而对于 $f_1<f_c$，满足 $f_i=f_c-f_1$ 的混频器，镜像干扰频率 $f_n=f_c-2f_i$。镜像干扰频率是随着信号频率 f_c 或本振频率 f_1 的变化而变化的。

抑制镜像干扰的方法是提高混频器前端各级回路的选择性和提高中频 f_i。一般混频前都有高频放大器，其频率选择可以提高对镜像干扰信号的抑制。由于镜像干扰 $f_n=f_c+2f_i$，它与有用信号频率 f_c 的频率间隔为中频 f_i 的 2 倍。因此，如果提高中频频率 f_i 可使镜像干扰频率 f_n 远高于有用信号的频率 f_c，有利于将镜像干扰抑制掉。采用二次混频的接收机就是将第一中频选得很高，这样可以在第一混频前有效地将镜像干扰滤除。

3. 交叉调制干扰

交调干扰是干扰电台的信号频率 f_n 与欲接收的有用信号频率 f_c 同时作用在混频器输入端形成的，它与本振频率 f_1 无关。其表现是接收有用信号时，可同时听到信号台和干扰台的声音，当有用信号消失时，干扰调制随之完全消失。

4. 互调干扰

当接收有用信号时，有若干个干扰信号一起作用到混频器的输入端，由于混频器的非线性作用，使干扰信号之间相互作用 $|\pm pf_{n1}+qf_{n2}|=f_c$，使等于或接近于有用信号频率的分量将落入接收机的通频带之内而造成干扰，这种干扰称为互调干扰。对互调来说，经检波后听到的是哨叫声和杂乱的干扰声，无有用信号声音。

对于交调干扰和互调干扰，一方面可提高前端电路的选择性；另一方面也可选择合适的电路和工作状态。

5. 阻塞干扰

当一个强干扰信号进入接收机中，由于输入电路抑制效果不好，会使高频放大级或混频器的晶体管处于严重的非线性区，而使混频器输出的有用信号幅度减小，其输出的信噪比大大降低，这种现象称为阻塞干扰。

6. 倒易混频

当一个强干扰注入混频器后，还会与本机振荡器的边带噪声相互混频，其中一部分落在中频通带之内，使接收机的信噪比下降。它好像是将强干扰信号当作"本振"，而将本振信号的边带噪声作为输入信号，这就正好与原来的混频位置颠倒，这就是被称为倒易混频的原因。

6.6 超外差式接收机

6.6.1 超外差式调幅接收机

超外差调幅接收机（如中波调幅收音机）电路的框图及各级波形示意图如图 6-6-1 所示。从天线接收并经输入回路选择出来的高频调幅波经过混频之后，它的载波频率变成固定的中频——465 kHz,但信号的包络形状不变。然后,由中频放大器加以放大,再经检波还原出音频信号,送给低频电压放大器和低频功率放大器放大,产生足够大的功率,以推动扬声器发音。

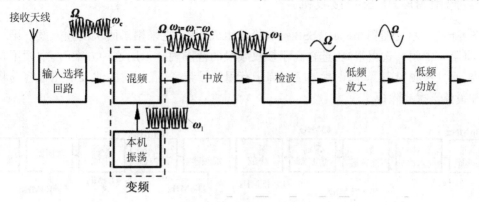

图 6-6-1 中波调幅收音机电路框图及波形图

1. 输入选择回路

从接收天线到接收机的第一级输入端,往往有一个 LC 调谐回路,称为输入选择回路,输入选择回路负责选出所需要的电台信号。选台是靠调谐 LC 回路的谐振频率,使之谐振在所选电台的发射频率,即将中心频率调谐到所需的载波频率上。通常都是用调节电容来连续改变谐振频率的。输入选择回路的主要功能是对频带进行初始限制,防止不想要的中频干扰和镜像干扰进入接收机。

2. 混频级

混频级的电路包括本机振荡和混频。本机振荡器产生一个比输入信号的频率高 465 kHz 的高频等幅振荡信号,然后与输入信号一起送入二极管进行混频产生差频信号,再通过中频变压器选出这个差频信号,也就是中心频率为 465 kHz 的中频信号,振幅包络形状与输入信号振幅包络一样的中频调幅波。为了使本振频率 f_i 总是比输入信号载波频率 f_c 高 465 kHz,采取了同轴可变电容器,使本振电路的调谐电容随输入回路调谐电容同步旋转。混频是超外差接收系统的特征组成部分。超外差就是在混频器中将高频下变频为中频。虽然使载波和上、下边带的频率改变,但包络的形状并不改变,带宽也不改变。

3. 中放级

中频放大器(简称中放)位于混频级的后面,由二级或二级以上具有选频特性的放大器(如 LC 调谐放大器)组成。由于中放级的中心频率和带宽对所有电台都是常数,与所接收电台的频率无关,且低于任何一个要接收的高频信号频率,故可以把它的调谐回路预先调至最佳工作状态。中频的频率之所以比高频低,这是因为对于低频信号来说,很容易构造一个高增益和稳定性好的放大器。中放级工作状态的优劣将直接影响接收机的灵敏度、选择性与保真度。

4. 检波级

检波级的任务是从调幅波中检出音频信号。由于接收到的信号经过混频和中放,其幅度一般可超过 0.5 V,故可采用二极管大信号包络检波电路。

5. 低放级

低放级包括前置低频电压放大和低频功率放大。低频电压放大可采用阻容耦合放大或直接耦合方式的放大电路,将检波后的音频信号放大并送至功率放大级。功率放大可采用互补对称式功放电路,以产生足够大的音频输出功率推动终端负载。

6.6.2 船用 MF/HF SSB 接收机

图 6-6-2 所示为船用 MF/HF SSB 接收机的组成框图,它采用了两次混频方案。第一次混频时,将第一中频 f_{i1} 选得很高,选在高于接收频段的范围内。采用这种方案时,中频不在接收频段内,而且中频很高,镜像干扰频率远高于有用信号频率,混频前的滤波电路很容易将中频干扰和镜像干扰滤除掉。

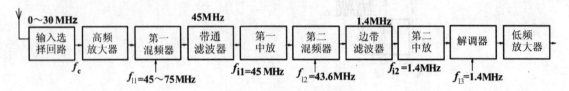

图 6-6-2　船用 MF/HF SSB 接收机的组成框图

船用 MF/HF SSB 接收信号的工作频率范围为 10 kHz ~ 30 MHz,输入选择回路负责选出所需要的信号后进行高频放大,目前船用 SSB 接收机都使用不调谐式,它将接收机的工作频率范围 10 kHz~30 MHz 划分为很多个频段,每个频段对应输入选频电路的一个固定带通滤波器,每个带通滤波器是否接入工作,受开关电路的控制。第一次混频时,$f_{i1}>f_c$,第一中频 f_{i1} = 45 MHz,f_{i1} 是接收信号最高频率 30 MHz 的 1.5 倍,镜像干扰 f_{n1} = f_c+$2f_{i1}$,f_{n1} 在 90~120 MHz 范围。因此,镜像干扰和中频干扰(45 MHz)都在接收频段 0~30 MHz 之外,通过混频前的选频电路很容易将它们滤掉。第一本振频率 f_{l1} 在 45~75 MHz 范围内随输入信号频率 f_c 而变化,以保证经过第一混频器和带通滤波器后得到的第一中频 f_{i1} = f_{l1}-f_c = 45 MHz。第二次混频时,是将中心频率为 f_{i1}(45 MHz)的输入信号与本振频率为 f_{l2}(43.6 MHz)的信号进行混频($f_{i1}>f_{l2}$),经混频和边带滤波器后输出为第二中频信号 f_{i2},f_{i2} = f_{i1}-f_{l2} = 1.4 MHz。其中,对于第二混频器的中频干扰 (1.4 MHz) 经过输入回路、高频放大器和第一中频的带通滤波器的抑制后影响不大。但是,由于中心频率为 f_{i1} 的第一中频信号是作为第二混频器的输入,也会在第二混频器内产生镜像干扰,因此,必须加强第二混频器前滤波器的选择性。

船用 SSB 接收机可接收多种类型的信号,不同类型信号的带宽是不同的。在 SSB 接收机内设有不同带宽的边带滤波器,以保证滤波器的带宽大于接收到的有用信号的带宽。对第二中放输出的信号进行解调,SSB 接收机根据发射信号种类的不同,内设了不同的解调方式,由微机控制电路自动选择。如果发射的是普通调幅信号(A3E),接收机内可采用包络检波器;若发射的是调频或调相信号,接收机内应采用鉴频器或鉴相器;若发射的是 SSB 信号(J3E、R3E),则接收机应采用同步检波器。对 H3E 信号既可选择同步检波,也可选择包络检波。如果采用同步检波,应使第三本振信号与解调器输入信号的载波同频同相,为使话音更加清晰,可以微调第三本振频率 f_{l3}。解调后输出的调制信号经低频电压放大和功率放大后输出。

6.7 角度调制

频率调制(简称调频,FM)是使高频载波信号的角频率按调制信号线性变化,而振幅保持不变的一种调制方式。相位调制(简称调相,PM)是使高频载波信号的相位与调制信号呈线性关系,而其振幅保持不变的调制方式。这两种调制方式都表现为高频载波的瞬时相位随调制信号的变化而变化,因此 FM、PM 统称为角度调制(调角)。调频主要用于调频广播、电视、通信和遥控系统中,调相主要用于数字通信中。

6.7.1 调角信号的表达式

1.瞬时角频率与瞬时相位

假设调角时,高频等幅信号用 $v(t)=V_{\mathrm{m}}\cos\varphi(t)$ 表示。其中,V_{m} 为振幅,$\varphi(t)$ 称为瞬时相位,随调制信号变化。瞬时相位 $\varphi(t)$ 的变化速度称为瞬时角频率 $\omega(t)$,则瞬时相位 $\varphi(t)$ 与瞬时角频率 $\omega(t)$ 之间的关系有

$$\omega(t)=\frac{\mathrm{d}\varphi(t)}{\mathrm{d}t} \tag{6.7.1}$$

$$\varphi(t)=\int_0^t \omega(t)\,\mathrm{d}t+\varphi_0 \tag{6.7.2}$$

φ_0 是 $t=0$ 时的初始相位,可假设 $\varphi_0=0$。

由于瞬时角频率与瞬时相位间存在着微分和积分的关系,调频与调相是紧密联系的,当频率改变时,相位也在发生变化,反之也是一样的。即调频必调相,调相必调频。

2.调频信号的表达式

设调制信号为单频信号 $\qquad v_\Omega(t)=V_{\Omega\mathrm{m}}\cos\Omega t$

载波信号为 $\qquad v_\mathrm{c}(t)=V_{\mathrm{cm}}\cos\omega_\mathrm{c}t$

根据调频的定义,载波的瞬时角频率随调制信号 $v_\Omega(t)$ 线性变化,调频波的瞬时角频率为

$$\begin{aligned}\omega(t)&=\omega_\mathrm{c}+\Delta\omega(t)\\&=\omega_\mathrm{c}+k_\mathrm{f}v_\Omega(t)\\&=\omega_\mathrm{c}+k_\mathrm{f}v_{\Omega\mathrm{m}}\cos\Omega t\\&=\omega_\mathrm{c}+\Delta\omega_\mathrm{m}\cos\Omega t\end{aligned} \tag{6.7.3}$$

式中:k_f是比例常数;ω_c是未调制时的载波角频率;$\Delta\omega(t)$ 是相对于 ω_c的瞬时角频偏,$\Delta\omega(t)=k_\mathrm{f}v_\Omega(t)$,$\Delta\omega(t)$ 的最大值称为最大角频偏,用 $\Delta\omega_\mathrm{m}$ 表示,$\Delta\omega_\mathrm{m}=k_\mathrm{f}V_{\Omega\mathrm{m}}=2\pi\Delta f_\mathrm{m}$,$\Delta f_\mathrm{m}$称为最大频偏。$\Delta\omega_\mathrm{m}$ 和Δf_m都与调制信号振幅 $V_{\Omega\mathrm{m}}$成正比,与调制信号频率 Ω 无关。

根据瞬时相位和瞬时角频率的关系式,调频波的瞬时相位

$$\begin{aligned}\varphi(t)&=\omega_\mathrm{c}t+\Delta\varphi(t)\\&=\int_0^t\omega(t)\mathrm{d}t\\&=\omega_\mathrm{c}t+k_\mathrm{f}\int_0^t v_\Omega(t)\mathrm{d}t\end{aligned} \tag{6.7.4}$$

式中：$\Delta\varphi(t) = k_{\mathrm{f}}\displaystyle\int_0^t v_\Omega(t)\mathrm{d}t$ 为瞬时相移（简称相移）。可以看出，调频波的相移 $\Delta\varphi(t)$ 就是调制信号的积分。

单音频调频波的表达式为

$$v_{\mathrm{FM}}(t) = V_{\mathrm{cm}}\cos\left[\omega_{\mathrm{c}}t + k_{\mathrm{f}}\int_0^t v_\Omega(t)\mathrm{d}t\right] \tag{6.7.5}$$

将 $v_\Omega(t) = V_{\Omega\mathrm{m}}\cos\Omega t$ 代入式（6.7.5）得

$$\begin{aligned} v_{\mathrm{FM}}(t) &= V_{\mathrm{cm}}\cos\left[\omega_{\mathrm{c}}t + k_{\mathrm{f}}\int_0^t V_{\Omega\mathrm{m}}\cos\Omega t\,\mathrm{d}t\right] \\ &= V_{\mathrm{cm}}\cos\left[\omega_{\mathrm{c}}t + \frac{k_{\mathrm{f}}V_{\Omega\mathrm{m}}}{\Omega}\sin\Omega t\right] \\ &= V_{\mathrm{cm}}\cos\left[\omega_{\mathrm{c}}t + m_{\mathrm{f}}\sin\Omega t\right] \end{aligned} \tag{6.7.6}$$

式中：$m_{\mathrm{f}} = \dfrac{k_{\mathrm{f}}V_{\Omega\mathrm{m}}}{\Omega}$ 称为调频指数，表示调频时在载波相位上的最大相移，表示调制深度。m_{f} 与调制信号振幅 $V_{\Omega\mathrm{m}}$ 成正比，与调制信号频率 Ω 成反比。m_{f} 可取大于零的任意值，通常远远大于1。

3. 调相信号的表达式

设调制信号为单频信号　　　　　　$v_\Omega(t) = V_{\Omega\mathrm{m}}\cos\Omega t$

载波信号为　　　　　　　　　　$v_{\mathrm{c}}(t) = V_{\mathrm{cm}}\cos\omega_{\mathrm{c}}t$

根据调相的定义，调相波的瞬时相位 $\varphi(t)$ 随调制信号 $v_\Omega(t)$ 线性变化，则

$$\begin{aligned} \varphi(t) &= \omega_{\mathrm{c}}t + \Delta\varphi(t) \\ &= \omega_{\mathrm{c}}t + k_{\mathrm{p}}v_\Omega(t) \\ &= \omega_{\mathrm{c}}t + k_{\mathrm{p}}V_{\Omega\mathrm{m}}\cos\Omega t \end{aligned} \tag{6.7.7}$$

$\Delta\varphi(t) = k_{\mathrm{p}}v_\Omega(t)$ 为相移，与调制信号 $v_\Omega(t)$ 成正比。因此，单频调相波的表达式为

$$v_{\mathrm{PM}}(t) = V_{\mathrm{cm}}\cos\left[\omega_{\mathrm{c}}t + k_{\mathrm{p}}v_\Omega(t)\right] \tag{6.7.8}$$

将 $v_\Omega(t) = V_{\Omega\mathrm{m}}\cos\Omega t$ 代入式（6.7.8）得

$$\begin{aligned} v_{\mathrm{PM}}(t) &= V_{\mathrm{cm}}\cos\left[\omega_{\mathrm{c}}t + k_{\mathrm{p}}v_{\Omega\mathrm{m}}\cos\Omega t\right] \\ &= V_{\mathrm{cm}}\cos\left[\omega_{\mathrm{c}}t + m_{\mathrm{p}}\cos\Omega t\right] \end{aligned} \tag{6.7.9}$$

式中：$m_{\mathrm{p}} = k_{\mathrm{p}}V_{\Omega\mathrm{m}}$，称为调相指数，表示调相时在载波相位上的最大相移，它与调制信号幅度 $V_{\Omega\mathrm{m}}$ 成正比。

式（6.7.7）中，调相波的瞬时相位 $\varphi(t) = \omega_{\mathrm{c}}t + k_{\mathrm{p}}V_{\Omega\mathrm{m}}\cos\Omega t$，根据瞬时相位和瞬时角频率的关系式，调相波的瞬时角频率

$$\begin{aligned} \omega(t) &= \frac{\mathrm{d}\varphi(t)}{\mathrm{d}t} = \omega_{\mathrm{c}} + k_{\mathrm{p}}\frac{\mathrm{d}v_\Omega(t)}{\mathrm{d}t} = \omega_{\mathrm{c}} + \Delta\omega(t) \\ &= \omega_{\mathrm{c}} - k_{\mathrm{p}}V_{\Omega\mathrm{m}}\Omega\sin\Omega t \\ &= \omega_{\mathrm{c}} - m_{\mathrm{p}}\Omega\sin\Omega t \\ &= \omega_{\mathrm{c}} - \Delta\omega_{\mathrm{m}}\sin\Omega t \end{aligned} \tag{6.7.10}$$

可以看出，调相波的瞬时角频偏 $\Delta\omega(t)$ 就是调制信号的微分。最大角频偏 $\Delta\omega_{\mathrm{m}} = k_{\mathrm{p}}V_{\Omega\mathrm{m}}\Omega = m_{\mathrm{p}}\Omega = 2\pi\Delta f_{\mathrm{m}}$。$\Delta f_{\mathrm{m}}$ 为最大频偏，$\Delta\omega_{\mathrm{m}}$ 和 Δf_{m} 与调制信号振幅 $V_{\Omega\mathrm{m}}$ 和频率 Ω 均成正比。

4.调频信号和调相信号的比较

(1)调频和调相信号的振幅与载波振幅相同,保持不变,但瞬时相位都受调制信号控制,调频信号的角频偏 $\Delta\omega(t)$ 与调制信号成正比 $\Delta\omega(t) = k_f v_\Omega(t)$,而调相信号是相移 $\Delta\varphi(t)$ 与调制信号成正比 $\Delta\varphi(t) = k_p v_\Omega(t)$ 。

(2)比较调频波的表达式 $v_{FM}(t) = V_{cm}\cos\left[\omega_c t + k_f \int_0^t v_\Omega(t)\mathrm{d}t\right]$ 和调相波的表达式 $v_{PM}(t) = V_{cm}\cos\left[\omega_c t + k_p v_\Omega(t)\right]$ 可以发现,若将调制信号 $v_\Omega(t)$ 先通过积分器得到 $\int_0^t v_\Omega(t)\mathrm{d}t$,然后再对载波进行调相,就可以得到调制信号为 $v_\Omega(t)$ 的调频信号,这就是间接调频的原理依据,即可以通过调相的方法间接实现调频。

(3)调频波的调频指数 $m_f = \dfrac{k_f V_{\Omega m}}{\Omega}$,它与调制信号振幅 $V_{\Omega m}$ 成正比,与调制信号频率 Ω 成反比。调相波的调相指数 $m_p = k_p V_{\Omega m}$,它与调制信号幅度 $V_{\Omega m}$ 成正比,与调制信号频率 Ω 无关。

(4)调频波的最大角频偏 $\Delta\omega_m = k_f V_{\Omega m}$,与调制信号振幅 $V_{\Omega m}$ 成正比,与调制信号频率 Ω 无关。调相波的最大角频偏 $\Delta\omega_m = k_p V_{\Omega m}\Omega = m_p\Omega$,与调制信号振幅 $V_{\Omega m}$ 和频率 Ω 均成正比。

6.7.2 调角信号分析

当调制信号是单一频率的余弦波时,比较调频波 $v_{FM}(t) = V_{cm}\cos\left[\omega_c t + m_f\sin\Omega t\right]$ 和调相波 $v_{PM}(t) = V_{cm}\cos\left[\omega_c t + m_p\cos\Omega t\right]$ 的表达式可看出,调频波和调相波的数学表达式基本是一样的,两者只在相位上差 $\pi/2$ 而已。所以这两种信号的频谱结构是类似的,分析时可将调制指数 m_f、m_p 用 m 代替,故可以写成统一的调角波表达式 $v_o(t) = V_{cm}\cos\left[\omega_c t + m\cos\Omega t\right]$

1.调角信号的频谱

在单音频率信号调制下,调角波的频谱除载频 ω_c 之外,还包含无限多对下、下边频分量 $\omega_c \pm n\Omega$ (n 为正整数),对称地分布在载频两边,相邻的边频分量之间的间隔为 Ω。 n 为奇数次的上、下边频分量的振幅相等,相位相反; n 为偶数次的上、下边频分量的振幅相等,相位相同。调角波的频谱与调制指数 m 密切相关,调制指数 m 越大,具有较大振幅的边频分量就越多,且有些会超过载频分量振幅。当 m 取某些特定值时,载频分量的振幅或某些边频分量振幅有可能为 0。

2.调角信号的带宽

由于调角波的频谱中包含有无限多对边频分量,严格上讲调角波的带宽为无穷大。但实际上,在调制指数 m 一定的情况下,随着 n 越大,离载频分量较远的边频分量的幅度总的趋势是减小的。虽然理论上讲调角波的带宽为无穷大,但如果把幅度很小的高次边频分量忽略,却不会因此带来明显的信号失真,就可以近似地认为调角波的有效频谱宽度是有限的。当然,这个有效带宽与调制指数 m 密切相关。为了方便,有效带宽可以用卡森(Carson)公式近似估算:

$$BW = 2(m + 1)F = 2(\Delta f_m + F) \qquad (6.7.11)$$

当 $m \ll 1$ 时,其带宽很窄,称为窄带调角。此时调角波的频谱与普通调幅波 AM 频谱相似,由载波分量和一对幅值相同、极性相反的上、下边频分量组成,其带宽相当于 AM 的频带宽度。

$$BW \approx 2F \tag{6.7.12}$$

当 $m \gg 1$ 时,调角波的频谱中,除了载频 ω_c 外,还有 $\omega_c \pm n\Omega$ 无限多边频,因此占有频带很宽,故称为宽带调角。

$$BW \approx 2mF = 2\Delta f_m \tag{6.7.13}$$

除窄带调角外,当调制信号的 F 相同时,调角信号的有效带宽要比调幅信号的带宽大得多。由式(6.7.13)可知,对于宽带调频的带宽,由于调频信号的 Δf_m 与 $V_{\Omega m}$ 成正比,与调制信号频率 F 无关。因此,当调制信号的振幅 $V_{\Omega m}$ 不变而 F 变化时,带宽几乎不变,具有恒定带宽的特性。而对于调相信号,调制信号的振幅 $V_{\Omega m}$ 和频率 F 变化都会引起最大频偏 Δf_m 的变化,当 F 变化时,带宽在很大范围内变化。如果带宽按照调制信号最高频率 F_{max} 来设计,当调制频率较低时,带宽的利用率较低。所以,在模拟系统中一般选用调频,而调相一般用于间接调频和遥测系统中。

当调制信号不是单一频率时,仍可用式(6.7.11)来计算调频信号的带宽,不过其中 F 应该用最高调制频率 F_{max},Δf_m 应该用最大频偏 $(\Delta f_m)_{max}$,m 用 F_{max} 对应的 m。

在调频广播中,按国家标准最大频偏 $(\Delta f_m)_{max} = 75$ kHz,$F_{max} = 15$ kHz 计算,其有效带宽 $BW = 2 (\Delta f_m)_{max} + 2F_{max} = 180$ kHz。考虑 ± 10 kHz 的裕量,因此调频台的频道间隔规定为 200 kHz。

3.调角信号的功率

从功率角度看,调角波是一个等幅波,当载波的幅度一定时,调角波的平均功率也一定,调角波的平均功率等于未调制时载波的平均功率,其值与 m 无关。m 的改变只会引起载波和各边频分量之间功率的重新分配,但不会引起总功率的改变,根据实际情况选择适当的 m,使载波分量携带的功率很小,而边频分量携带的功率占总功率的绝大部分,就可以大大提高调角信号的传输效率。

4.调角方式与调幅方式的比较

与前述调幅方式是频谱的线性搬移电路不同的是,角度调制属于频谱的非线性搬移,即已调信号的频谱结构不再保持原调制信号频谱结构。除窄带调角外,当调制信号的 F 相同时,调角信号的有效带宽要比调幅信号的带宽大得多。因此,调角不宜工作在信道拥挤的短波波段,而适合在 VHF 频段或微波波段使用,船用的 VHF 通信采用调频方式。因为不论 m 取值如何,调角不会引起总功率的改变,发射机末级可工作在最大功率状态,从而提高了设备的利用率。因为角度调制把调制信息寄载于已调波信号较宽的带宽内的各边频分量之中,所以与调幅相比,调角可以更好地克服信道中噪声和干扰的影响,而且传输带宽越宽,抗噪性能越好。

6.7.3 调频电路

实现调频的方法主要有两种:直接调频与间接调频。

1.直接调频电路

直接调频是用调制信号直接控制振荡器的振荡频率而获得调频信号。直接调频电路主要有变容二极管直接调频电路、晶体振荡器直接调频电路。

（1）变容二极管特性

变容二极管的特性是当在它两端加反向偏压时,变容二极管将呈现一个较大的结电容（势垒电容）,这个结电容大小将随反向偏压的变化而变化。图 6-7-1(a) 为变容二极管结电容随外加反向电压 v 变化关系曲线。其结电容 C_j 随外加反向电压 v 变化的关系式为

$$C_j = \frac{C_j(0)}{\left(1 + \dfrac{v}{V_D}\right)^{\gamma}} \tag{6.7.14}$$

式中: V_D 为 PN 结的势垒电位差,硅管约为 0.5 V,锗管约为 0.1 V; $C_j(0)$ 为 $v = 0$ 时的结电容; γ 为结电容变化指数。

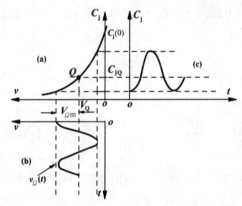

图 6-7-1　变容二极管结电容随调制电压变化关系曲线

（2）变容二极管直接调频电路的工作原理

在 LC 正弦波振荡器中,振荡频率由 LC 谐振回路的电容和电感的值决定, $f_0 = \dfrac{1}{2\pi\sqrt{LC}}$,如果我们能使电容 C 的值随调制信号电压控制,那么振荡器的频率也将随着调制信号电压变化,从而实现调频。变容二极管正好能达到这个目的。在变容二极管直接调频电路中,接入 LC 谐振回路中的变容二极管的结电容 C_j 的值随调制信号电压而变化,振荡器的振荡频率也将随着调制信号电压变化。

假设调制信号为单频信号 $v_\Omega(t) = V_{\Omega m}\cos\Omega t$,为保证变容管在调制信号电压变化范围内均处于反偏,必须外加反偏的直流偏压 V_Q ,且 $|v_{\Omega m}| < |V_Q|$,则加在变容管上反向总电压

$$v = V_Q + v_\Omega(t) = V_Q + V_{\Omega m}\cos\Omega t \tag{6.7.15}$$

将式(6.7.15)代入式(6.7.14)中,得

$$C_j = \frac{C_j(0)}{\left(1 + \dfrac{v}{V_D}\right)^{\gamma}} = \frac{C_j(0)}{\left(1 + \dfrac{V_Q + V_{\Omega m}\cos\Omega t}{V_D}\right)^{\gamma}} = C_j(0)\left(1 + \frac{V_Q + V_{\Omega m}\cos\Omega t}{V_D}\right)^{-\gamma}$$

$$= C_j(0)\left(\frac{V_D + V_Q + V_{\Omega m}\cos\Omega t}{V_D}\right)^{-\gamma} = C_j(0)\left[\frac{V_D + V_Q}{V_D}\left(1 + \frac{V_{\Omega m}\cos\Omega t}{V_D + V_Q}\right)\right]^{-\gamma}$$

$$= C_j(0)\left(\frac{V_D + V_Q}{V_D}\right)^{-\gamma}\left(1 + \frac{V_{\Omega m}\cos\Omega t}{V_D + V_Q}\right)^{-\gamma} = C_j(0)\left(1 + \frac{V_Q}{V_D}\right)^{-\gamma}\left(1 + \frac{V_{\Omega m}}{V_D + V_Q}\cos\Omega t\right)^{-\gamma}$$

$$= C_{jQ}(1 + m\cos\Omega t)^{-\gamma} \tag{6.7.16}$$

式中：$C_{jQ} = \dfrac{C_j(0)}{\left(1 + \dfrac{V_Q}{V_D}\right)^{\gamma}}$，是未加调制信号 $v_\Omega(t)$ 时 $v = V_Q$ 的结电容，称为变容管在静态工作点 V_Q

上的结电容；$m = \dfrac{V_{\Omega m}}{V_D + V_Q}$，称为电容调制度，反映结电容调制深度的调制指数，其值小于 1。

图 6-7-1(b)、(c) 表示了变容管的结电容 C_j 在调制信号电压 $v_\Omega(t)$ 作用下的变化关系曲线。

如图 6-7-2(a) 为在 LC 正弦波振荡器中将变容管的结电容 C_j 作为 LC 谐振回路总电容的高频等效电路。图 6-7-2(b) 为变容二极管 C_j 的控制电路，变容二极管加上一个反偏的工作电压 V_Q，加在变容管上的反向电压为 $v = V_Q + v_\Omega(t)$，且 $|v_{\Omega m}| < |V_Q|$，该振荡回路的振荡角频率为

$$\omega_0(t) = \frac{1}{\sqrt{LC_j}} \tag{6.7.17}$$

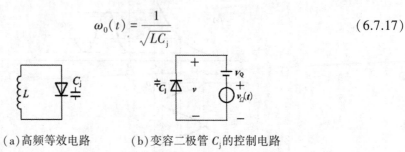

(a) 高频等效电路　　(b) 变容二极管 C_j 的控制电路

图 6-7-2　变容管作为振荡回路总电容的直接调频原理电路

将式 (6.7.16) 代入式 (6.7.17) 中，得

$$
\begin{aligned}
\omega_0(t) &= \frac{1}{\sqrt{LC_j}} = \frac{1}{\sqrt{LC_{jQ}(1 + m\cos\Omega t)^{-\gamma}}} \\
&= \frac{1}{\sqrt{LC_{jQ}}}(1 + m\cos\Omega t)^{\frac{\gamma}{2}} \\
&= \omega_c(1 + m\cos\Omega t)^{\frac{\gamma}{2}}
\end{aligned} \tag{6.7.18}
$$

式中：$\omega_c = \dfrac{1}{\sqrt{LC_{jQ}}}$ 为未加调制信号时的载波角频率；C_{jQ} 是静态工作点 V_Q 上的结电容；m 为电容调制度。当 $\gamma = 2$ 时：

$$
\begin{aligned}
\omega_0(t) &= \omega_c(1 + m\cos\Omega t) \\
&= \omega_c + \omega_c m\cos\Omega t \\
&= \omega_c + \omega_c \frac{v_\Omega(t)}{V_D + V_Q}
\end{aligned} \tag{6.7.19}
$$

由式 (6.7.19) 可看出，$\omega_0(t)$ 与调制信号 $v_\Omega(t)$ 成正比，随调制信号 $v_\Omega(t)$ 线性变化。可以实现没有失真的线性调频。

当 $\gamma \neq 2$ 时，$\omega_0(t)$ 与调制信号 $v_\Omega(t)$ 是非线性，产生的调频波会出现非线性失真和中心频率 f_c 的偏离。这种情况下应限制调制信号的大小，使电容调制度 m 足够小，但最大频偏也小。为了使最大频偏增大，可以提高载波频率 f_c。

变容二极管直接调频电路优点是电路简单,工作频率较高,容易获得较大的频偏,在频偏不需要很大的条件下,非线性失真可以做到很小。其缺点是载波频率稳定度低。

（2）晶体振荡器直接调频电路

晶体振荡器直接调频电路具有中心频率稳定度高的特点。图6-7-3(a)所示为晶体振荡器直接调频电路,其高频等效电路如图6-7-3(b)所示,将变容二极管接入振荡回路中与晶体串联,并通过调制信号 $v_\Omega(t)$ 控制变容二极管的电容值 C_j 的变化,使振荡器振荡频率发生改变,便可实现调频。由于晶体振荡器在满足振荡条件时,晶体相当于一个电感,振荡频率在 f_s 和 f_p 之间,因此这种调频电路的相对频偏 $\dfrac{f_p - f_s}{f_s}$ 很小。在实际应用中如果需要扩大频偏,可采用在晶振支路中串联一个小电感 L,如图6-7-3(c)所示。

晶振直接调频电路缺点是不易获得大的频偏,由于振荡器中引入了变容二极管和电感 L,会使调频波的中心频率稳定度会比不调频的晶体振荡器有所下降。

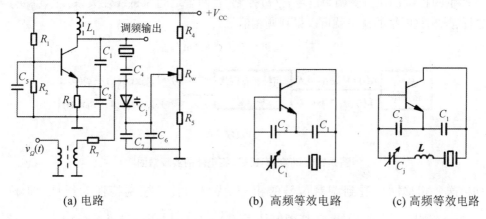

(a) 电路　　　　　　　　(b) 高频等效电路　　　　(c) 高频等效电路

图6-7-3　石英晶体振荡器直接调频电路

2.间接调频电路

（1）间接调频原理

间接调频就是利用调相电路的方法间接地实现调频。间接调频的调制不是在振荡器上直接进行的,而是在振荡器后边的调相器中进行的,所以间接调频的关键电路是调相电路。如前所述,通过比较式(6.7.5)调频波的表达式和式(6.7.8)调相波的表达式可以发现,若将调制信号 $v_\Omega(t)$ 先通过积分器得到 $\int_0^t v_\Omega(t)\,\mathrm{d}t$,然后再进行调相,所得到的信号就是调制信号为 $v_\Omega(t)$ 的调频信号 $v_{FM}(t) = V_{cm}\cos\left[\omega_c t + k_f \int_0^t v_\Omega(t)\,\mathrm{d}t\right]$,即通过调相实现调频。

间接调频原理的方框图如图6-7-4所示。用调相的方法实现间接调频时,因为采用频率稳定度很高的晶体振荡器作为载波振荡器,可以得到中心频率(载频为 f_c)稳定度很高的调频波。但它的频偏较小,是一个窄带调频波。为获得较大的频偏,在调相的后面加倍频器来获得符合要求的调频频偏。

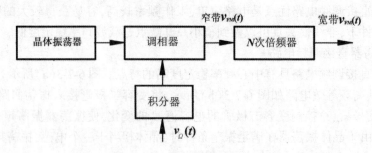

图 6-7-4　间接调频原理的方框图

（2）可变相移法调相原理

实现调相的电路有多种，最直接的方法是可变相移法调相，实现模型如图 6-7-5 所示。高稳定的晶体振荡器产生的载波电压 $v_c(t) = V_{cm}\cos\omega_c t$ 通过一个可控的相移网络，如果该网络在 ω_c 上产生的相移 $\varphi(\omega_c)$ 受调制信号 $v_\Omega(t)$ 控制，且两者之间保持线性关系，即 $\varphi(\omega_c) = k_p v_\Omega(t)$，这样，从相移网络的输出就可以得到调相信号

$$v_{PM}(t) = V_{cm}\cos[\omega_c t + k_p v_\Omega(t)]\text{。}$$

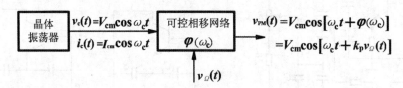

图 6-7-5　可变相移法调相电路的实现框图

如果这个相移网络受到调制信号的积分值的控制，且控制特性为线性，即 $\varphi(\omega_c) = k_f\int_0^t v_\Omega(t)\mathrm{d}t$，则输出的调相信号为调频信号 $v_{FM}(t) = V_{cm}\cos\left[\omega_c t + k_f\int_0^t v_\Omega(t)\mathrm{d}t\right]$。

（3）变容二极管调相电路的工作原理

可变相移法有多种实现的电路，应用最广的是变容二极管构成的 LC 谐振回路作为移相网络。如图 6-7-6 所示，将变容二极管接在高频放大器的谐振回路中，变容二极管的电容 C_j 和电感 L 组成谐振回路，调制信号 $v_\Omega(t)$ 作用在变容二极管上，作用是使谐振回路谐振频率改变，当一个角频率恒定不变的输入载波电压 $v_c(t) = V_{cm}\cos\omega_c t$[或角频率为 ω_c 的电流源 $i_c(t)$]通过一个谐振频率受 $v_\Omega(t)$ 控制的谐振回路时，会由于失谐而产生相移，从而获得调相。

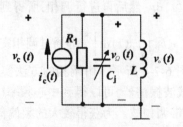

图 6-7-6　变容二极管构成的 LC 谐振回路作移相网络

当 $v_\Omega(t) = 0$ 未加调制时，变容二极管结电容 $C_j = C_{jQ}$（C_{jQ} 是变容管静态工作点上的结电容），回路谐振角频率等于载波信号角频率，即

$$\omega_0 = \omega_c = \frac{1}{\sqrt{LC_{jQ}}} \tag{6.7.20}$$

当加上调制信号 $v_\Omega(t)$ 后，由于变容管结电容 C_j 变化，谐振角频率

$$\omega_0(t) = \frac{1}{\sqrt{LC_j}} = \omega_c(1 + m\cos\Omega t)^{\frac{\gamma}{2}} \tag{6.7.21}$$

可见，谐振回路的谐振角频率 $\omega_0(t)$ 会随调制信号 $v_\Omega(t)$ 而变化，其幅频特性和相频特性都将在频率轴上移动。如果用一个频率恒定不变的输入载波振荡信号 $v_c(t) = V_{cm}\cos\omega_c t$（其角频率为 ω_c）去激励上述谐振角频率受 $v_\Omega(t)$ 控制的谐振回路时，谐振回路将会提供一个随着调制信号 $v_\Omega(t)$ 而变化附加的相移 $\Delta\varphi$。如图 6-7-7 所示，当 $\omega_0 = \omega_c$ 时，谐振回路对 ω_c 无附加相移。而当 $v_\Omega(t) > 0$ 时，变容管反向偏压增大，结电容减小，此时谐振回路的谐振频率 $\omega_0' > \omega_c$，谐振回路对 ω_c 来说提供了一个正的附加相移 $\Delta\varphi$；而当 $v_\Omega(t) < 0$ 时，变容管反向偏压减小，结电容增大，此时谐振回路的谐振频率 $\omega_0'' < \omega_c$，谐振回路对 ω_c 来说提供了一个负的附加相移 $\Delta\varphi$，由于附加相移是随 $v_\Omega(t)$ 控制而变化的，因此，输入载波振荡信号 $v_c(t)$ 在回路上产生的输出电压 $v_o(t)$ 是一个相位随 $v_\Omega(t)$ 而变化的调相波。

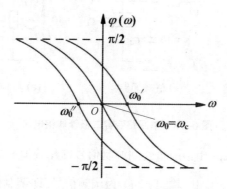

图 6-7-7 谐振频率变化产生附加相移

（4）变容二极管调相电路

图 6-7-8(a) 所示是单级谐振回路变容二极管调相电路。变容二极管的 C_j 和电感 L 组成谐振回路，作为可变相移网络。R_1、R_2 为隔离电阻，其作用是将谐振回路的输入、输出端隔离。C_1、C_2、C_3、C_4 为隔直耦合电容，它保证给变容管提供反向直流偏压，由于变容二极管反向电阻很大，可以将其他与变容管相串联的电阻近似短路处理，图 6-7-8(b) 所示为直流偏置电路。R_4 是偏置电压源（+9 V）与调制信号 $v_\Omega(t)$ 之间的隔离电阻，C_3 为调制信号耦合电容，对调制信号相当于短路。C_1、C_2、C_4 对高频相当于短路，对调制信号开路，如图 6-7-8 (c) 为调制信号低频通路。如图 6-7-8(d) 所示为高频等效电路，当输入频率恒定不变的载波电压 $v_c(t) = V_{cm}\cos\omega_c t$ 时，根据诺顿等效电路，$i_c(t) = \dfrac{v_c(t)}{R_1} = I_{cm}\cos\omega_c t$。在图 6-7-8(c) 中，$R_3$、$C_4$ 电路为一个低通滤波电路，若 C_4 的取值满足其容抗远小于 R_3，即对于调制信号而言，$\Omega R_3 C_4 \gg 1$，则 $v_\Omega(t)$ 在 $R_3 C_4$ 电路中产生的电流 $i_\Omega(t) \approx v_\Omega(t)/R_3$，给电容 C_4 充电，因此实际加在变容二极管上的调制电压为

$$v'_\Omega(t) = \frac{1}{C_4}\int_0^t i_\Omega(t)\,dt \approx \frac{1}{R_3 C_4}\int_0^t v_\Omega(t)\,dt \tag{6.7.22}$$

因此，R_3、C_4电路的作用等效为一积分电路。当$v_\Omega(t) = V_{\Omega m}\cos\Omega t$时，实际加到变容管的调制信号为

$$v'_\Omega(t) = \frac{1}{R_3 C_4}\int_0^t v_\Omega(t)\,\mathrm{d}t = \frac{V_{\Omega m}}{\Omega R_3 C_4}\sin\Omega t \qquad (6.7.23)$$

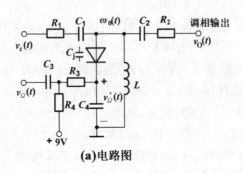

(a)电路图

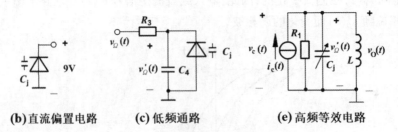

(b)直流偏置电路　　**(c)低频通路**　　**(e)高频等效电路**

图 6-7-8　单回路变容二极管调相电路

如果由C_j和电感L组成的相移网络受到调制信号的积分值$v'_\Omega(t)$的控制，且控制特性为线性，则相移$\varphi(\omega_c) = k_f\int_0^t v_\Omega(t)\,\mathrm{d}t$，输出$v_o(t)$为调频信号，即调制信号$v_\Omega(t)$的积分$v'_\Omega(t)$经过调相电路便转换为间接调频电路。

用调相的方法实现间接调频时，采用频率稳定度很高的晶振作为载波振荡器，可以得到中心频度稳定度很高的调频波，但它的频偏较小，是一个窄带调频波。为获得较大的频偏，大多数情况下要在调相的后面加倍频器来获得符合要求的调频频偏。假设振荡器输出的瞬时角频率为$\omega(t) = \omega_c + \Delta\omega_m\cos\Omega t$，经$N$倍频器后为$N\omega(t) = N\omega_c + N\Delta\omega_m\cos\Omega t$，载频及频偏都扩至$N$倍。如果采用混频器变换频率则可得到符合要求的调频波的工作频率范围。混频器能降低载波频率，但却可以保持绝对频偏$\Delta\omega_m$不变，这样就可扩展间接调频电路的相对频偏。也就是说，倍频器可以扩展调频波的绝对频偏，混频器可以扩展调频波的相对频偏。利用上述特性，就可以在要求的载波频率上，随意扩展调频波的线性频偏。

6.8　角度解调

角度解调就是将调角波恢复成原调制信号的过程。调频波的解调称为频率检波，简称鉴频。调相波的解调称为相位检波，简称鉴相。完成鉴频功能的电路称为鉴频器，完成鉴相功能

的电路称为鉴相器。

由于调频与调相是紧密联系的,鉴频和鉴相也可相互转化,即可以用鉴频的方法实现鉴相,也可以用鉴相的方法实现鉴频。

6.8.1 鉴频的方法及实现模型

常用实现鉴频的方法有两种:一种是用锁相环路实现鉴频;另一种是采用波形变换法解调。

在波形变换法中,第一种方法是将调频波通过频率—幅度线性变换网络,使变换后调频波的振幅也能按其瞬时角频率的规律变化,将调频波变换成调频-调幅波,再通过包络检波还原出调制信号,这种鉴频称为振幅鉴频。如图 6-8-1 所示为振幅鉴频原理方框图,输入是一个等幅的调频波,通过一个频率-幅度线性网络变换成幅度与频率都随调制信号成正比变化的调频-调幅波,然后再经包络检波还原出调制信号。

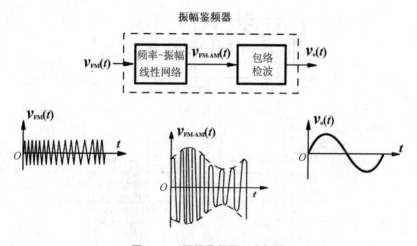

图 6-8-1 振幅鉴频原理方框图

第二种方法是将调频波通过频率-相位线性变换网络,使变换后调频波的相位也能按其瞬时角频率的规律变化,将调频波变换成调频-调相波,再通过相位检波器(鉴相器)检出反映相位变化的解调电压,把这种鉴频称为相位鉴频,图 6-8-2 所示为相位鉴频原理方框图。相位鉴频的关键是鉴相器。

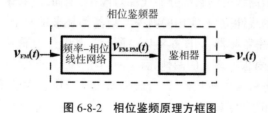

图 6-8-2 相位鉴频原理方框图

6.8.2 斜率鉴频器

1.单失谐回路斜率鉴频器

单失谐回路斜率鉴频器是由单失谐回路和二极管包络检波器组成,如图 6-8-3(a)所示。

单失谐回路由 LC 并联谐振回路构成,它是利用 LC 并联谐振回路的谐振特性对不同瞬时频率信号呈现不同的阻抗来实现对调频波的频率-幅度的变换。

所谓失谐回路是指输入并联 LC 谐振回路的谐振频率 f_0 不是调在输入调频波的载波频率 f_c 上,是失谐的,例如 $f_0 > f_c$,因此调谐回路称为失谐回路。为了获得线性的鉴频特性,总是使输入调频波的载波频率 f_c 处在幅频特性的倾斜部分中接近直线段的中点上,如图 6-8-3(b) 中的 A 点。当输入调频波的瞬时频率 f 变化时,回路两端输出电压幅度也随之改变。当 $f > f_c$ 时,回路两端输出电压幅度增大;当 $f < f_c$ 时,回路两端输出电压幅度减小,如图 6-8-3(b) 中 $v_{2m}(t)$ 的波形所示。因此,等幅的调频波电压 $v_i(t)$ 通过单失谐回路后就可以变换成幅度反映瞬时频率变化的调频调幅波电压 $v_2(t)$,$v_2(t)$ 再通过包络检波器进行振幅检波,检波后的输出电压 $v_o(t)$ 就是还原出的调制信号,完成鉴频作用。

同理,若 $f_0 < f_c$,使 f_c 处在如图 6-8-3(b) 中的 A' 点,也可还原出原调制信号,完成鉴频作用。

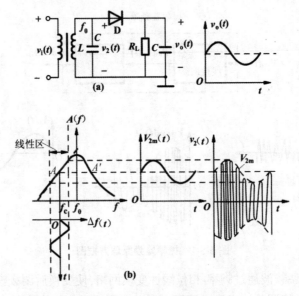

图 6-8-3　单失谐回路斜率鉴频器

2.双失谐回路振幅鉴频器

由于单失谐回路谐振曲线的倾斜部分的线性范围小,因而,当频偏较大时,非线性失真较大。为了扩大鉴频特性的线性范围,实用的斜率鉴频器都是采用两个单失谐回路构成的平衡电路,称为双失谐回路斜率鉴频器,如图 6-8-4(a) 所示。其中,上、下两个谐振回路分别谐振在 f_{01} 和 f_{02},它们各自失谐在载波频率 f_c 的两侧,且 $f_c - f_{02} = f_{01} - f_c$。若 f_{01} 和 f_{02} 配置恰当,两回路幅频特性曲线中的弯曲部分就可以相互补偿,合成一条线性范围较大的鉴频特性曲线。各点波形如图 6-8-4(b),鉴频特性曲线如图 6-8-3(c) 所示。这种鉴频器可获得较好的鉴频特性,失真小,灵敏度较大,适用于解调大频偏的 FM 信号。

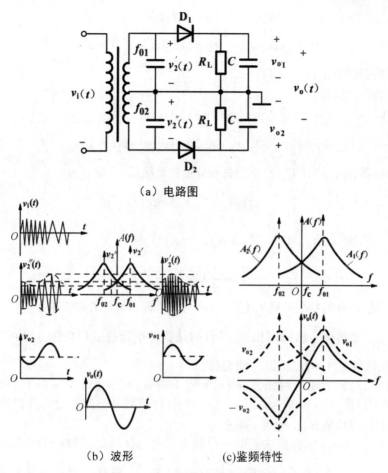

（a）电路图

（b）波形　　　（c)鉴频特性

图 6-8-4　双失谐回路斜率鉴频器

6.8.3　相位鉴频器

前面已经讨论了相位鉴频器的原理方框图,如图 6-8-2 所示。相位鉴频器由频率−相位线性变换网络和鉴相器构成。鉴相器又称相位解调器或相位检波器,是用来检出两个信号的相位差,并输出与相位差大小相对应的电压,其功能是将两个输入信号的相位差变换为输出电压,即实现相位−电压的转换。

鉴相器除了对调相波进行解调外,它也是移相鉴频器、锁相环中的关键部件。

鉴相器有乘积型和叠加型两种电路形式。乘积型鉴相器由乘法器和低通滤波器构成,如图 6-8-5 所示。假设两个输入信号分别为:

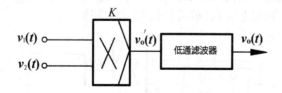

图 6-8-5　乘积型鉴相器的框图

$$v_1(t) = V_{1m}\cos[\omega_c t + \varphi_1(t)] \tag{6.8.1}$$

$$v_2(t) = V_{2m}\cos\left[\omega_c t - \frac{\pi}{2} + \varphi_2(t)\right] = V_{2m}\sin[\omega_c t + \varphi_2(t)] \tag{6.8.2}$$

两个输入信号的相位差 $\varphi_e(t) = \varphi_2(t) - \varphi_1(t)$。

则乘法器的输出信号

$$v'_o(t) = KV_{1m}\cos[\omega_c t + \varphi_1(t)]V_{2m}\sin[\omega_c t + \varphi_2(t)]$$

$$= \frac{1}{2}KV_{1m}V_{2m}\sin\varphi_e(t) + \frac{1}{2}KV_{1m}V_{2m}\sin[2\omega_c t + \varphi_1(t) + \varphi_2(t)] \tag{6.8.3}$$

经低通滤波器,输出电压 $v'_o(t)$ 中的高频分量被滤除后,

$$v_o(t) = \frac{1}{2}KV_{1m}V_{2m}\sin\varphi_e(t) \tag{6.8.4}$$

若 $\varphi_e(t)$ 很小$\left($一般取 $|\varphi_e(t)| \leq \dfrac{\pi}{12}\right)$时,$\sin\varphi_e(t) \approx \varphi_e(t)$,则

$$v_o(t) \approx \frac{1}{2}KV_{1m}V_{2m}\varphi_e(t) \tag{6.8.5}$$

由式(6.8.5)可见,经过鉴相后的输出电压 $v_o(t)$ 与两个输入信号的相位差 $\varphi_e(t)$ 成正比。

$v_1(t)$ 和 $v_2(t)$ 之间有 $\dfrac{\pi}{2}$ 的固定相移,其目的是获得正弦的鉴相特性,以确保在 $\varphi_e(t) = 0$ 时,输出的电压信号 $v_o(t) = 0$,且上、下奇对称。

在鉴相时,$v_1(t)$ 常为输入调相波,$v_1(t) = V_{1m}\cos[\omega_c t + k_p v_\Omega(t)]$。$v_2(t)$ 是参考信号,是 $v_1(t)$ 的同频正交载波,$v_2(t) = V_{2m}\sin\omega_c t$。$v_1(t)$ 和 $v_2(t)$ 相乘并且经低通滤波器后的输出电压 $v_o(t)$ 与调制信号 $v_\Omega(t)$ 成正比,实现了鉴相。

若 $v_1(t) = V_{1m}\cos\omega_c t$ 作为乘法器的一个输入信号,$v_2(t)$ 是需解调的调相信号,$v_2(t) = V_{2m}\cos[\omega_c t + \Delta\varphi(t)] = V_{2m}\cos[\omega_c t + k_p v_\Omega(t)]$,$v_2(t)$ 经 $-\dfrac{\pi}{2}$ 相移后再进入乘法器,如果满足 $|\Delta\varphi(t)| \leq \dfrac{\pi}{12}$,经低通滤波器后的输出信号

$$v_o(t) \approx \frac{1}{2}KV_{1m}V_{2m}k_p v_\Omega(t) = k v_\Omega(t) \tag{6.8.6}$$

式中:$k = \dfrac{1}{2}KV_{1m}V_{2m}k_p$,由式(6.8.6)可知,输出电压 $v_o(t)$ 与调制信号 $v_\Omega(t)$ 成正比,实现了鉴相。

相位鉴频分为乘积型和叠加型两种。如图6-8-6所示为乘积型相位鉴频器的框图。相位鉴频是将调频信号 $v_{FM}(t)$ 输入线性频率-相位网络,将等幅的调频信号变成附加相位也随瞬时频率变化的既调频又调相的调频-调相波 $v_{FM-PM}(t)$。把 $v_{FM}(t)$ 和 $v_{FM-PM}(t)$ 一起加到由乘法器和低通滤波器构成的鉴相器上,$v_o(t)$ 就可解调出调制信号 $v_\Omega(t)$。

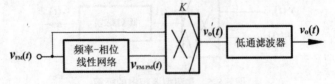

图6-8-6　乘积型相位鉴频器的框图

6.9　反馈控制电路

6.9.1　反馈控制电路概述

在通信电子设备中,广泛采用了一种反馈控制电路,它是一个闭合环路,作用是通过电路自身的调节作用使输出信号的幅度、频率和相位维持稳定。如图 6-9-1 所示,反馈控制电路由反馈控制器和受控对象两部分构成。图中 x_i 和 x_o 分别表示系统的输入量和输出量,它们之间的关系是根据使用要求予以设定的,若检测出 x_i 和 x_o 的预定关系产生了偏移,反馈控制器就对 x_i 和 x_o 进行比较,并产生相应的误差量 x_d 加到受控对象上。受控对象根据 x_d 对输出量 x_o 进行调节,最后使 x_i 和 x_o 接近到预定关系,反馈控制电路进入稳定状态。

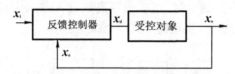

图 6-9-1　反馈控制电路的组成框图

根据要调节的参量不同,反馈控制电路有:自动增益控制电路(Automatic Gain Control,AGC),参量为电压或电流;自动频率控制电路(Automatic Frequency Control,AFC),参量为频率;自动相位控制(Automatic Phase Control, APC),参量为相位。自动相位控制电路又称为锁相环路(Phase Locked Loop, PLL)。

6.9.2　自动增益控制电路

自动增益控制电路(AGC)电路的主要作用是使输出电压基本不变。在无线通信的信号传输过程中,信号因受到发射功率大小、收发距离远近、电波传输衰减等多种因素的影响,使接收机收到的信号强弱会发生很大的变化。如果接收机的增益恒定不变,当信号太强时有可能使接收机过载导致阻塞,信号太弱时又有可能造成信号的丢失。若采用 AGC 电路,使接收机的增益能够随输入信号的强弱而变化,即当信号弱时使增益变高,信号强时使增益变低,就能使输出电压基本稳定,从而克服固定增益造成输出信号时强时弱的缺点。

AGC 电路原理如图 6-9-2 所示。它主要由可控增益放大器和反馈控制器组成一个闭合的环路。可控增益放大器主要用于放大输入信号 v_i,其增益是可变的,它的增益大小取决于反馈控制器产生的直流控制电压 V_C。当输入电压 v_i 的幅度增加而使输出电压 v_o 幅度增加时,通过反馈控制器产生的控制电压 V_C 使 A_v 减小;当输入电压 v_i 的幅度减小而使输出电压 v_o 幅度减小时,反馈控制器产生的控制电压 V_C 使 A_v 增大,因此,通过反馈控制作用,可以使输出信号的幅度基本保持不变或在较小范围内变化。所以,AGC 电路的自动调整过程主要是先产生一个随输入信号 v_i 幅度而变化的直流控制电压 V_C(称为 AGC 电压),利用 AGC 电压去控制增益的变化,从而达到输出电压基本稳定。

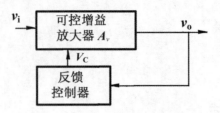

图 6-9-2　AGC 电路原理图

1.简单式 AGC 电路

图 6-9-3 所示为简单式 AGC 电路的调幅接收机框图。它的可控增益放大器主要由高频放大器、混频器和中频放大器组成,反馈控制器由检波器、低通滤波器组成。由于检波器输出的信号主要由两部分组成:一部分是低频信号电压,它反映了输入调幅信号的包络变化规律;另一部分则是随输入载波幅度做相应变化的直流信号电压,该信号与输出低频信号相比,变化是极为缓慢的,因此在检波器输出端可采用时间常数较大的 RC 低通滤波器,将低频调制信号滤除后取出的直流电压 V_C 作为控制电压,用以改变高频放大器和中频放大器的增益,使它们的增益随着输入信号的强弱而变化,实现简单式的 AGC 控制。

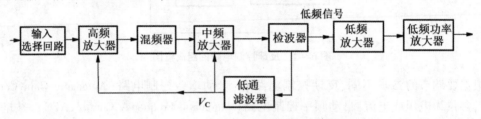

图 6-9-3　简单式 AGC 电路的调幅接收机框图

2.延迟式 AGC 电路

简单式 AGC 电路中,接收机一旦有输入信号,AGC 电路就会立即起控制作用,当输入信号振幅很小时,放大器的增益仍会受到反馈控制,因此降低了接收机的灵敏度。为了克服这一缺点可采用延迟式的 AGC 电路。延迟式 AGC 电路通常在电路中设置一个可启动的门限值,当接收到的输入信号振幅 V_{im} 较小时,反馈环路断开,AGC 不起作用,放大器的增益不变,输出与输入之间保持线性关系。当接收的输入信号振幅 V_{im} 大于某个值后,反馈环路才接通,AGC 电路开始起作用,放大器的增益就会受控制电压 V_C 的作用发生改变,从而保证了输出信号振幅的基本稳定。在图 6-9-4 所示的延迟式 AGC 电路的调幅接收机框图中,可控增益放大器主要由高频放大器、混频器和中频放大器组成,反馈控制器由检波器、低通滤波器和电压比较器组成。检波经低通滤波器后取出的直流电压 V_P 与参考电平 V_R 做电压比较后得到控制电压 V_C:当 $V_P<V_R$ 时,环路不工作;当 $V_P>V_R$ 时,用比较的结果 V_C 来改变各级高频放大器和中频放大器的增益,V_P 越大,相应的 V_C 增大,使检波各级电路的增益 A_v 相应减小,从而形成延迟式的 AGC。电压比较器的参考电平 V_R 就是 AGC 电路设置的门限值。

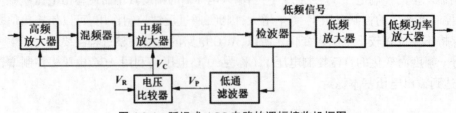

图 6-9-4　延迟式 AGC 电路的调幅接收机框图

6.9.2 自动频率控制电路

自动频率控制电路(AFC 电路)用于自动调节振荡器的振荡频率。自动频率控制电路的基本组成部分为鉴频器(频率比较器)、低通滤波器和压控振荡器 VCO,如图 6-9-5 所示。其中,鉴频器和低通滤波器组成反馈控制电路,去控制压控振荡器 VCO 的输出频率。压控振荡器的输出频率 f_o 与标准频率 f_r 在鉴频器中进行比较,鉴频器的中心频率可作标准频率 f_r:当 $f_o \neq f_r$ 时,误差电压 v_d 正比于 $|f_o - f_r|$,v_d 经低通滤波器滤除干扰后输出的控制电压 v_c 使压控振荡器的振荡频率 f_o 向 f_r 接近;当 $|f_o - f_r|$ 减小到一定值 Δf 时,压控振荡器稳定于 $f_o = f_r \pm \Delta f$,环路进行锁定状态。

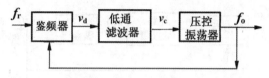

图 6-9-5 AFC 电路原理图

采用 AFC 的超外差式调幅接收机的组成框图如图 6-9-6 所示。反馈控制器由鉴频器、低通滤波器组成,受控制的是压控振荡器 VCO。在正常情况下,接收到的输入调幅信号的载波频率为 f_c,压控振荡器的振荡频率为 f_1,以额定的中频 f_i 作为鉴频器的中心频率:当 $f_i' = f_1 - f_c$ 与 f_i 相等时,经鉴频器输出误差电压 v_d 为 0,压控振荡器的振荡频率 f_1 保持不变;如果由于某种原因使 f_c 发生变化时,若 f_1 保持不变,f_i' 与 f_i 就会产生变化量 $\Delta f_i = |f_i' - f_i|$,鉴频器就会输出误差电压 v_d,经低通滤波器后产生缓慢变化的电压 v_c 作用于压控振荡器 VCO 后,VCO 就会根据 v_c 的大小和极性来调整 f_1,使中频误差 Δf_i 进一步减小,经过多次反馈控制后,当 $f_i' = f_1 - f_c = f_i$ 时,环路进入锁定状态。同样当 f_1 变化时,通过环路的自动调节作用,$f_i' = f_1 - f_c$ 也会接近于额定中频 f_i。采用 AFC 后,中频放大器的带宽可以减小,有利于提高接收机的灵敏度和选择性。

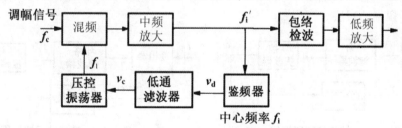

图 6-9-6 采用 AFC 的超外差式调幅接收机的组成框图

6.9.3 自动相位控制电路

1.锁相环的组成电路

自动相位控制电路(APC)电路也称为锁相环路(PLL),如图 6-9-7 所示,锁相环路是由鉴相器、环路滤波器和压控振荡器 VCO 三个基本部分组成。其中,鉴相器和环路滤波器构成反馈控制器,受控的是压控振荡器的振荡角频率。我们知道,两个信号之间如果瞬时相位差为恒定的常数时,则这两个信号角频率必然相等。锁相环就是利用两个信号之间的相位误差来控制压控振荡器输出的角频率,最终使两个信号之间的瞬时相位保持恒定,从而达到让两个信号角频率相等的目的。鉴相器进行相位比较,用以比较参考信号 $v_i(t)$ 和压控振荡器输出信号

$v_o(t)$的相位,相位比较后输出对应于这两个信号相位差的误差电压信号$v_d(t)$。环路滤波器的作用是将$v_d(t)$中的高频分量滤除后作为控制电压$v_c(t)$。压控振荡器的振荡角频率ω_o受环路滤波器输出$v_c(t)$的控制,使振荡角频率ω_o与参考信号的角频率ω_i接近,直至相等。如图6-9-7所示,当压控振荡器输出的角频率ω_o由于某种原因而发生变化时,其相位也发生相应的变化,这一相位变化在鉴相器中使输出信号$v_o(t)$与参考信号$v_i(t)$相位差不再为恒定值,鉴相器会输出一个与相位差成比例的误差电压$v_d(t)$,经过环路滤波器取出其中缓慢变化的电压$v_c(t)$并作用于压控振荡器VCO,使VCO输出的角频率ω_o与和ω_i之间的差减小,直到VCO输出信号的角频率ω_o等于参考信号的角频率ω_i,这时$v_o(t)$和$v_i(t)$的相位差等于常数,锁相环进入锁定状态。锁相环路在电子通信技术中应用十分广泛。

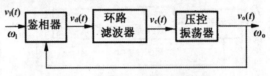

图 6-9-7 锁相环的基本方框图

2.锁相环实现频率变换

利用锁相环的频率跟踪特性,在图6-9-7所示的基本环路的反馈通道中插入分频器、倍频器或混频器就可以完成分频、倍频和混频等功能。这些对频率进行加、减、乘、除运算是构成频率合成的基础。图6-9-8所示为锁相倍频器框图,它是在压控振荡器和鉴相器之间插入一个分频比为N的分频器。在锁定状态下,$\omega_i = \omega_o/N$,则$\omega_o = N\omega_i$,实现了频率的乘法,称为倍频器。图6-9-9所示为锁相分频器框图。它是在压控振荡器和鉴相器之间插入一个倍频系数为N的倍频器。在锁定状态下,$\omega_i = N\omega_o$,则$\omega_o = \omega_i/N$,实现了频率的除法,称为N分频器。图6-9-10所示为锁相混频器框图。它是在压控振荡器和鉴相器之间插入混频器。在锁定状态下,若$\omega_o > \omega_i$,则$\omega_i = \omega_o - \omega_1$,$\omega_o = \omega_1 + \omega_i$,实现了频率的加法。若$\omega_o < \omega_1$,则$\omega_i = \omega_1 - \omega_o$,$\omega_o = \omega_1 - \omega_i$,实现了频率的减法。

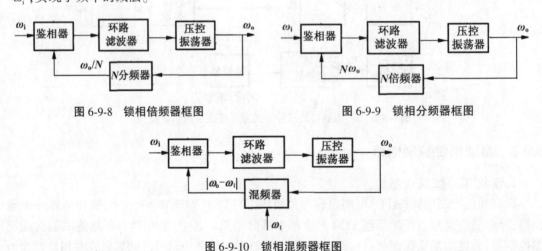

图 6-9-8 锁相倍频器框图   图 6-9-9 锁相分频器框图

图 6-9-10 锁相混频器框图

3.锁相频率合成器

随着通信、导航等技术的发展,人们对频率源的频率稳定度、精确度、频率范围等提出了越来越高的要求。石英晶体振荡器虽具有很高的频率稳定度和准确度,但它的频率值是单一的。

当要求在波段中需要得到可选择的许多频率时,就要采取别的电路措施,如频率合成器。所谓频率合成,是利用一个或几个高稳定度和高精度的标准频率源(通常为晶体振荡器),通过对它进行混频(加减)、倍频(乘)或分频(除)电路来产生大量具有与标准源有相同频率稳定度和精度的频率信号。频率合成除采用锁相环以外,也可以采用直接数字式频率合成(Direct Digital Synthesizer, DDS)技术。

简单锁相频率合成器原理方框图如图 6-9-11 所示,在基本锁相环路的反馈支路中,接入具有高分频比的可变分频器 N,通过控制可变分频器的分频比,就可以得到若干个标准频率输出。为了得到所需的频率间隔,电路中往往还需要一个参考分频器 M。

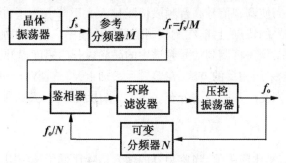

图 6-9-11　简单锁相频率合成器原理方框图

如图 6-9-11 所示,石英晶体振荡器产生频稳度高的标准频率源 f_s,经过参考分频器 M 分频以后,得到参考频率 f_r。

$$f_r = f_s/M \tag{6.9.1}$$

当环路锁定时,$f_r = f_o/N$,则

$$f_o = Nf_r \tag{6.9.2}$$

由式(6.9.2)可知,输出信号频率 f_o 是参考频率 f_r 的 N 倍,改变可变分频器的分频系数 N,就可以得到不同频率的信号输出。两个频率之间的最小间隔 Δf 为

$$\Delta f = (N+1)f_r - Nf_r = f_r \tag{6.9.3}$$

频率间隔 Δf 又称为频率合成器的分辨率,它等于输入鉴相器的参考频率 f_r,降低 f_r 可以减小输出频率间隔。如果给定标准频率源 f_s,根据式(6.9.1)可知,要满足具体的频率间隔,可以选择合适参考分频比 M。对短波单边带通信来说,频率间隔常取 100 Hz,也有 10 Hz、1 Hz。

环路锁定时,由于 $f_r = f_o/N$,则 $N = f_o/f_r$。由此可知,如果给定了参考频率 f_r 以及 f_o 的范围 $f_{omin} \sim f_{omax}$,可确定分频比 N 的范围 $N_{min} \sim N_{max}$。在海上 MF/HF 的 SSB 发射机中,频率的间隔为 100 Hz,在 1.6~30 MHz 的频率范围内可以提供 284 000 个固定频率点(频道),能够满足海上各种方式 MF/HF 通信的需要。

频率合成技术的用途非常广泛,在 GMDSS 海上通信中,船用通信设备所需要的高频稳度的频率源都是由频率合成提供的。频率合成器在 GMDSS MF/HF 组合电台中为发射机和接收机所共用,为发射机产生调制和频谱搬移所需要的各种高准确度、高频稳度的载波;为接收机产生解调所需的各种高准确度、高频稳度的本振频率源,从而满足 SSB 发射机和接收机的多信道通信的要求。

6.10 调频发射机和接收机

6.10.1 调频系统中的特殊电路

1. 预加重和去加重

由于鉴频器输出信号的噪声功率与调制信号的频率成平方关系，随着调制信号频率增加，噪声功率也会增加，从而使调制信号高音频段信噪比大大下降。为了进一步改善鉴频器输出的信噪比，针对调频信号的特点，目前在调频制信号的传输中广泛采用加重技术。预加重是指在发射端进行调频之前，预先将调制信号频谱中的高频成分的幅度提升，以提高调制信号高频端的信噪比。在接收端采用相反的方法，在鉴频后去加重，将解调输出信号的高频成分进行衰减，使鉴频输出的信号恢复原来的频谱分布。因此，采用预加重、去加重技术后可有效抑制噪声，提高信噪比。

2. 静噪电路

鉴频器存在一个信噪比门限值，当鉴频器的输入信噪比低于该门限时，鉴频器输出噪声会急剧增加，以至于将有用信号淹没，这个现象称为调频系统的门限效应。静噪电路的作用就是当接收机在无信号或弱信号时(此时噪声较大)，为使噪声电压不被放大，可以让低频放大器自动不工作，从而避免了扬声器因噪声电压发出噪声。只有当有信号时(此时噪声较小)，才使低频放大器工作，信号经放大后到达输出。这样就保持了工作环境的安静。静噪的方式可以采用两种方式：一种接在鉴频器的输入端；一种接在鉴频器的输出端。

3. 限幅鉴频

调频信号在产生和处理过程中会产生寄生调幅，如果反映在解调后的输出电压上就会产生解调失真。因此，一般必须在鉴频前加一限幅器以消除寄生调幅，保证加到鉴频器上的调频电压是等幅的。一般在末级中频放大器和鉴频器之间限幅。限幅器与鉴频器通常是连用的，统称为限幅鉴频器。

6.10.2 调频发射机

调频广播发射机的组成框图如图 6-10-1 所示。输入调制信号 $v_\Omega(t)$ 的频率范围为 50 Hz~15 kHz，要求调频广播发射机的载波频率 f_o 的范围为 88~108 MHz、输出的最大频偏为 75 kHz。调频波的产生采用间接调频的方式，输入调制信号 $v_\Omega(t)$ 经预加重电路，再经积分器后输入调相器，另一个输入由高稳定度的晶体振荡产生的载频信号 f_{o1} 输入调相器。虽经调相后输出的是调相波，但对调制信号 $v_\Omega(t)$ 而言却是调频波。间接调频后初始调频波的输出载频为 f_{o1}，由于它的频偏 Δf_{m1} 很小，为获得最大的频偏 75 kHz，在调相的后面加倍频器来获得符合要求的最大频偏 75 kHz。根据 6.7.3 节内容可知，经混频前、后的两次倍频器 N_1 和 N_2 后，载频 f_{o1} 及最大频偏 Δf_{m1} 都倍增至 N 倍($N=N_1N_2$)。为了达到调频广播发射机的载频覆盖 88~108 MHz 的范围，必须采用混频。选择合适的 N_1、N_2、f_{o1}，以及本振 f_l 的频率范围，可以使间接调频后通过倍频和混频后，既满足最大频偏 $\Delta f_m = 75$ kHz 的要求，又使发射机输出载频 f_o 覆盖 88~108 MHz 的频率范围。

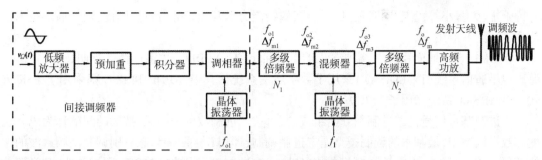

图 6-10-1　调频广播发射机的组成框图

6.10.3　调频接收机

超外差式调频广播接收机的组成框图如图 6-10-2 所示。调频广播接收机能接收频率范围为 88~108 MHz,通频带为 200 kHz。采用超外差式,选择中频信号频率 f_i = 10.7 MHz。由于 f_c 在 88~108 MHz,镜像干扰频率 $f_n = f_c + 2f_i$,其范围在 109.4~129.4 MHz,频率高于本机最高的接收频率 108 MHz,可以避免镜像干扰。

AFC 的作用是微调压控振荡器输出频率 f_1,通过对它的频率微调,使混频器输出信号的中频频率准确而稳定。AFC 以额定的中频 f_i 作为鉴频器的中心频率(标准频率),当混频器的输出 $f'_i = f_1 - f_c$ 与 f_i 不相等时,f'_i 与 f_i 就会产生变化量 $\Delta f_i = |f'_i - f_i|$,鉴频器就会输出误差电压 v_d,经低通滤波器后产生缓慢变化的电压 v_c 作用于压控振荡器 VCO 后,VCO 就会根据 v_c 的大小和极性来调整 f_1,使中频误差 Δf_i 进一步减小,经过多次反馈控制后,当 $f'_i = f_i$ 时,环路进入锁定状态。

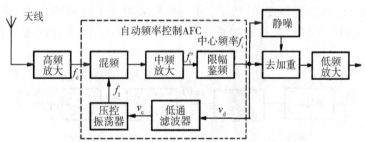

图 6-10-2　超外差式调频广播接收机的组成框图

6.11　数字调制与解调

通信系统按信道的不同可分为有线和无线通信系统,按传输的基带信号是模拟信号还是数字信号可分为模拟通信系统和数字通信系统。数字通信系统采用数字信号调制技术,数字调制中的调制信号是将连续变化的低频模拟电信号经抽样、量化、编码之后得到的由"0"和"1"组成的数字基带信号,再用数字基带信号去控制载波信号的振幅、频率或相位,分别称为振幅键控(Amplitude Shift Keying,ASK)、频移键控(Frequency Shift Keying,FSK)和相移键控(Phase Shift Keying,PSK)。从通信质量看,数字调制通信系统优于模拟调制通信系统,它具有抗干扰、失真小等优点,同时还具有检错、纠错能力以及加密等特点。因此,数字通信技术已得到了广泛的应用。

在 GMDSS 的地面系统中,窄带直接印字电报设备(NBDP)、数字选择性呼叫(DSC)、国际海事卫星通信系统(INMARSAT)采用了数字通信系统。其中,NBDP 和 DSC 都采用了 FSK 方式,INMARSAT 系统采用了 PSK 方式。

二进制基带信号是二进制数 0、1 组成的,每位二进制数称为码元,持续的间隔称为码元长度。数字调制中,最基本的调制类型是二进制调制,即用 0、1 两种状态分别调制高频载波的振幅、频率、相位,称为二进制振幅键控(2ASK)、二进制频移键控(2FSK)和二进制相移键控(2PSK)。

6.11.1 二进制振幅键控

二进制振幅键控(2ASK)就是用载波信号的有无幅度来表示数字信号 1 和 0。在数字为 1 码元期间载波信号有幅度,在对应的数字为 0 码元期间载波幅度为 0。2ASK 调制的数字基带信号及已调波信号波形如图 6-11-1 所示。

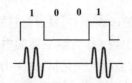

图 6-11-1　2ASK 信号波形

产生二进制振幅键控 2ASK 信号的方法有两种:一种是利用模拟乘法器将载波和数字基带信号 $S(t)$ 相乘,如图 6-11-2(a)所示;另一种是采用开关键控的方法,开关电路受数字基带信号控制,$S(t)=0$ 时开关打向接地端,$S(t)=1$ 时开关接通载波振荡器,如图 6-11-2(b)所示。

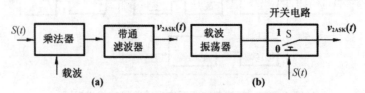

图 6-11-2　2ASK 信号的调制原理框图

与模拟调幅信号的解调方法一样,2ASK 信号的解调有两种方法:包络检波法(非相干解调)和同步检波法(相干解调),对应的解调电路原理图如图 6-11-3 所示。非相干解调由于包络检波的低通滤波器输出的仅仅是数字基带信号中的低频分量,波形不是真正的矩形波,所以需要接入取样判决电路,用来恢复出真正的调制信号的矩形脉冲波序列。同步检波法是将接收到的 2ASK 信号直接与本地解调载波相乘,要求本地的解调载波和发送端的载波同频同相。同样,因为低通滤波器的输出是模拟信号,抽样判决需要完成模/数变换,恢复出数字信号。

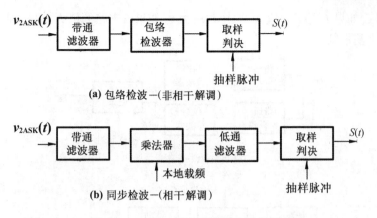

(a) 包络检波—(非相干解调)

(b) 同步检波—(相干解调)

图 6-11-3 2ASK 信号的解调电路原理图

6.11.2 二进制频移键控

二进制频移键控(2FSK)是指载波的频率按数字基带信号而改变的一种数字调制方式。其频率变化只有两种情况:0 码元对应载波频率为 f_0, 1 码元对应与 f_0 不同的另一载波频率 f_1。数字基带及其 2FSK 信号波形如图 6-11-4 所示。

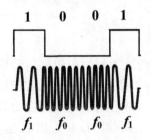

图 6-11-4 2FSK 信号波形

产生二进制频移键控 2FSK 信号的方法有两种:一种是利用模拟信号直接调频的方法,由 0 和 1 组成的数字脉冲序列对一个载波进行调频,如图 6-11-5(a)所示;另一种是采用受数字基带信号 $S(t)$ 控制的开关键控的方法,在两个独立不同的频率源 f_0、f_1 进行选择,以输出对应的不同的高频信号,如图 6-11-5(b)所示,码元 0 时开关接通产生载波 f_0 的载波振荡器,码元 1 时接通产生载波 f_1 的载波振荡器。

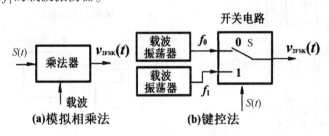

图 6-11-5 2FSK 信号的调制原理框图

2FSK 信号的解调有非相干解调法和相干解调法,如图 6-11-6 所示。2FSK 信号经过分路的带通滤波器后要先变成两路 ASK 信号分别进行解调,取样判决电路主要是两路抽样后的样值大小进行比较,如果 f_0 支路的值大,取样判决为 0;如果 f_1 支路的值大,取样判决为 1,最终恢复出原来的数字基带信号。

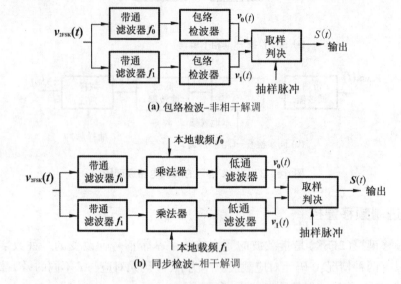

(a) 包络检波–非相干解调

(b) 同步检波–相干解调

图 6-11-6 2FSK 信号的解调的电路原理框图

6.11.3 二进制相移键控

二进制相移键控(2PSK)是指载波的相位按数字基带信号而改变的一种数字调制方式。相移键控分为绝对相移键控和相对相移键控。绝对相移键控是以未调制的载波的相位作为基准的相位调制,可以取 0 相位来表示码元 0,表示调制后的载波与未调制载波同相;而用 π 相位来表示码元 1,表示已调载波与未调载波反相。当然也可以反过来表示。绝对相移键控 2PSK 信号波形如图 6-11-7(b)所示。2PSK 信号的调制可以采用模拟相乘法和键控开关法,2PSK 信号的调制原理框图如图 6-11-8 所示。与 2ASK 调制中 $S(t)$ 是单极性基带信号不同,2PSK 模拟乘法器中的基带信号 $S(t)$ 是双极性基带信号。

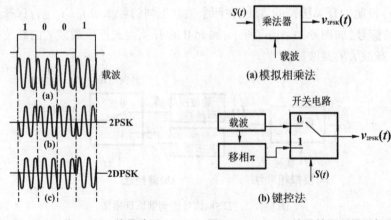

图 6-11-7 2PSK 和 2DPSK 信号波形   图 6-11-8 2PSK 信号的调制原理框图

2PSK 信号的解调不能采用非相干解调,只能采用相干解调。相干解调的框图如图 6-11-9 所示。2PSK 信号经带通滤波器后加到相乘器与本地解调载波相乘,经低通滤波器后进行抽样 判决,判决规则与调制规则相对应,调制时若规定 0 和 1 分别对应 2PSK 信号初始相位为 0 或 π,则接收时样值小于 0 时,应判为 1;样值大于 0 时,应判为 0。

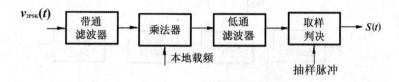

图 6-11-9　2PSK 信号相干解调的框图

在相对相移键控方式下,各码元的载波相位不是以载波为基准,而是以相邻前一个码元的 载波相位为基准来确定的,称为 2DPSK。例如相对调相按 0 码相位不变,1 码相位变化 180° 的 调制规律时,当码元为 0 时,它的载波信号取与前一个码元的载波相位相同;码元为 1 时,它的 载波信号取与前一个码元的载波相位差 π 的相位,如图 6-11-7(c)所示。根据 2PSK 和 2DPSK 的关系,2DPSK 调制可以先对数字信息进行码变换,即由绝对码变换为相对码,再根据相对码 序列实现绝对相移键控 2PSK。图 6-11-10(a)和(b)所示分别为 2DPSK 调制的模拟相乘法和 键控开关法。

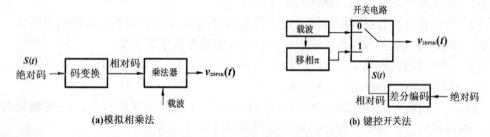

图 6-11-10　2DPSK 信号的调制原理框图

相对相移键控不以固定载波相位为基准,解调时只要前后码元相对相位关系不被破坏,就 可正确恢复出原来的数字基带信号,因此应用较多。图 6-11-11(a)为相干解调法,但解调后得 到的数字信号是相对码,所以在抽样判决器后要加相对码-绝对码的变换电路得到原数字基 带信号。图 6-11-11(b)所示为 2DPSK 信号的差分相干解调法。输入的 2DPSK 信号经带通滤 波器后,一路直接加到乘法器,另一路经延时一个码元时间后加到乘法器作为本地载波,相乘 后经低通滤波器滤除高频信号,取出前后码元载波的相位差,相位差为 0 则对应 0;相位差为 π 则对应 1,经取样判决电路后可直接恢复出原来的数字基带信号。

为了提高信息的传输速度和频谱,即在一定的频带内可能传送更多的信息,经常将连续 n 个码元一起传送,如两个码元一起传送,那么对应有 00、01、10、11 四种状态,用这四种状态去 调制高频载波的振幅、频率和相位就是四进制调制 4ASK、4FSK 和 4PSK。数字调制可以是多 进制 M。M 取 2、4、8,等等。对于多进制数字调制与解调方法在此不再多述。

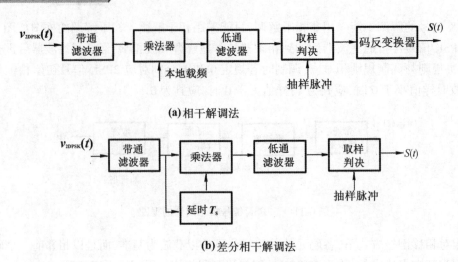

(a) 相干解调法

(b) 差分相干解调法

图 6-11-11   2DPSK 信号的解调框图

习 题

6-1   在无线电发射系统中调制的作用是什么？

6-2   写出单音频普通调幅波的三角函数表达式,指出单音普通调幅波的频谱成分。

6-3   调频与调幅各有什么优缺点？调频方式的频带宽度是多少？

6-4   一个普通调幅 AM 调制器,载波频率为 500 kHz,振幅为 20 V。调制信号频率为 10 kHz,调幅波的包络振幅为 7.5 V。求：

（1）上、下边频；（2）调幅度；（3）调幅后载波和上、下边频电压的振幅；（4）调幅波的表达式；（5）画出调幅波的幅度频谱；（6）画出输出调幅波的波形图。

6-5   一普通调幅波的载波功率为 5 W,试求当调幅度 $m_a = 0.3$ 和 $m_a = 1$ 时边频的平均总功率和调幅信号一周期内的平均功率。

6-6   已知 $v_{AM} = 100\cos(12\pi \times 10^6 t) + 25\cos(2\pi \times 6\ 003\ 000\ t) + 25\cos(2\pi \times 5\ 997\ 000\ t)$ 为调幅波的数学展开式,试求载波幅度、载波频率、调幅度、调制信号频率,画出幅度频谱图,并表明坐标上的确切值。

6-7   在基极调幅电路中,被调的放大器应工作在什么状态？在集电极调幅电路中,被调的放大器应工作在什么状态？

6-8   单边带调制的特点是什么？

6-9   若调制信号最高频率为 F_{max},复杂信号的普通调幅、双边带调制、单边带调制方式中它们的频带宽度分别是多少？

6-10   画出由乘法器构成的普通调幅、双边带调制、单边带调制的框图。

6-11   画出船用 MF/HF SSB 发射机的方框图。

6-12   船用 MF/HF SSB 发射机要求发射上边带还是下边带？其发射的工作频率范围为多少？语音信号的有效频率范围是多少？为什么要采用三次调制？它们的作用分别是什么？

6-13   混频级的任务是什么？为什么要混频？叙述混频器电路的组成及混频工作过程。

6-14 频率变换电路在结构上由哪两部分组成？各部分的作用是什么？

6-15 画出调幅、混频、检波的电路组成框图。标出它们的输入信号以及对滤波器的选择上有什么不同。

6-16 二极管大信号包络检波存在哪些失真？为减小这些失真,应如何选择电路的元件参数？

6-17 包络检波和同步检波分别适用于何种形式的调幅波？包络检波为什么不适合解调单边带调制信号和双边带调制信号？

6-18 同步检波中对同步信号有什么要求？在实际应用中为了实现同步检波,通常采用的方法是什么？

6-19 我国的无线电调幅收音机、调频收音机、电视接收机中频、航海雷达中使用的中频分别是多少？

6-20 画出超外差调幅接收机(中波调幅收音机)的整机方框图及各级波形图。

6-21 若超外差调幅接收机(中波调幅收音机)接收到的单频调幅信号的频谱为 1 MHz、1.001 MHz 和 0.999 MHz,试指出下列电路工作频率应为多少？

(1)输入选择回路;(2)本振回路;(3)中放电路;(4)检波输出。

6-22 画出船用 MF/HF SSB 接收机的方框图。

6-23 船用 MF/HF SSB 接收机为什么要采用"高中频"和"二次混频"？

6-24 实现调频的方法主要有哪两种？

6-25 什么叫直接调频和间接调频？简述这两种方法的实现过程。

6-26 画出实现鉴频的两种方法。

6-27 画出简单锁相频率合成器的原理框图。

6-28 通信电子设备中的反馈控制电路有哪几种？它们的作用是什么？

6-29 延迟式 AGC 电路简单 AGC 的区别有哪些？

6-30 数字调制方式有几种？数字调制有什么优点？

下 篇
数字电路

第7章 数字电路基础

7.1 数字电路的基本概念

7.1.1 模拟电路与数字电路

电子电路通常分为两大类:模拟电路和数字电路。模拟电路是处理模拟信号的电路,数字电路是处理数字信号的电路。

模拟信号在时间和数值上都连续。如图 7-1-1 所示,模拟信号的取值在一定的数值范围内随时间连续变化。自然界中的物理量如温度、压力、速度、声音等都具有这样的特点。

数字信号在时间上和数值上都不连续。如图 7-1-2 所示,它们的变化在时间上不是连续的,总是发生在一系列离散的时刻,而且它们的数值大小和每次的增减变化都是某一个最小单位的整数倍。数字信号采用二值数据"0"和"1"来表示,"0"和"1"可用来表示两种不同的逻辑状态,如电位的高低、脉冲的有无、开关的闭合与断开等, 也可以用"0"和"1"组成的二进制数来表示数量的大小。

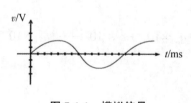

图 7-1-1 模拟信号

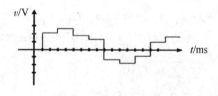

图 7-1-2 数字信号

7.1.2 数字电路的优点

数字电子技术已被广泛地应用于电视、雷达、通信、电子计算机、自动控制、电子测量等各个领域中。与模拟电子系统相比,数字电子设备具有可靠性高、抗干扰能力强、保密性好、精度高等优点,不仅能进行数值运算,还能进行逻辑判断和运算,便于计算机进行信息处理和控制。

为便于数字电子计算机进行分析和处理,数/模转换器和模/数转换器是计算机与用户间不可缺少的接口部件。通常,我们需要通过适当的换能器或传感器将一些非电的物理量转换成模拟电信号,模拟信号在经过抽样、量化、编码后便会得到一个与之对应的数字量,这个过程称为模/数转换。模/数(A/D)转换器将模拟电信号转换成数字信号,通过计算机对数字信号进行分析处理后,再用数/模(D/A)转换器将数字信号转换成模拟信号,然后才送去控制相应的执行部件。

7.1.3 数字电路的研究范围

数字电路主要研究电路的输出信号与输入信号之间的逻辑关系,因此也叫数字逻辑电路。数字电路分为组合逻辑电路和时序逻辑电路两大类,对数字电路进行分析和设计是我们研究的重点。

7.2 数制和码制

7.2.1 常用数制

数制是计数进位制的简称。在数制中,基数表示计数进位所用的数码的个数,位权是指数码在不同的位置代表的数值。在数字系统中,常用的数制是二进制,有时采用八进制或十六进制。

1.十进制（Decimal）

日常生活中常用的是十进制数,有 0、1、2、3、4、5、6、7、8、9 十个数码,它的基数是 10。计数规则是"逢十进一","借一当十"。$(547.2)_{10}$ 中的下标 10 表示是十进制的数,其中每个数位表示的位权值不同,百位、十位、个位的位权值分别为 $100(10^2)$、$10(10^1)$、$1(10^0)$,十分位的位权值是 $0.1(10^{-1})$,它们的位权值都是基数 10 的 i 次幂。十进制数 $(547.2)_{10}$ 按位权值展开为

$$(547.2)_{10} = 5\times10^2+4\times10^1+7\times10^0+2\times10^{-1}$$

以此类推,对于任意一个有 n 位整数,m 位小数的十进制数 $(N)_{10}$,第 n 位整数的位权值是 10^{n-1},十进制数第 m 位小数的位权值是 10^{-m}。按位权值展开为

$$(N)_{10}=a_{n-1}a_{n-2}\cdots a_1a_0.a_{-1}a_{-2}\cdots a_{-m}$$
$$= a_{n-1}\times10^{n-1}+a_{n-2}\times10^{n-2}+\cdots+a_1\times10^1+a_0\times10^0+a_{-1}\times10^{-1}+a_{-2}\times10^{-2}+\cdots+a_{-m}\times10^{-m}$$
$$= \sum_{i=-m}^{n-1} a_i \times 10^i$$

a_i 可以是 $0\sim9$ 中的任何一个数码。

2.二进制（Binary）

二进制的基数是 2,有 0、1 两个数码。计数规则是"逢二进一","借一当二"。对于任意一个有 n 位整数,m 位小数的二进制数 $(N)_2$,按位权展开为

$$(N)_2=a_{n-1}a_{n-2}\cdots a_1a_0.a_{-1}a_{-2}\cdots a_{-m}$$
$$= a_{n-1}\times2^{n-1}+a_{n-2}\times2^{n-2}+\cdots+a_1\times2^1+a_0\times2^0+a_{-1}\times2^{-1}+a_{-2}\times2^{-2}+\cdots+a_{-m}\times2^{-m}$$
$$= \sum_{i=-m}^{n-1} a_i \times 2^i$$

a_i 可以是 0 或 1。

例如,二进制数 $(10110.1)_2$ 按位权展开为

$$(10110.1)_2 = 1\times2^4+0\times2^3+1\times2^2+1\times2^1+0\times2^0+1\times2^{-1}$$

3.八进制（Octal）

八进制的基数是 8,有 0、1、2、3、4、5、6、7 八个数码。计数规则是"逢八进一","借一当八"。

例如,八进制数$(101.1)_8$按位权展开为

$(101.1)_8 = 1 \times 8^2 + 0 \times 8^1 + 1 \times 8^0 + 1 \times 8^{-1}$

4.十六进制（Hexadecimal）

十六进制的基数是16,有0、1、2、3、4、5、6、7、8、9、A、B、C、D、E、F十六个数码,其中A~F分别代表十进数的10~15。计数规则是"逢十六进一","借一当十六"。

例如,十六进制数$(1A1.01)_{16}$按位权展开为

$(1A1.01)_{16} = 1 \times 16^2 + 10 \times 16^1 + 1 \times 16^0 + 0 \times 16^{-1} + 1 \times 16^{-2}$

表7-2-1列出了十进制、二进制、八进制、十六进制数间的对照关系。一个八进制数可以写成三位二进制数,而一个十六进制数可以写成四位二进制数。

表 7-2-1 常用数制对照关系

十进制	二进制	八进制	十六进制
0	0000	0	0
1	0001	1	1
2	0010	2	2
3	0011	3	3
4	0100	4	4
5	0101	5	5
6	0110	6	6
7	0111	7	7
8	1000	10	8
9	1001	11	9
10	1010	12	A
11	1011	13	B
12	1100	14	C
13	1101	15	D
14	1110	16	E
15	1111	17	F
16	10000	20	10

7.2.2 常用数制间的相互转换

1.任意R进制数转换成十进制数

任意R进制数转换成十进制数的方法是:将R进制数按位权展开后相加,就是它所对应的十进制的数。

【例7-2-1】:将$(1011.01)_2$、$(101.1)_8$、$(1A1.01)_{16}$转换为十进制数。

$(1011.01)_2 = 1 \times 2^3 + 0 \times 2^2 + 1 \times 2^1 + 1 \times 2^0 + 0 \times 2^{-1} + 1 \times 2^{-2} = (11.25)_{10}$

$$(101.1)_8 = 1×8^2+0×8^1+1×8^0+1×8^{-1}=(65.125)_{10}$$

$$(1A1.01)_{16}=1×16^2+10×16^1+1×16^0+0×16^{-1}+1×16^{-2}=(417.0039)_{10}$$

2.十进制数转换成任意 R 进制数

十进制数转换成任意 R 进制数,可将其整数部分和小数部分分别采用"连除基数 R 取余"和"连乘基数 R 取整"的方法转化成二进制数后再合成一个完整的数。

整数部分的"连除基数 R 取余"的方法是:连除基数 R,取余数,直至商为 0。将取到的余数结果按逆序排列就是整数部分对应的二进制数。

小数部分的"连乘基数 R 取整"的方法是:连乘基数 R,取乘积的整数部分,直至乘积的小数部分为 0 或满足精度要求为止。将取到的整数结果按顺序排列就是小数部分对应的二进制数。小数部分转换时如果出现小数部分永不为 0 的情况时,要根据转换精度的要求来确定转换后小数位数。假设转换精度要求为 k,转换后 R 进制小数的位数是 m 位,则 m 应该满足 $1/R^m<k$,m 为正整数。

【例 7-2-2】:将 $(53.125)_{10}$ 转换成二进制数。

整数部分:53 用"除 2 取余"

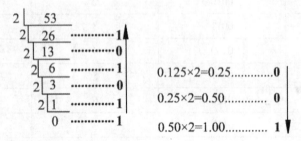

$$(53)_{10}=(110101)_2$$

小数部分:0.125 用"乘 2 取整"法

$$(0.125)_{10}=(.001)_2$$

因此,$(53.25)_{10}=(110101.001)_2$

【例 7-2-3】:将 $(279.48)_{10}$ 转换成八进制数(要求转换精度 0.1%)。

整数部分:279 用"除 8 取余"法

$$(279)_{10}=(427)_8$$

小数部分:0.48 用"乘 8 取整"法。因为 $1/8^4<0.1\%$,所以需要转换到八进制小数点后四位。

$$(0.48)_{10}=(.3656)_8$$

因此,$(279.48)_{10}=(427.3656)_8$

2.二进制和八进制或十六进制数间的相互转换

一个八进制数可以写成三位二进制数,一个十六进制数可以写成四位二进制数。所以把一个八进制数转换成二进制数的方法是:以小数点为原点,向左、向右分别将每一个八进制数码用三位二进制数替换。

同理,一个十六进制数转换成二进制数的方法是:以小数点为原点,向左、向右分别将每一个十六进制数码用四位二进制数替换。

【例 7-2-4】:将 $(753.46)_8$、$(9BD.69)_{16}$ 转换成二进制数。

$(753.46)_8 = (111\ 101\ 011\ .\ 100\ 110\ )_2$

$(9BD.69)_{16} = (1001\ 1011\ 1101\ .\ 0110\ 1001\ )_2$

反之,把一个二进制数转换成八进制数的方法是:以小数点为原点,分别向左、向右每 3 位二进制为一组(不足三位添 0 补足),然后将每组的三位二进制数分别用其所对应的八进制数码代替。

把一个二进制数转换成十六进制数的方法是:以小数点为原点,分别向左、向右每四位二进制为一组(不足四位添 0 补足),然后将每组的四位二进制数分别用其所对应的十六进制的数码代替。

【例 7-2-5】:将二进制数 $(1100010111.0111101)_2$ 分别转换成八进制数和十六进制数。

$(1100010111.0111101)_2 = (001\ \ \ 100\ \ \ 010\ \ \ 111.011\ \ \ 110\ \ \ 100)_2$

$= (1427.364)_8$

$(1100010111.0111101)_2 = (0011\ \ \ 0001\ \ \ 0111.0111\ \ \ 1010)_2$

$= (317.7A)_{16}$

7.2.3 常用编码

编码就是将各种数据、信息、文字、符号等用二进制数码表示的过程。代表信息的二进制序列称为二进制代码。若被编码的信息个数为 m,用于编码的二进制数为 n 位,则应满足 $n \geqslant \log_2 m$,n 取最小正整数。

1.二-十进制码(BCD 码)

用二进制数对十进制的 10 个数码(0~9)进行编码,需要四位二进制。用四位二进制数对一位十进制数的编码称为二-十进制码,称为 BCD 码(Binary Coded Decimal)。

常用的 BCD 码分为有权码和无权码。8421 码和 2421 码是有权码,余 3 码和格雷码是无权码。

(1)8421 码:是用 0000~1111 的前十个状态,即 0000~1001 分别表示十进制数的 0~9 十个数码。8421 码从左至右的位权值分别为 8、4、2、1。

(2)2421 码:从左至右的位权值分别为 2、4、2、1。

$$(1001)_{8421} = 8 \times 1 + 4 \times 0 + 2 \times 0 + 1 \times 1 = (9)_{10}$$

$$(1111)_{2421} = 1 \times 2 + 1 \times 4 + 1 \times 2 + 1 \times 1 = (9)_{10}$$

(3)余 3 码:特点是总比对应的 8421 码多 3(0011)。

(4)格雷码:相邻码组间只有一位码取值不同。因为只有一位状态发生改变,当用这种代码来表示一个连续变化的物理量时,可以大大减少代码在状态变化中出错的可能。

表 7-2-2 列出了常用的 BCD 码。

表 7-2-2　常用的 BCD 码

十进制数	有权码		无权码	
	8421 码	2421 码	余 3 码	格雷码
0	0000	0000	0011	0000
1	0001	0001	0100	0001
2	0010	0010	0101	0011
3	0011	0011	0110	0010
4	0100	0100	0111	0110
5	0101	1011	1000	0111
6	0110	1100	1001	0101
7	0111	1101	1010	0100
8	1000	1110	1011	1100
9	1001	1111	1100	1101

值得注意的是,8421 码是不能直接转换成二进制数的,要先将其转换成十进制数,再由十进制数转换成二进制数。

【例 7-2-6】:写出 $(135.05)_{10}$ 的 8421 码、余 3 码、2421 码。

$$(135.05)_{10} = (0001\ 0011\ 0101.0000\ 0101)_{8421}$$
$$= (0100\ 0110\ 1000.0011\ 1000)_{余3}$$
$$= (0001\ 0011\ 1011.0000\ 1011)_{2421}$$

2. ASCII 码

ASCII 码是美国标准信息交换码(American Standard Code for Information Interchange)的简称,是目前国际通用的一种字母数字混合编码。计算机输出到打印机的字符码就采用 ASCII 码。ASCII 采用七位二进制编码,它提供了对十进制符号 0~9,26 个英文大小写字母、运算符、控制符以及特殊符号等共 128 个字符的编码,主要用于代表键盘和一些命令。例如 0001101 为 CR 回车键,1111111 为 DEL(删除键),0110011 表示数字 3,1000101 表示大写字母 E。

7.3　逻辑代数

逻辑代数也称布尔代数。在逻辑代数中,逻辑变量通常也用英文字母 A、B、C……表示,但与普通代数不同的是,逻辑变量取值只能是 0 或 1,这里 0 或 1 已完全失去数量的概念,它们分别表示两种相反的逻辑状态。例如条件的有或无,事件的真或假,肯定或否定;而在电路中,则可用来表示高电平或低电平,开关的接通或断开,晶体管的饱和或截止。逻辑代数是进行数字电路逻辑分析和设计的数学工具。

7.3.1　逻辑代数的基本逻辑

逻辑代数中最基本的逻辑有三种:"与"逻辑、"或"逻辑、"非"逻辑。

1."与"逻辑

图 7-3-1 是实现"与"逻辑功能的开关电路。

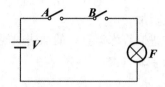

图 7-3-1 "与"逻辑电路

图 7-3-1 中开关闭合时为逻辑"1",断开时为逻辑"0",灯亮为"1",灯灭为"0"。

表 7-3-1 列出了逻辑输入变量 A、B 所有可能取值组合的情况下对应的输出变量 F 的值,称为真值表。

表 7-3-1 "与"逻辑真值表

A	B	F
0	0	0
0	1	0
1	0	0
1	1	1

表 7-3-1 表明:"与"逻辑的含义是:只有当所有前提条件都成立(开关都闭合)时,结论(灯亮)才成立。以上描述的逻辑表达式为

$$F = A \cdot B \tag{7.3.1}$$

"·"为"与"运算符号,表示逻辑乘,可将"·"符号省略,写成 $F=AB$。

2."或"逻辑

图 7-3-2 是"或"逻辑功能的开关电路。"或"逻辑的真值表如表 7-3-2 所示。

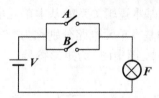

图 7-3-2 "或"逻辑电路

表 7-3-2 "或"逻辑真值表

A	B	F
0	0	0
0	1	1
1	0	1
1	1	1

表7-3-2表明:"或"逻辑的含义是:只要有一个条件(开关A或B闭合)成立,结论(灯亮)就成立。以上描述的逻辑表达式为

$$F = A + B \qquad\qquad (7.3.2)$$

"+"为"或"运算符号,又称逻辑加。

必须指出,逻辑加的运算与二进制算术运算中的加法的规则是不同的。特别要注意:逻辑加1+1=1,而不是1+1=10或1+1=2。

3. "非"逻辑

图7-3-3是"非"逻辑功能的开关电路。

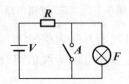

图7-3-3 "非"逻辑电路

"非"逻辑的真值表如表7-3-3所示。"非"的逻辑含义是:结果与条件相反。

表7-3-3 "非"逻辑真值表

A	F
0	1
1	0

以上描述的逻辑表达式为

$$F = \overline{A} \qquad\qquad (7.3.3)$$

"—"为逻辑"非"运算符号。

在由与、或、非构成的各种逻辑运算中,它们的运算规则是:

(1)与、或、非混合运算时,按非 → 与 → 或的顺序进行运算。

(2)混合式中,有括号时,按先括号内,后括号外的顺序。

在数字逻辑电路中,把能实现基本逻辑关系的基本单元电路称为逻辑门电路。把能实现"与"逻辑、"或"逻辑、"非"逻辑的基本单元电路分别称为"与"门、"或"门、"非"门,其逻辑符号如图7-3-4所示。在IEEE标准中,图中(1)为矩形符号;(2)为特异形符号。本书采用矩形符号。

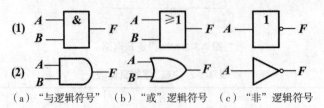

(a)"与逻辑符号"　(b)"或"逻辑符号　(c)"非"逻辑符号

图7-3-4 基本逻辑符号

7.3.2 导出逻辑

导出逻辑是由与、或、非三种基本逻辑组合而成。

1. "与非"逻辑

"与非"逻辑门的逻辑符号见图 7-3-5(a),其真值表见表 7-3-4。由真值表可见,只有当输入全是 1 时,输出才是 0。

"与非"逻辑表达式为

$$F = \overline{A \cdot B}$$

表 7-3-4 "与非"逻辑真值表

A	B	F
0	0	1
0	1	1
1	0	1
1	1	0

2. "或非"逻辑

"或非"逻辑门的逻辑符号如图 7-3-5(b)所示,其真值表见表 7-3-5。

"或非"逻辑表达式为

$$F = \overline{A + B}$$

表 7-3-5 "或非"逻辑真值表

A	B	F
0	0	1
0	1	0
1	0	0
1	1	0

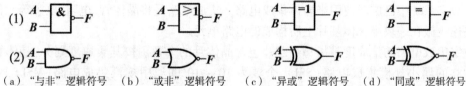

(a)"与非"逻辑符号　(b)"或非"逻辑符号　(c)"异或"逻辑符号　(d)"同或"逻辑符号

图 7-3-5 复合逻辑符号

3. "异或"逻辑及"同或"逻辑

"异或"逻辑门和"同或"逻辑门的逻辑符号分别如图 7-3-5(c)和(d)所示,其真值表分别如表 7-3-6 和表 7-3-7 所示。

表 7-3-6 "异或"逻辑真值表

A	B	F
0	0	0
0	1	1
1	0	1
1	1	0

表 7-3-7 "同或"逻辑真值表

A	B	F
0	0	1
0	1	0
1	0	0
1	1	1

"异或"逻辑表达式为

$$F = A \oplus B = A\bar{B} + \bar{A}B$$

式中"⊕"为"异或"逻辑运算符号。

"同或"逻辑表达式为

$$F = A \odot B = \bar{A}\bar{B} + AB$$

式中"⊙"为"同或"逻辑运算符号。

异或逻辑的含义是:只有当两个输入 A、B 的值不同时,输出 F 才是 1,否则输出 F 为 0。

同或逻辑的含义是:只有当两个输入 A、B 的值相同时,输出 F 才是 1,否则输出 F 为 0。

7.4 数字集成门电路

7.4.1 数字集成电路概述

在数字系统中已广泛使用半导体集成电路。集成电路是将晶体管、电阻、电容等元件及内部电路连线做在一块半导体基片上所构成的电路单元。

数字集成电路的集成度是指每个芯片包含晶体管的个数。按其集成度划分:晶体管个数小于 100 的属小规模集成电路(SSI)、个数为 $10^2 \sim 10^3$ 的属中规模集成电路(MSI),个数为 $10^3 \sim 10^5$ 的属大规模集成电路(LSI),个数为 $10^5 \sim 10^6$ 的属超大规模集成电路(VLSI),个数大于 10^6 的属甚大规模集成电路(ULSI)。常用的小规模集成电路有门电路、触发器。中规模集成电路有:译码器、多路选择器、加法器、寄存器、计数器等。大规模集成电路有小型存储器、门阵列。超大规模集成电路有大型存储器、微处理器。甚大规模集成电路有可编程逻辑器件、专用的集成电路等。

在数字逻辑电路中,逻辑门电路是数字电路的基本单元。按制造门电路所用半导体器件的不同可分为双极型、MOS 型和混合型。双极型集成逻辑门主要有晶体管-晶体管逻辑门(称为 TTL 门电路)。金属氧化绝缘栅场效应管(称为 MOS)的集成逻辑门有 PMOS、NMOS 和 CMOS。常用的是 CMOS 电路(称为互补对称 MOS)。CMOS 电路具有抗干扰能力强、工艺简单、集成度高、功耗低、速度快的特点,因此 CMOS 被广泛应用于中、大规模集成电路中。

7.4.2 三态门

1.三态门（TS 门）的功能和逻辑符号

三态门(TS 门)输出除了有高电平和低电平两种状态外,还有第三种状态,称为高阻态,又称为禁止态。三态与非门的逻辑符号如图 7-4-1(a) 所示,其中 EN 为三态使能端,高电平有效,A、B 为数据输入端。当 $EN=1$ 时,三态门的输出状态完全取决于数据输入端 A、B 的状态,电路输出与输入的逻辑关系与一般与非门相同。这种状态称为三态与非门的工作状态。而当 $EN=0$ 时,无论输入信号如何,电路处于高阻状态。这就是三态与非门的第三状态,高阻态。

此外还有一种三态门,其三态使能端的有效电平为低电平,即当 $\overline{EN}=0$ 时为正常工作状态。其逻辑符号如图 7-4-1(b) 所示。三态门也可以实现"线与"功能。

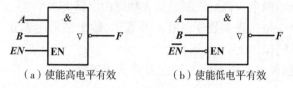

（a）使能高电平有效　　　（b）使能低电平有效

图 7-4-1　三态与非门逻辑符号

2.三态门的应用

(1)总线结构

三态门的基本用途是在数字电路系统中构成总线。图 7-4-2 为构成单向总线的示意图,多个设备可以连接到一条总线上。只要控制各个门的 EN 端,轮流定时地使各个 EN 端为 1,并且在任何时刻只有一个 EN 端为 1,这样就可以把各个门的输出信号轮流传输到总线上。当某个三态门的控制信号 EN 为 1 时,该门便向总线输出信号,其他门由于 $EN=0$,处于高阻状态。

(2)双向数据传输

图 7-4-3 为构成双向总线的示意图,其中门 G_1 和门 G_2 为三态反相器,门 G_1 的三态使能端高电平有效,而门 G_2 的三态使能端则是低电平有效。当 $EN=1$ 时,G_1 工作,G_2 呈高阻状态,数据 D_o 经门 G_1 反相后送到数据总线上去;当 $EN=0$ 时,G_2 工作,G_1 呈高阻状态,数据总线上的 D_I 经 G_2 反相后输出 $\overline{D_I}$。通过 EN 的控制可以实现数据的双向传输。

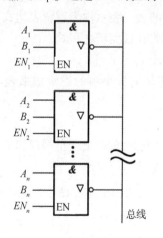

图 7-4-2　三态门接成单向总线结构

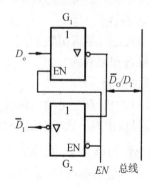

图 7-4-3　三态门实现数据双向传输

7.5 逻辑关系的表示方式

在数字逻辑电路中,表示输出和输入之间逻辑关系的方法有真值表、逻辑表达式、逻辑电路图和波形图。

例如,设计一个判断两个一位二进制数是否相同的电路。

解:设输入的两个一位二进制数分别用 A、B 表示,输出结果用 F 表示,如果 A、B 相同,输出 $F=1$ 灯亮;如果不同,输出 $F=0$ 灯灭。

下面分别用如下四种方式来表示 F 和 A、B 之间的逻辑关系。

7.5.1 真值表

真值表是反应输入变量的所有可能组合值及其对应输出的表格。它能完全确定逻辑运算的规律,同一逻辑函数只能有唯一的真值表。按题意,真值表如表 7-5-1 所示。

表 7-5-1　判断两个一位二进制数异同的真值表

A	B	F
0	0	1
0	1	0
1	0	0
1	1	1

对于 2 个输入变量,其组合方式有 4 种;若有 n 个输入变量,则有 2^n 种组合。

7.5.2 逻辑表达式

将输出与输入之间的逻辑关系用逻辑运算构成的式子表示称为逻辑表达式。由真值表可以直接写出两种标准的逻辑表达式——最小项之和式和最大项之积式。

1.最小项之和式

最小项之和式是将逻辑函数 F 用一系列输入变量的最小项的逻辑加来表示的逻辑表达式,其又称为"标准积之和式"。

(1)最小项的概念

最小项是函数中所有变量的乘积项,在这些乘积项中,每一个变量都以原变量或反变量的形式出现一次,且仅出现一次,那么该乘积项称为最小项。

对于 2 个变量的函数 $F(A, B)$,有 4 个最小项: $\overline{A}\,\overline{B}$、$\overline{A}B$、$A\overline{B}$、$AB$;对于 3 个变量的函数 $F(A, B, C)$ 有 8 个最小项;对于 n 个变量的函数有 2^n 个最小项。

(2)最小项的表示方法

最小项用 m_i 表示,编号 i 是将最小项中原变量当作 1,反变量当作 0,写出相对应二进制数,再按其十进制数来表示。

例如,对于三变量的最小项 $\overline{A}\,\overline{B}\,\overline{C} \rightarrow 000 \rightarrow m_0$,$ABC \rightarrow 111 \rightarrow m_7$。

表 7-5-2 列出了三个变量的所有最小项。

表 7-5-2 三变量最小项和最大项

A	B	C	对应最小项(m_i)	对应最大项(M_i)
0	0	0	$\overline{A}\,\overline{B}\,\overline{C}$ (m_0)	$A + B + C$ (M_0)
0	0	1	$\overline{A}\,\overline{B}\,C$ (m_1)	$A + B + \overline{C}$ (M_1)
0	1	0	$\overline{A}B\overline{C}$ (m_2)	$A + \overline{B} + C$ (M_2)
0	1	1	$\overline{A}BC$ (m_3)	$A + \overline{B} + \overline{C}$ (M_3)
1	0	0	$A\overline{B}\,\overline{C}$ (m_4)	$\overline{A} + B + C$ (M_4)
1	0	1	$A\overline{B}C$ (m_5)	$\overline{A} + B + \overline{C}$ (M_5)
1	1	0	$AB\overline{C}$ (m_6)	$\overline{A} + \overline{B} + C$ (M_6)
1	1	1	ABC (m_7)	$\overline{A} + \overline{B} + \overline{C}$ (M_7)

（3）最小项的性质

对于任意一个最小项只有一组变量取值使它为 1，而变量的其他组合取值皆使该最小项为 0。例如表 7-5-2 中能使最小项 $m_3 = \overline{A}BC = 1$ 的变量取值只有 $A = 0, B = 1, C = 1$ 的这组组合值。而其他各种取值，比如 $A = 0, B = 0, C = 0$ 或者 $A = 0, B = 1, C = 0$，皆使 $m_3 = 0$。其他类推。

对于变量的任一组取值，任意两个最小项的逻辑乘积为 0，即 $m_i m_j = 0$（$i \neq j$）。

对于变量的任一组取值，全体最小项之和为 1。

2. 由真值表写出最小项之和式的方法

从真值表求最小项之和式的方法是：

（1）找出真值表中输出 $F = 1$ 的所有输入变量的组合值。

（2）将变量组合值中的"1"写成对应的原变量，"0"写成对应的反变量，然后再逻辑乘，就得到各组合值所对应的最小项。

（3）将这些最小项逻辑加，得到最小项之和式，又称标准与或式。

【例 7-5-1】：由真值表 7-5-1 写出最小项之和式。

解：$F = 1$ 的变量组合值为：00、11。

与 00、11 组合值对应的最小项分别为：$\overline{A}\,\overline{B}$、$AB$。

最小项之和式为：

$$F(A, B) = \overline{A}\,\overline{B} + AB$$
$$= m_0 + m_3 = \sum m(0, 3)$$

3. 最大项之积式

最大项之积式是将逻辑函数用一系列输入变量的最大项的逻辑乘来表示的逻辑表达式，又称为"标准和之积式"。

（1）最大项的概念

最大项是一个和项，对于一个 n 变量的函数，该和项包括 n 个变量中的每一个变量，而且每个变量都以原变量或反变量的形式出现一次，且仅出现一次，则该和项称为最大项。

对于 2 个变量的函数 $F(A, B)$，有 4 个最大项：$A + B$、$A + \overline{B}$、$\overline{A} + B$、$\overline{A} + \overline{B}$；对于 3 个变量的

函数,有 8(2^3) 个最大项,对于 n 个变量的函数,有 2^n 个最大项。

(2)最大项的表示方法

最大项用 M_i 表示,编号 i 是将最大项中原变量当作 0,反变量当作 1,写出相对应二进制数,再按其十进制数来表示。

例如,对于三变量的最大项:$A + \bar{B} + C \rightarrow 010 \rightarrow M_2$,$\bar{A} + B + C \rightarrow 100 \rightarrow M_4$

表 7-5-2 列出了三个变量的所有最大项。

(3)最大项的性质

对于任意一个最大项只有一组变量取值使它为 0,而变量的其他组合取值皆使该最大项为 1,例如表 7-5-2 中能使最大项 $M_0 = A + B + C = 0$ 的变量取值只有 $A = 0, B = 0, C = 0$,其他各种取值,比如 $A = 0, B = 0, C = 1$ 或者 $A = 0, B = 1, C = 0$,皆使 $M_0 = 1$。其他类推。

对于变量的任一组取值,任意两个最大项的逻辑加为 1,即 $M_i + M_j = 1$ ($i \neq j$)。

对于变量的任一组取值,全体最大项之积为 0。

4.由真值表写出最大项之积式的方法

从真值表求最大项之积式的方法是:

(1)找出真值表中输出 $F = 0$ 的所有输入变量的组合值。

(2)将变量组合值中的"1"写成对应的反变量,"0"写成对应的原变量,然后再逻辑加,就得到各组合值对应的最大项。

(3)将这些最大项逻辑乘,得到最大项之积式,又称标准或与式。

【例 7-5-2】:从真值表 7-5-1 写出最大项之积式。

解:$F = 0$ 的变量组合值为:01、10。

与 01、10 组合值相对应的最大项分别为:$A + \bar{B}$、$\bar{A} + B$。

最大项之积式为:

$$F(A,B) = (A + \bar{B})(\bar{A} + B)$$
$$= M_1 \cdot M_2 = \prod M(1,2)$$

5.最小项和最大项的关系

在相同变量取值情况下,编号下标相同的最小项和最大项互为反函数,即

$$m_i = \bar{M_i} , M_i = \bar{m_i}$$

对于任何一个 n 变量函数,既可用最小项之和式,也可用最大项之积式这两种标准形式来表示。它们尽管在表达形式上不同,但表达的逻辑功能却是完全一样的。一般地说,当真值表中 $F = 1$ 的行数少时,可选用最小项之和的形式;当 $F = 0$ 的行数少时,可采用最大项之积式。

7.5.3 逻辑电路图

逻辑电路图是用逻辑符号将逻辑表达式中的逻辑运算表示出来的电路图。要完成数字电路设计,必须把逻辑表达式转换为逻辑图。前面分析可知,判断两个一位二进制数异同相应的逻辑表达式为 $F(A,B) = \bar{A}\bar{B} + AB$,按照逻辑运算的先后次序将其逻辑符号连接而成的逻辑图如图 7-5-1 所示。

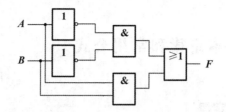

图 7-5-1　比较两个一位二进制数异同的逻辑图

7.5.4　波形图

波形图是用来描述输出随输入信号变化时间关系的图形。图 7-5-2 所示就是用来描述判断两个一位二进制数异同的波形图。

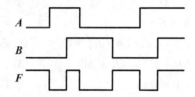

图7-5-2　判断两个一位二进制数异同的波形图

真值表、逻辑表达式、逻辑电路图之间是可以互相转换的。由真值表可以写出逻辑表达式,反之,也可以由逻辑表达式写出真值表。真值表和逻辑表达式的相互间的转换在逻辑电路设计和分析中十分重要。

【例 7-5-3】写出下列逻辑函数 $F(A,B,C) = A\overline{C} + \overline{A}B + BC$ 的真值表。

解：(1)当 $A=1,C=0$ 时, $A\overline{C}=1$, $F=1$,组合值为 100、110。

(2)当 $A=0,B=1$ 时, $\overline{A}B=1$, $F=1$,组合值为 010、011。

(3)当 $B=1,C=1$ 时, $BC=1$, $F=1$,组合值为 011、111。

(4)其余情况, $F=0$。

根据以上分析,真值表如表 7-5-3 所示。

表 7-5-3　例 7-5-3 真值表

A	B	C	F
0	0	0	0
0	0	1	0
0	1	0	1
0	1	1	1
1	0	0	1
1	0	1	0
1	1	0	1
1	1	1	1

最小项之和式和最大项之积式为: $F(A,B,C) = \sum m(2,3,4,6,7) = \prod M(0,1,5)$

7.6　逻辑代数的基本定律和常用公式

7.6.1　逻辑代数的基本定律

逻辑代数和普通代数一样,有一些用于运算的定律。逻辑代数的基本定律如下:

1.0−1 律 　　　　$A \cdot 0 = 0$ 　　　　　　　$A + 1 = 1$

2.自等律 　　　　$A \cdot 1 = A$ 　　　　　　　$A + 0 = A$

3.重叠律 　　　　$A \cdot A = A$ 　　　　　　　$A + A = A$

4.互补律 　　　　$A \cdot \overline{A} = 0$ 　　　　　　　$A + \overline{A} = 1$

5.交换律 　　　　$A \cdot B = B \cdot A$ 　　　　　　$A + B = B + A$

6.结合律 　　　　$A \cdot (B \cdot C) = (A \cdot B) \cdot C$ 　　　$A + (B + C) = (A + B) + C$

7.分配律 　　　　$A \cdot (B + C) = AB + AC$ 　　　$A + B \cdot C = (A + B)(A + C)$

8.吸收律 　　　　$A \cdot (A + B) = A$ 　　　　　$A + A \cdot B = A$

9.反演律(摩根律) 　$\overline{A \cdot B} = \overline{A} + \overline{B}$ 　　　　　$\overline{A + B} = \overline{A} \cdot \overline{B}$

10.对合律 　　　　$(A + B) \cdot (A + \overline{B}) = A$ 　　　$A \cdot B + A \cdot \overline{B} = A$

11.还原律 　　　　$\overline{\overline{A}} = A$

上述基本定律均可用真值表加以验证。

7.6.2　逻辑代数的常用公式

1.消元法: $A + \overline{A}B = A + B$

证明: 　　　　　　　$A + \overline{A}B = (A + \overline{A})(A + B)$ 　　　　　　　　（分配律）

　　　　　　　　　　　$= 1 \cdot (A + B) = A + B$ 　　　　　　　　　（互补律）

2.包含律: $AB + \overline{A}C + BC = AB + \overline{A}C$

证明: 　　　　$AB + \overline{A}C + BC = AB + \overline{A}C + (A + \overline{A})BC$ 　　　　（互补律）

　　　　　　　　　　　　$= AB + \overline{A}C + ABC + \overline{A}BC$ 　　　　（吸收律）

　　　　　　　　　　　　$= AB + \overline{A}C$

推论: $AB + \overline{A}C + BCDE\cdots = AB + \overline{A}C$

包含律及其推论说明,在一个与或表达式中,如果两个乘积项中,一项包含了原变量如 A,另一项包含了反变量如 $\overline{A}$,而这两项其余因子(如 BC)都是第三个乘积项的因子,则第三个乘积项是多余的。

同理可推出: $(A + B)(\overline{A} + C)(B + C + \cdots) = (A + B)(\overline{A} + C)$

7.7 逻辑函数的化简

逻辑函数化简的意义在于用尽可能少的逻辑元件和元件输入端数来实现同一功能的逻辑电路,从而降低成本,提高设备的可靠性。逻辑函数化简的准则是:

(1)逻辑电路所用的门最少。

(2)在满足第一条准则的前提下,要求各个门的输入端最少。

逻辑函数化简的方法通常采用代数法、卡诺图法、Q-M 法(Quine-McCluskey Method)。本书着重介绍前两种方法。

7.7.1 代数法化简

代数法是运用逻辑代数的基本定律和常用公式来化简逻辑函数。对于一个较为复杂的逻辑函数表达式,往往要综合运用以上几种方法才能进行化简。

【例 7-7-1】化简函数

$$F(A,B,C) = A\bar{B} + B\bar{C} + \bar{B}C + \bar{A}B$$

$$\qquad = A\bar{B} + B\bar{C} + \bar{B}C(A + \bar{A}) + \bar{A}B(C + \bar{C}) \qquad (互补律)$$

$$\qquad = A\bar{B} + B\bar{C} + A\bar{B}C + \bar{A}\,\bar{B}C + \bar{A}BC + \bar{A}B\bar{C} \qquad (吸收律,对合律)$$

$$\qquad = A\bar{B} + B\bar{C} + \bar{A}C$$

【例 7-7-2】化简函数,并画出化简后表达式的逻辑电路图。

$$L(A,B,C,D,E,F,G) = \overline{AD} + \overline{A\bar{D}} + AB + \bar{A}C + BD + ACEF + \bar{B}EF + DEF\bar{G} \qquad (对合律)$$

$$\qquad = \bar{A} + AB + \bar{A}C + BD + \underline{ACEF} + \bar{B}EF + DEF\bar{G} \qquad (吸收律)$$

$$\qquad = \bar{A} + \bar{A}C + BD + \bar{B}EF + DEF\bar{G} \qquad (消元法)$$

$$\qquad = \bar{A} + C + BD + \bar{B}EF + DEF\bar{G} \qquad (包含律)$$

$$\qquad = \bar{A} + C + BD + \bar{B}EF$$

逻辑电路图如图 7-7-1 所示。

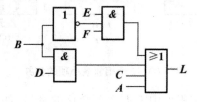

图 7-7-1 例 7-7-2 的逻辑电路图

7.7.2 卡诺图法化简

利用代数法化简的过于依赖于逻辑设计人员经验及其对公式掌握的熟练程度。而卡诺图化简的方法既直观,又易于掌握,是常用的逻辑函数化简方法,但该方法一般用于五变量以下的函数。

1.卡诺图的构成

卡诺图是真值表的变形,就是把真值表中的变量分为行列两组,每组变量组合值按格雷码(相邻码组间只有一个变量取值不同)排列。例如变量排列次序为 00、01、11、10。

图 7-7-2 分别为二、三、四变量真值表所对应的卡诺图。

对于 n 变量有 2^n 个组合,卡诺图也相应有 2^n 个小方格。

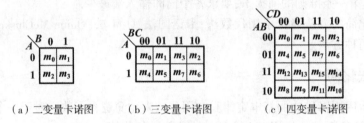

(a) 二变量卡诺图　　(b) 三变量卡诺图　　(c) 四变量卡诺图

图 7-7-2 二、三、四变量真值表所对应的卡诺图

2.利用卡诺图合并最小项的规律

由图 7-7-2 可见,卡诺图相邻小方格所对应的输入变量只有一个变量值不同,它的这个特点,正是卡诺图能对逻辑函数化简的依据。因为它正好可以反复利用对合律 $AB + A\overline{B} = A$ 进行化简。

注意:相邻格的含义是:对应输入变量值只有一个变量值不同的小方格。因此相邻格除了在图中位置相邻以外,最上面一行和最下面一行相邻,最左边一列和最右边一列相邻。

利用对合律 $AB + A\overline{B} = A$,2 个相邻最小项合并成的乘积项中消去了 1 个变化的变量,如图 7-7-3 所示。被消去的变量就是横向和纵向变量值发生变化的变量,例如图 7-7-3(a)中,m_0、m_1 合并得到的乘积项实际上是将最小项 m_0 与 m_1 中发生变化的变量消去,(纵向变量值发生变化的 C 被消去),合并后的乘积项中将留下的变量 $A=0$ 写成反变量 $\overline{A}$,变量 $B=0$ 写成反变量 $\overline{B}$,即 $\overline{A}\,\overline{B}$。

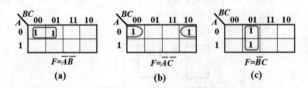

图 7-7-3 2 个相邻最小项的合并

4 个相邻最小项合并成的乘积项中消去 2 个变化的变量,如图 7-7-4 所示。例如图 7-7-4(a)中 4 个相邻 1 格 m_0、m_1、m_4、m_5 合并,可消去 2 个变量得到合并后的乘积项 $\overline{B}$,其中,横向变量值发生变化的 A 和纵向变量值发生变化的 C 被消去了。

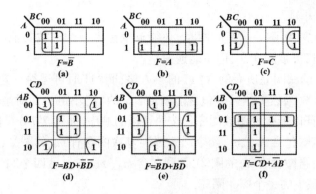

图 7-7-4　4 个相邻最小项的合并

8 个相邻项最小项合并成的乘积项中消去了 3 个变化的变量,如图 7-7-5 所示。

综上分析,相邻的 2^i 个"1"格可合并为一个乘积项,将横向、纵向变量值发生变化的 i 个变量消去后,留下的变量取值为 1 写成相应的原变量,而 0 写成相应的反变量得到乘积项就是合并后的乘积项。

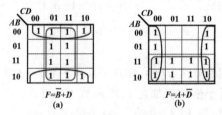

图 7-7-5　8 个相邻最小项的合并

3.卡诺图化简法

【例 7-7-3】:用卡诺图法化简 $F(A,B,C,D)$ 为最简与或式。

$$F(A,B,C,D)=\sum m(0,1,2,4,5,6,8,9,10,13,15)$$

卡诺图化简的步骤为"填""圈""查""写"。

(1)填

将 F 中最小项所对应的小方格填 1,其余填 0,对应的卡诺图如图 7-7-6 所示。

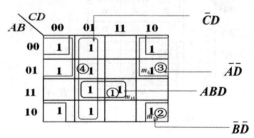

图 7-7-6　例 7-7-3 卡诺图

(2)圈

①将取值为"1"的相邻小方格圈成矩形或方形,圈内包含的小方格应尽可能多,但圈内小方格的个数必须满足 $N=2^i(i=0,1,2,\cdots)$。每一个矩形或方形圈得一个乘积项。只含 1 个小

方格的圈得到一个最小项。

②圈的个数应最少,每圈一个新的圈时,必须至少包含一个未被其他圈圈过的"1"格,每个取值为"1"的小方格可被圈多次,但不能遗漏。

为了保证以最少的圈圈完所有的含"1"的小方格,圈"1"时可遵循一定的顺序:即先圈掉只有一种圈法的"1"格(当然要尽可能包含能满足 2^i 个的"1"小格),而对余下均有两种或以上圈法的"1"小方格保证以最少的圈数圈完。按照这样的顺序,如图 7-7-6 可圈得四个圈。首先圈含有 m_{15} 的圈①,该圈包含 m_{13}、m_{15} 两个"1"小格;其次圈含有 m_{10} 的圈②,该圈包含 m_0、m_2、m_8、m_{10} 四个"1"小格;再圈含有 m_6 的圈③,该圈包含 m_0、m_2、m_4、m_6 四个"1"小格;最后将剩余的 m_1、m_6、m_9、m_{13} 以最少的一个圈④圈完。

(3)查

检查所有的"1"小格是否无一遗漏地被圈过一次,且每个圈中是否都含有一个不被其他圈圈过的"1"小格。

(4)写

每一个圈中相邻的 2^i 个"1"小格合并,消去变量值发生变化的变量,留下的变量取值为 1 写成相应的原变量,0 写成相应的反变量得到合并后的乘积项。将所有的乘积项逻辑加,即得所求的最简与或式。

化简后的最简与或式为

$$F(A,B,C,D) = ABD + \overline{B}\,\overline{D} + \overline{A}\,\overline{D} + \overline{C}D$$

应指出,如卡诺图上所有小格的值都是 1,则函数 $F = 1$。

【例 7-7-4】:用卡诺图法化简 $F(A,B,C,D)$ 为最简或与式。

$$F(A,B,C,D) = \prod M(1,2,3,6,7,9,11,13)$$

化简步骤:

(1)填

与例 7-7-3 不同的是,将 F 中最大项所对应的小方格填 0,其余格填 1(1 可不填),对应的卡诺图如图 7-7-7 所示。

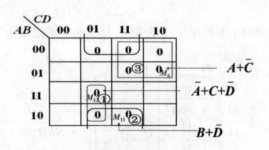

图 7-7-7　例 7-7-4 卡诺图

(2)圈

①与例 7-7-3 不同的是,将取值为"0"的相邻小方格圈成矩形或方形,圈内小方格应尽可能多,但圈内小方格的个数 N 必须满足 $N = 2^i (i = 0, 1, 2, \cdots)$。每一个圈得一个和项。只含 1 个"0"格的圈对应一个最大项。

②同样,为了保证以最少的圈圈完所有含"0"的小方格,圈"0"时遵循的顺序与例 7-7-3 圈

"1"时是一样的。

(3)查

每圈一个新的圈时,必须至少包含一个未被其他圈圈过的"0"格,每个取值为"0"的小方格可被圈多次,但不能遗漏。

(4)写

每一个圈中相邻的 2^i 个"0"格合并为一个和项,并将横、纵向发生变化的 i 个变量消去,与例 7-7-3 不同的是,将留下的变量取值为 0 写成相应的原变量,而 1 写成反变量得到合并的和项。将合并后的和项逻辑乘,即得所求的最简的或与式。

图 7-7-7 读出的结果是

$$F(A,B,C,D) = (\overline{A} + C + \overline{D})(B + \overline{D})(A + \overline{C})$$

通过例 7-7-3 和例 7-7-4 可看出,对给定的逻辑函数,将其写入卡诺图后,根据圈"1"可以得到最简的"与或式",圈"0"可以得到最简的"或与式"。到底取哪种形式,要由设计要求决定,通常取圈数少的那一种。

习 题

7-1 把下列二进制数转换成十进制数。

(1)110110.011　　(2)10111.101

7-2 把下列十进制转换成二进制数(转换精度为 0.1%)。

(1)245.37　(2)56.82　(3)15.34　(4)327.19

7-3 把下列二进制数转换成十进制、八进制、十六进制数。

(1)11010110.011010　　(2)01011011.100011

7-4 把下列八进制数转换成十进制、二进制、十六进制数。

(1)65.62　(2)165.24　(3)23.34

7-5 把十六进制数(2A5C.2)转换成十进制、八进制、二进制数。

7-6 把下列十进制数用 8421BCD 码、余 3 码、2421 BCD 码表示。

(1)65.62　(2)165.28　(3)23.34

7-7 把下列 8421BCD 码表示成十进制数。

(1)(00110101.10010010)$_{8421BCD}$　　(2)(010010000110.00010111)$_{8421BCD}$

7-8 $(76.32)_{10}$=(　　　　)$_2$=(　　　　)$_8$=(　　　)$_{16}$=(　　　　)$_{8421BCD}$=
(　　　)$_{2421BCD}$=(　　　)$_{余3码}$

7-9 描述输入输出之间的逻辑关系的表示方法有哪些?

7-10 写出下列功能描述的真值表,并写出"最小项之和式"和"最大项之积式"。

(1)有 A、B 和 C 3 个输入信号,如果 3 个输入信号中有 2 个或以上的 1 时,输出信号 $F=1$,其余为输出 $F=0$。

(2)三变量 A、B 和 C 的偶数判别电路(输入变量中 1 的个数为偶数时,输出为 1,其他情况输出为 0)。

(3)三变量 A、B 和 C 的非一致电路(非一致电路指的是:输入 ABC=000 及 111 时,输出为

0;其他输入时,输出为 1)。

(4)输入信号 $A(A_1A_0)$、$B(B_1B_0)$ 是两个两位的二进制数,三个输出端 F_1、F_2 和 F_3 分别用于表示 A、B 两数的大小。当 $A>B$ 时,只有输出端 $F_1=1$;当 $A=B$ 时,只有输出端 $F_2=1$;当 $A<B$ 时, 只有 $F_3=1$。

7-11　画出下列逻辑表达式 $L(A,B,C,D,E,F)=A+C+BD+\overline{B}EF$ 对应的逻辑电路图,并指出当 $A=1,B=0,C=0,D=0,E=1,F=1$ 时,输出 L 的值。

7-12　写出图 P7-12 所示的电路的输出 F_1、F_2、F_3 的逻辑表达式,并指出当 $A=0,B=1,C=0,D=0$ 时,输出 F_1、F_2、F_3 的值。

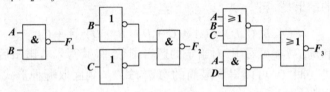

图 P7-12

7-13　用逻辑代数公式化简下列函数。

(1) $F(A,B,C)=\overline{A}\,\overline{B}+(A\overline{B}+\overline{A}B+AB)C$

(2) $F(A,B,C)=A(A+BC)+\overline{A}\,\overline{B}$

(3) $F(A,B,C)=A\overline{B}\,\overline{C}+A\overline{B}C+AB\overline{C}+ABC$

(4) $F(A,B,C)=ABC+\overline{A}+\overline{B}+\overline{C}$

7-14　用卡诺图化简下列函数,写出最简与或式和最简或与式。

(1) $F(A,B,C)=\sum m(0,1,2,4,6)$

(2) $F(A,B,C,D)=\sum m(2,3,4,5,8,9,14,15)$

(3) $F(A,B,C,D)=\prod M(0,2,4,6)$

(4) $F(A,B,C,D)=\prod M(0,1,2,3,8,10,12,14)$

7-15　将下列函数写成最小项之和式,并用卡诺图化简成最简与或式。

(1) $F(A,B,C,D)=ABC+\overline{A}B+C\overline{D}$

(2) $F(A,B,C,D)=A(B+C)+\overline{A}B+\overline{B}C$

第8章 组合逻辑电路

数字逻辑电路分为两大类:组合逻辑电路和时序逻辑电路。

组合逻辑电路的特点是:电路在任何一个给定时刻的输出,仅取决于该时刻的输入,而与该时刻以前的输入无关。组合逻辑电路在电路结构上,输出到输入之间没有反馈,在功能上,不含有存储元件,是无记忆功能的电路。

8.1 组合逻辑电路的分析

组合逻辑电路的分析,就是找出给定逻辑电路输出和输入之间的逻辑关系,从而确定电路的逻辑功能。

分析由门电路组成的组合逻辑电路的一般步骤为:

(1)已知逻辑电路图,写出输出逻辑表达式。

(2)根据输出逻辑表达式,在必要时列出真值表。

(3)由逻辑表达式或真值表概括出电路的逻辑功能。

【例8-1-1】:分析图8-1-1所示的组合逻辑电路。

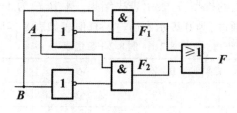

图 8-1-1　例 8-1-1 电路

(1)逐级写出输出 F 与输入 AB 间逻辑表达式。

从输入端开始逐级向后推,求出每个门输出对应于输入之间的关系。在推导过程中逐步化简,最终得到输出与输入之间的逻辑关系。

$$F_1 = \overline{A}B$$

$$F_2 = A\overline{B}$$

$$F = F_1 + F_2 = \overline{A}B + A\overline{B}$$

(2)列真值表,如表8-1-1所示。

表 8-1-1　例 8-1-1 真值表

A	B	F
0	0	0
0	1	1
1	0	1
1	1	0

(3)由逻辑表达式或真值表可知,当 A、B 相同时,输出 F 为 0;A、B 不同时,输出 F 为 1。表明该逻辑电路实现了异或的功能。

8.2　组合逻辑电路的设计

组合逻辑电路的设计,就是给定逻辑电路的逻辑功能要求和器件,设计出能够实现该功能的最佳电路。

采用门电路设计组合逻辑电路的一般步骤为:

(1)根据电路功能的文字描述,列出真值表;

(2)由真值表写出输出逻辑表达式(最小项之和式或最大项之积式);

(3)化简、变换输出逻辑表达式;

(4)画出逻辑电路图。

【例 8-2-1】:试用与非门设计一个三人表决电路,表决规则为少数服从多数。

(1)列真值表

设 A、B、C 分别表示三人的投票,F 表示表决结果。A、B、C 为 1 表示投赞成票,为 0 表示投反对票;F 为 1 表示表决通过,为 0 表示不通过。真值表如表 8-2-1 所示。

表 8-2-1　例 8-2-1 真值表

A	B	C	F
0	0	0	0
0	0	1	0
0	1	0	0
0	1	1	1
1	0	0	0
1	0	1	1
1	1	0	1
1	1	1	1

(2)由真值表写出逻辑表达式 $F(A,B,C) = \sum m(3,5,6,7)$

(3)画出卡诺图,如图 8-2-1 所示,化简为最简与或式:$F(A,B,C) = AB+AC+BC$

变换为与非-与非式:$F(A,B,C) = AB + AC + BC = \overline{\overline{AB} + \overline{AC} + \overline{BC}} = \overline{\overline{AB} \cdot \overline{AC} \cdot \overline{BC}}$

(4)画出逻辑电路图如图 8-2-2 所示。

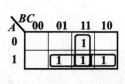

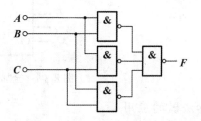

图 8-2-1 例 8-2-1 卡诺图　　　　　图 8-2-2 例 8-2-1 逻辑电路图

8.3 常用中规模集成组合电路

中规模集成电路是具有一定专用功能的器件。在数字系统中,常用的中规模集成组合逻辑电路有全加器、编码器、译码器、数据选择器、数值比较器等。本节只介绍几个常用型号的中规模集成电路的逻辑功能。在实际选用这些器件时,应仔细分析它们的功能表和性能指标,对其内部的逻辑电路结构,可以不必研究。

8.3.1 加法器

加法器是计算机中最重要和最基本的运算电路。计算机中的加、减、乘、除运算,都是用加法运算来实现的,在减法运算中,减去一个数可以采用加上它的负数的补码来完成;乘法运算一般是采用加法运算完成的,即将被乘数自身连续相加,相加的次数等于乘数;除法运算可用减法运算来完成,即从被除数中不断减去除数,所减的次数就是商,剩下不够减的部分就是余数。

1.全加器

全加器是对本位的被加数、加数,以及从相邻低位来的进位信号进行相加。其中 A_i、B_i 表示两个本位的一位二进制被加数和加数,C_{i-1} 表示从相邻低位来的进位。S_i 表示本位 A_i、B_i 和低位进位 C_{i-1} 之和,C_i 为向相邻高位产生的进位。全加器的真值表如表 8-3-1 所示。其逻辑符号如图 8-3-1 所示。

表 8-3-1　全加器真值表

A_i	B_i	C_{i-1}	S_i	C_i
0	0	0	0	0
0	0	1	1	0
0	1	0	1	0
0	1	1	0	1
1	0	0	1	0
1	0	1	0	1
1	1	0	0	1
1	1	1	1	1

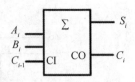

图 8-3-1　全加器逻辑符号

2.集成加法器的应用

(1)构成多位加法器

在一位全加器的基础上,可以构成多位加法器,图 8-3-2 所示是四位串行进位加法器。由于每一位相加结果必须等低一位的进位产生以后才能计算,因此这种结构也叫串行进位加法器。它最大的缺点是运算速度慢。为了提高运算速度,必须设法减小或消除由于进位信号逐级传递所耗费的时间。解决方法是采用超前进位加法器,它根据相加的两个多位二进制数,同时产生各位相加所产生的进位信号,大大缩短了时间。CT74LS283 是集成的具有四位超前进位加法器,逻辑符号如图 8-3-3 所示。其中 $A_3 \sim A_0$、$B_3 \sim B_0$ 分别表示两个四位二进制的被加数和加数,CI 表示从相邻低片来的进位输入。$S_3 \sim S_0$ 表示本位和,CO 表示向相邻高片产生的进位输出。

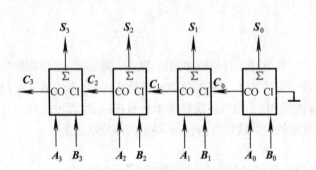

图 8-3-2　4 位串行进位加法器

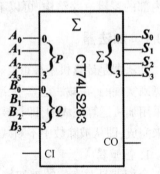

图 8-3-3　CT74LS283 逻辑符号

(2)构成减法器

在数字系统中,为了方便运算,减法运算可以用加法电路实现,它是通过补码的方式来实现的。A、B 两数相减的表达式可以表示为

$$A-B = A+B_补 = A+B_反 + 1$$

其中 $B_补$ 表示数 B 的补码,$B_反$ 表示数 B 的反码。一个带符号的二进制数用原码表示时,是在二进制数的前面加上符号位,通常正数的符号位用"0"表示,负数的符号位用"1"表示。正数的补码、反码与原码相同,最高位为符号位,用"0"表示;负数的反码是把它的正数按位取反码(包括符号位),补码和反码之间的关系为 $B_补 = B_反 + 1$。由以上分析可知,可将其二进制的原码经反相器获得一个数的反码,再由反码加 1 就可得到补码。图 8-3-4 所示为四位减法运算器的示意图。减数 B 通过反相器变成反码,并使进位输入端 $CI = 1$,从输出端 $S_3 S_2 S_1 S_0$ 即可得到减数 B 的补码 $B_补 = B_反 + 1$,这样就将 $A-B$ 的运算变为 $A+B_补$ 的运算。$S_3 S_2 S_1 S_0$ 表示差数,以补码形式输出。进位输出端 CO 输出的是差数的符号位 C。当 $C = 1$ 时,表示 $A-B > 0$,输出为正数的补码,正数的补码就是原码;当 $C = 0$ 时,表示 $A-B < 0$,输出为负数的补码,如果需要得到的是原码,还需增加一个再求补码的电路才能得到。在实际电路中,可将进位输出信号 C

取反后再作为符号位,这样当 C 为 1 取反后变为 0,表示结果为正,且为原码,不必进行求补变换;当 C 为 0 时,取反为 1,表示结果为负,需要再次进行求补变换。

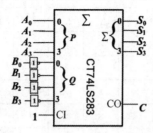

图 8-3-4 用补码实现减法的电路图

8.3.2 编码器

编码就是将各种数据、信息、文字、符号等用二进制数码表示的过程。我们把能完成编码功能的电路统称为编码器(Encoder)。例如,小型计算机器的键盘编码器,当人们每按下一个键时,编码器自动将该键产生的信号编成一个对应的二进制代码送到机器中,以便对数码进行存储、传送和运算等处理。当需要对 n 个输入信号进行编码时,编码器输出的二进制的位数 m 应满足 $m \geqslant \log_2 n$。m 取最小正整数。常用的编码器是二进制编码器和二-十进制编码器。

1.二-十进制编码器

二-十进制编码器,简称 BCD 码编码器,它是将十进制的 10 个数码 0~9,编成四位二进制代码的电路。显然,该电路有 10 根输入线、4 根输出线,故常称为 10 线-4 线编码器。对同一个十进制数,用不同的 BCD 进行编码,所形成的编码电路也不同,常用的是 8421 编码。为使输出端不发生混乱,这种普通编码器要求在任何给定时刻,只允许一个输入端有信号输入。为了克服这种约束条件,产生了优先编码器。

2.优先编码器

在优先编码器中,允许在同一时刻可出现多个输入端有信号输入,但电路只对其中优先级别最高的输入信号进行编码。优先编码常用于优先中断电路及键盘编码等电路。常用的 CT74LS148 为 8 线至 3 线型优先编码器,它的逻辑符号如图 8-3-5 所示,逻辑功能表见表 8-3-2。表中 1 为高电平,0 为低电平,×为取任意(0 或 1)。

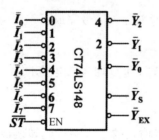

图 8-3-5 CT74LS148 逻辑符号

表 8-3-2　CT74LS148 逻辑功能表

输　入									输　出				
$\overline{ST}$	$\bar{I}_0$	$\bar{I}_1$	$\bar{I}_2$	$\bar{I}_3$	$\bar{I}_4$	$\bar{I}_5$	$\bar{I}_6$	$\bar{I}_7$	$\bar{Y}_2$	$\bar{Y}_1$	$\bar{Y}_0$	$\bar{Y}_{EX}$	$\bar{Y}_S$
1	×	×	×	×	×	×	×	×	1	1	1	1	1
0	1	1	1	1	1	1	1	1	1	1	1	1	0
0	×	×	×	×	×	×	×	0	0	0	0	0	1
0	×	×	×	×	×	×	0	1	0	0	1	0	1
0	×	×	×	×	×	0	1	1	0	1	0	0	1
0	×	×	×	×	0	1	1	1	0	1	1	0	1
0	×	×	×	0	1	1	1	1	1	0	0	0	1
0	×	×	0	1	1	1	1	1	1	0	1	0	1
0	×	0	1	1	1	1	1	1	1	1	0	0	1
0	0	1	1	1	1	1	1	1	1	1	1	0	1

选通输入端 $\overline{ST}$,低电平有效。当 $\overline{ST}=0$ 时,编码器工作。当 $\overline{ST}=1$ 时,编码器不工作,所有的输出均为 1,如表 8-3-2 第 1 行所示。

$\bar{I}_0 \sim \bar{I}_7$ 为 8 个编码输入信号,低电平有效。$\bar{Y}_2$、$\bar{Y}_1$、$\bar{Y}_0$ 为编码输出,低电平有效,表示以反码形式输出。$\bar{I}_0 \sim \bar{I}_7$ 中,$\bar{I}_7$ 优先级别最高,$\bar{I}_0$ 优先级别最低。只要 $\bar{I}_7=0$(表示有信号),不管其他输入线上是否有信号,输出信号只对优先权最高的 $\bar{I}_7$ 进行编码,对应编码输出为 000。表中第 4 行说明当 $\bar{I}_7$ 无信号输入时($\bar{I}_7=1$),$\bar{I}_6=0$ 时,$\bar{I}_6$ 在输入信号中优先级别最高,不管其他输入线上是否有信号,都只对 $\bar{I}_6$ 进行编码,对应编码输出 001。以此类推。

选通输出端 $\bar{Y}_S$ 和扩展输出端 $\bar{Y}_{EX}$ 主要用于优先编码器的扩展,它们都是低电平有效。

$\bar{Y}_S=0$ 表明本编码器工作($\overline{ST}=0$),但无编码输入信号(输入 $\bar{I}_0 \sim \bar{I}_7$ 均为 1),如表 8-3-2 中第 2 行。其他情况下,$\bar{Y}_s=1$。

扩展输出端 $\bar{Y}_{EX}$ 显示优先编码工作的状态。$\bar{Y}_{EX}=0$ 表明该编码器工作(也就是 $\overline{ST}=0$, $\bar{I}_0 \sim \bar{I}_7$ 中至少有一个为 0),且已经对输入信号完成了编码,如表 8-3-2 中第 3 行到第 10 行所示。其他情况下,$\bar{Y}_{EX}=1$。

当 $\overline{ST}=1$,编码器不工作时,$\bar{Y}_{EX}$ 和 $\bar{Y}_S$ 均为高电平 1。

8.3.3　译码器

译码是编码的反过程,它是将输入的二进制代码转换成对应的输出信号或另一种代码。能实现译码功能的电路称为译码器(Decoder)。译码器按功能的不同有三种类型:二进制译码器、二–十进制译码器和显示译码器。

1.二进制译码器

二进制译码器是将输入二进制码转换成对应输出信号的电路。若输入端有 n 位二进制,

能对应译码 2^n 个输出,其中的每个输出分别对应于 n 个输入变量的一组二进制组合,也就是对应每一组输入二进制代码,只有其中一个输出端为有效电平,其余输出端为相反的电平。

CT74LS138 是 3 线－8 线译码器。它的逻辑符号如图 8-3-6 所示,对应的逻辑功能表如表 8-3-3 所示。

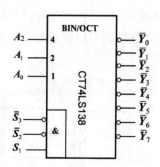

图 8-3-6　CT74LS138 逻辑符号

表 8-3-3　CT74LS138 逻辑功能表

输　　入					输　　出							
S_1	$\bar{S}_2 + \bar{S}_3$	A_2	A_1	A_0	$\bar{Y}_0$	$\bar{Y}_1$	$\bar{Y}_2$	$\bar{Y}_3$	$\bar{Y}_4$	$\bar{Y}_5$	$\bar{Y}_6$	$\bar{Y}_7$
0	×	×	×	×	1	1	1	1	1	1	1	1
×	1	×	×	×	1	1	1	1	1	1	1	1
1	0	0	0	0	0	1	1	1	1	1	1	1
1	0	0	0	1	1	0	1	1	1	1	1	1
1	0	0	1	0	1	1	0	1	1	1	1	1
1	0	0	1	1	1	1	1	0	1	1	1	1
1	0	1	0	0	1	1	1	1	0	1	1	1
1	0	1	0	1	1	1	1	1	1	0	1	1
1	0	1	1	0	1	1	1	1	1	1	0	1
1	0	1	1	1	1	1	1	1	1	1	1	0

在图 8-3-6 中,S_1 为使能输入端,高电平有效;$\bar{S}_2$、$\bar{S}_3$ 为禁止输入端,低电平有效。$A_2A_1A_0$ 为二进制码输入端;$\bar{Y}_0 \sim \bar{Y}_7$ 为译码输出端,低电平有效。由功能表 8-3-3 可见,当使能输入端 $S_1 = 0$,或者 $\bar{S}_2 + \bar{S}_3 = 1$ 时,不管其他输入如何,电路都没有信号输出($\bar{Y}_0 \sim \bar{Y}_7$ 均为 1)。只有当 $S_1 = 1$,$\bar{S}_2 + \bar{S}_3 = 0$ 时(第 3 行开始),输出才取决于输入二进制码,且输出的每条线与二进制码的其中一个组合值相对应。当二进制代码为 000 时,译成 $\bar{Y}_0 = 0$,其余输出为 1。当代码为 010 时译成 $\bar{Y}_2 = 0$,其余输出为 1。以此类推。相当于每个输出变量对应输入地址变量的一个最大项。S_1、$\bar{S}_2$、$\bar{S}_3$ 可以用于译码器扩展。

二进制译码器是计算机中经常使用的芯片,常用于对存储器单元的地址译码,即通过一个二进制的地址代码的输入,转换成一个有效信号来选中对应的存储单元,在微机中通常把这个过程称为寻址。在计算机系统中,当计算机需要同各种输入输出外部设备,如键盘、显示器、打印机、外接硬盘进行通信时,计算机会通过一个输入/输出接口的地址译码电路来完成计算机和某一外设的数据传送。图 8-3-7 所示为计算机输入/输出接口地址译码电路。每个输入/输出设备都有唯一对应的二进制代码,称为地址,当计算机要和某个设备通信时,它发出一个地址给接口译码器的地址输入端 $A_3A_2A_1A_0$,译码器按地址译码后,输出使对应的设备的使能控制信号有效的信号,这样计算机内的处理器就可以通过数据总线与指定的外部设备进行数据传送了。

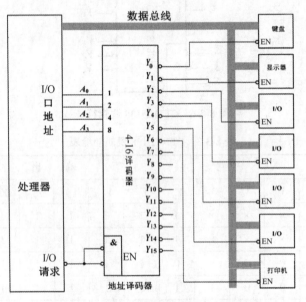

图 8-3-7　计算机输入/输出接口地址译码电路

2.二-十进制译码器

二-十进制译码器又叫 4 线-10 线译码器,输入为四位 BCD 码,10 个输出分别对应于十进制的 10 个数码 0~9。CT74LS42 的逻辑符号如图 8-3-8 所示,输入端 $A_3A_2A_1A_0$ 为 8421BCD 码输入,输出 $\overline{Y}_9 \sim \overline{Y}_0$ 的每条线与其中一组 8421BCD 码相对应,低电平有效。当输入 $A_3A_2A_1A_0 = 0000$ 时,$\overline{Y}_0 = 0$,其余输出为 1,当输入 $A_3A_2A_1A_0 = 1001$ 时,$\overline{Y}_9 = 0$,其余输出为 1,以此类推。当 $A_3A_2A_1A_0$ 出现无效输入状态(1010~1111)时,译码器拒绝译码,所有输出均为高电平。

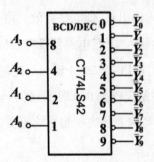

图 8-3-8　CT74LS42 逻辑符号

3.显示译码器

在数字仪表、计算机和一些数字系统中,常常要把测量数据和运算结果显示出来,因此,译码器和显示器是数字设备中不可缺少的组成部分。显示译码器是能把二进制代码翻译成将数字、文字或符号显示出来的电路。显示器是用来显示的器件,品种有很多,如半导体发光二极管(Light Emitting Diode,LED)显示器、液晶显示器(Liquid Crystal Display,LCD)等。数码的显示方式有字形重叠式、点阵式和分段式。

七段数码管是分段式的半导体数码管,它将十进制的数码分成 7 个字段,每段为一个发光二极管(LED),选择不同字段发光,可显示出 10 个不同的数字,有些数码显示器增加了一段作为小数点,其字形结构如图 8-3-9 所示。七段数码管的接法有共阳极接法和共阴极接法两种电路。共阳极接法电路如图 8-3-10 所示,LED 的显示段 $a \sim g$ 在接低电平时才发光。共阴极接法电路如图 8-3-11 所示,只有在显示段 $a \sim g$ 接高电平时才发光。使用时需要串联限流电阻。

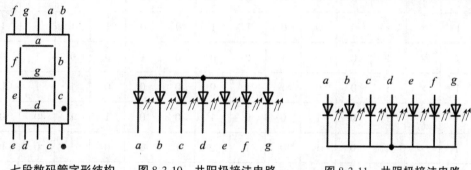

图 8-3-9　七段数码管字形结构　　图 8-3-10　共阳极接法电路　　图 8-3-11　共阴极接法电路

半导体数码管不同发光段的显示是靠译码器驱动来完成的。驱动七段数码管的译码器称为 BCD-七段显示译码器。中规模集成芯片 CT74LS47 是常用的七段显示译码器,输出是低电平有效,用来驱动共阳极的数码管。图 8-3-12 所示为 CT74LS47 与共阳极的数码管组成的译码驱动显示电路。CT74LS47 七段译码器功能表见表 8-3-4。

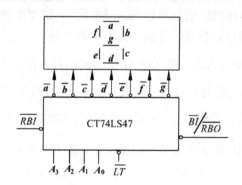

图 8-3-12　CT74LS47 与共阳极的数码管组成的译码驱动显示电路

表 8-3-4　CT74LS47 七段译码器功能表

功能和十进制数	输入							输出							显示
	$\overline{LT}$	$\overline{RBI}$	$\overline{BI}/\overline{RBO}$	A_3	A_2	A_1	A_0	$\bar{a}$	$\bar{b}$	$\bar{c}$	$\bar{d}$	$\bar{e}$	$\bar{f}$	$\bar{g}$	
试灯	0	×	1	×	×	×	×	0	0	0	0	0	0	0	8
灭灯	×	×	0	×	×	×	×	1	1	1	1	1	1	1	熄灭
灭 0	1	0	0	0	0	0	0	1	1	1	1	1	1	1	熄灭
0	1	1	1	0	0	0	0	0	0	0	0	0	0	1	0
1	1	×	1	0	0	0	1	1	0	0	1	1	1	1	1
2	1	×	1	0	0	1	0	0	0	1	0	0	1	0	2
3	1	×	1	0	0	1	1	0	0	0	0	1	1	0	3
4	1	×	1	0	1	0	0	1	0	0	1	1	0	0	4
5	1	×	1	0	1	0	1	0	1	0	0	1	0	0	5
6	1	×	1	0	1	1	0	1	1	0	0	0	0	0	6
7	1	×	1	0	1	1	1	0	0	0	1	1	1	1	7
8	1	×	1	1	0	0	0	0	0	0	0	0	0	0	8
9	1	×	1	1	0	0	1	0	0	0	0	1	0	0	9

值得注意的是,为半导体数码管选择译码驱动器时,一定要注意半导体数码管是共阳极还是共阴极,共阳极应该选择译码驱动器是输出低电平有效的。

在表 8-3-4 中,3 个控制输入端 $\overline{LT}$、$\overline{BI}/\overline{RBO}$ 和 $\overline{RBI}$ 都是低电平有效。其功能如下:

(1) $\overline{LT}$:为试灯输入端,低电平有效。由表 8-3-4 第一行可见,当 $\overline{LT}=0$,且输入 $\overline{BI}=1$ 时,试灯输入信号有效,数码管各段应全亮,显示一个 8 字,表明数码管正常。正常使用时 $\overline{LT}=1$。

(2) $\overline{RBI}$ 为灭 0 输入端,低电平有效。由表 8.3.4 第三行可见,当 $\overline{RBI}=0$ 时,如果 $A_3A_2A_1A_0=0000$,数码管将熄灭,不显示 0,称为“灭 0 输入”。如果 $A_3A_2A_1A_0 \neq 0000$,数码管将正常显示。可见 $\overline{RBI}=0$ 只对 0 有熄灭作用。如果 $\overline{RBI}=1$,不论 $A_3A_2A_1A_0$ 输入数据为何值,数码管按正常译码显示。

(3) $\overline{BI}/\overline{RBO}$ 为熄灭输入端/灭 0 输出端,均为低电平有效。它既可以作为输入端使用,又可以作为输出端使用,是输入/输出共用一个的端口。由表 8-3-4 第 2 行可见,当作为输入端使用时称为熄灭输入端 $\overline{BI}$,若 $\overline{BI}=0$,无论其他输入数据如何,数码管熄灭;$\overline{BI}=1$,译码器显示正常。当作为输出端使用时称为灭 0 输出端 $\overline{RBO}$ 。若 $\overline{RBI} = 0$ 且输入数码 $A_3A_2A_1A_0 = 0000$ 时，$\overline{RBO} = 0$，除此之外的其余情况下 $\overline{RBO} = 1$。

$\overline{RBO}$ 和 $\overline{RBI}$ 相配合，可以用来熄灭不需要显示的 0。例如可以将整数前部的 0 和小数点尾部的 0 熄灭，既方便读取结果，又可以减少电源的消耗。

图 8-3-13 所示为八位数码显示电路，用以说明 $\overline{RBI}$ 、$\overline{BI/\overline{RBO}}$ 的作用。该显示电路在连接上具有如下特点：整数部分除了最高位的 $\overline{RBI}$ 接 0（地），最低位的 $\overline{RBI}$ 接 1（+5V），其余是将高位的 $\overline{RBO}$ 输出与邻近低位的 $\overline{RBI}$ 相连。小数部分是除了最低位的 $\overline{RBI}$ 接 0，最高位的 $\overline{RBI}$ 接 1 外，其余是将低位的 $\overline{RBO}$ 输出与邻近高位的 $\overline{RBI}$ 相连。

假如 8 个译码器的二进制码输入分别为 00006.200 所对应的 8421BCD 码，由于片 1 的 $\overline{RBI} = 0$，且输入对应 BCD 码是 0000，满足灭 0 的条件，数码管（1）熄灭，同时片 1 的 $\overline{RBO} = 0$，相当于片 2 的 $\overline{RBI} = 0$。当片 2 输入 BCD 码也为 0000 时，数码管（2）也熄灭，且 $\overline{RBO} = 0$。同理，数码管（3）、数码管（4）熄灭。数码管（5）、数码管（6）的 $\overline{RBI}$ 为 1（接+5 V），由于分别对应的 BCD 码输入是 0110 和 0010，数码管（5）、数码管（6）将正常显示出数字 6 和 2。片 8 的 $\overline{RBI} = 0$，且输入为 0000，数码管（8）的 0 将不显示 0，且使输出 $\overline{RBO} = 0$，相当于片 7 的 $\overline{RBI} = 0$，当片 7 的 BCD 码输入也为 0000 时，数码管（7）的 0 也会不显示。这样，有效数字 6.2 的前部和尾部的 0 都不被显示，只显示出有效数字 6.2。

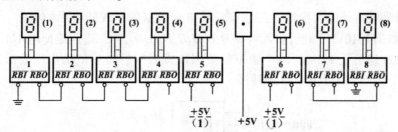

图 8-3-13 八位数码显示电路

8.3.4 数据选择器

数据选择器又称多路开关。数据选择器是在地址信号控制下，从输入的多路数据中选择其中一路作为输出的电路。数据选择器有 2 路、4 路、16 路等多种。中规模集成 CT74LS151 是八选一数据选择器，逻辑符号如图 8-3-14 所示，逻辑功能表如表 8-3-5 所示。

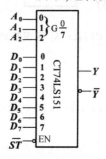

图 8-3-14 CT74LS151 逻辑符号

表 8-3-5 CT74LS151 逻辑功能表

输	入			输	出
$\overline{ST}$	A_2	A_1	A_0	Y	$\overline{Y}$
1	×	×	×	0	1
0	0	0	0	D_0	$\overline{D_0}$
0	0	0	1	D_1	$\overline{D_1}$
0	0	1	0	D_2	$\overline{D_2}$
0	0	1	1	D_3	$\overline{D_3}$
0	1	0	0	D_4	$\overline{D_4}$
0	1	0	1	D_5	$\overline{D_5}$
0	1	1	0	D_6	$\overline{D_6}$
0	1	1	1	D_7	$\overline{D_7}$

图 8-3-14 中, $\overline{ST}$:使能输入端,低电平有效。$\overline{ST}$ = 1 时,禁止工作,$Y=0$, $\overline{Y}=1$; $\overline{ST}=0$ 时,正常工作。$D_0 \sim D_7$ 为数据输入端。$A_2A_1A_0$ 为地址输入端,其作用是选择与地址码相对应的数据输入作为输出。Y 、$\overline{Y}$ 为互补的数据输出端。例如,当 $\overline{ST}=0$, $A_2A_1A_0=111$ 时,$Y=D_7$,以此类推。

数据选择器被广泛应用于对多路数据的采集和数据的并入转串出的电路。如图 8-3-15 所示,把 8 个数据 10101111 并行输入到 $D_0D_1D_2D_3D_4D_5D_6D_7$,当二进制地址码 $A_2A_1A_0$ 按时间的顺序依次由 000 递增至 111 时,八个通道的数据便按时间的先后依次串行输出二进制序列 "10101111" 信号,实现了数据的并串转换。

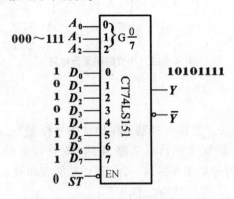

图 8-3-15 CT74LS151 实现并串转换电路

8.3.5 数值比较器

在数字系统中,经常需要对两个二进制数的大小进行比较。用来比较两个数字信号大小的电路,称为数值比较器。

中规模集成 CT74LS85 是四位二进制数值比较器,其逻辑符号如图 8-3-16 所示,逻辑功能表如表 8-3-6 所示。$A_3A_2A_1A_0$ 、$B_3B_2B_1B_0$ 分别为两个四位二进制数输入。$A>B$ 、$A=B$ 、$A<B$ 为级

联输入端。$F_{A>B}$、$F_{A=B}$、$F_{A<B}$ 为比较输出端。

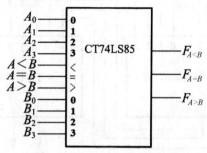

图 8-3-16 CT74LS85 逻辑符号

由表 8-3-6 可见,四位数值比较器是由高位开始逐位进行比较的。若最高位已比较出大小,则以后各位大小都对比较结果没有影响,如果最高位相等,则比较次高位,以此类推。如果四位比较结果都相等,需要看级联输入端 $A>B$、$A<B$、$A=B$ 的大小来确定比较的结果。

表 8-3-6 CT74LS85 逻辑功能表

输　　入							输　　出		
A_3　B_3	A_2　B_2	A_1　B_1	A_0　B_0	$A>B$	$A<B$	$A=B$	$F_{A>B}$	$F_{A<B}$	$F_{A=B}$
$A_3>B_3$	× ×	× ×	× ×	×	×	×	1	0	0
$A_3<B_3$	× ×	× ×	× ×	×	×	×	0	1	0
$A_3=B_3$	$A_2>B_2$	× ×	× ×	×	×	×	1	0	0
$A_3=B_3$	$A_2<B_2$	× ×	× ×	×	×	×	0	1	0
$A_3=B_3$	$A_2=B_2$	$A_1>B_1$	× ×	×	×	×	1	0	0
$A_3=B_3$	$A_2=B_2$	$A_1<B_1$	× ×	×	×	×	0	1	0
$A_3=B_3$	$A_2=B_2$	$A_1=B_1$	$A_0>B_0$	×	×	×	1	0	0
$A_3=B_3$	$A_2=B_2$	$A_1=B_1$	$A_0<B_0$	×	×	×	0	1	0
$A_3=B_3$	$A_2=B_2$	$A_1=B_1$	$A_0=B_0$	1	0	0	1	0	0
$A_3=B_3$	$A_2=B_2$	$A_1=B_1$	$A_0=B_0$	0	1	0	0	1	0
$A_3=B_3$	$A_2=B_2$	$A_1=B_1$	$A_0=B_0$	0	0	1	0	0	1

级联输入端可用来扩展数值比较器的位数。当多片四位数值比较器级联构成更多位数的数值比较器时,高位片的级联输入端分别接相应低位片的比较输出端。图 8-3-17 所示为两片 CT74LS85 四位数值比较器扩展为八位数值比较器的逻辑图。要想比较出相等的正确结果,必须使最低位片的级联输入端($A=B$)接高电平"1",其他两个级联输入端($A>B$)、($A<B$)均接低电平"0"。

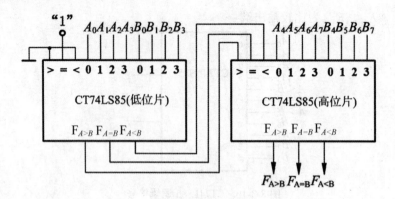

图 8-3-17　四位数值比较器扩展为八位数值比较器

习　题

8-1　分析图 P8-1 所示电路的逻辑功能。写出逻辑函数表达式,列真值表,说明电路逻辑功能。

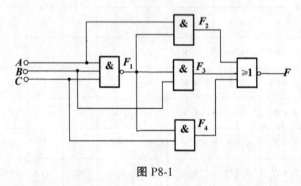

图 P8-1

8-2　写出图 P8-2 所示电路的逻辑函数表达式,列真值表,说明电路逻辑功能。

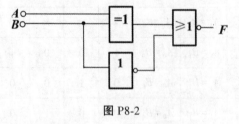

图 P8-2

8-3　输入 A、B、C 分别代表二进制数 N 的三位,当 N 对应的十进制数 $2 \leqslant (N)_{10} \leqslant 5$ 时,输出为 1,否则为 0。

（1）写出真值表。

（2）写出最简的与或式。

（3）画出相应的逻辑电路图（输入变量既可以是原变量,也可以是反变量）。

8-4 写出图 P8-4 所示电路的逻辑函数表达式，并说出当 $A_2A_1A_0 = 010$ 和 $A_2A_1A_0 = 011$ 时 F 的值。

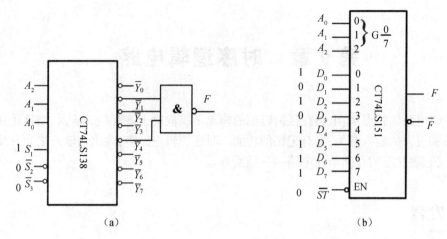

图 P8-4

8-5 译码器按功能可分为有几种类型？七段显示译码器的作用是什么？为半导体数码管选择译码器时，应注意什么？

8-6 用 CT74LS85 四位数值比较器构成一个十二位的数值比较器。

8-7 用 CT74LS283 四位全加器构成一个将 8421BCD 码转换成余 3 码的转换电路。

第9章 时序逻辑电路

时序逻辑电路的特点是：电路在任何时刻的输出不仅取决于该时刻的输入，而且还和电路以前的状态和过去的输入有关，具有记忆的功能。时序逻辑电路中，输出与输入之间有反馈通路，有能记忆过去状态的存储单元电路——触发器。

9.1 触发器

触发器(Flip-Flop)是用于存储一位二值数据的逻辑单元电路。一个触发器具有"0"和"1"两个稳定状态。

9.1.1 基本 RS 触发器

基本 RS 触发器是最简单的触发器，它是构成各类触发器的基础。

1.电路的组成

如图 9-1-1(a)所示为由两个非门交叉连接而成的基本 RS 触发器。输出端 Q 和 $\overline{Q}$ 为互补。触发器有两种稳定状态：$Q=0$、$\overline{Q}=1$ 时称为"0"状态；$Q=1$、$\overline{Q}=0$ 时称为"1"状态。它有两个输入端 $\overline{R}_D$ (复位端)和 $\overline{S}_D$ (置位端)，都是低电平有效。

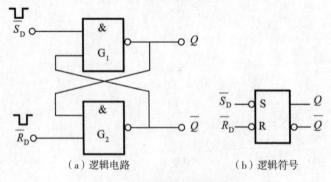

(a)逻辑电路　　　　　　(b)逻辑符号

图 9-1-1　基本 RS 触发器

2.逻辑功能

下面分四种情况来分析基本 RS 触发器输出与输入之间的逻辑关系。

(1) $\overline{R}_D=0$、$\overline{S}_D=1$

触发器状态一定是"0"态。$\overline{R}_D=0$ 必定使 G_2 门输出 $\overline{Q}=1$，该信号同时反馈到 G_1 门的输入端，与 G_1 门的另一个输入端 $\overline{S}_D=1$ 一起使 G_1 门输出 $Q=0$。

（2）$\overline{R}_D = 1$、$\overline{S}_D = 0$

触发器状态一定是"1"态。$\overline{S}_D = 0$ 必定使 G_1 门输出 $Q = 1$，该信号同时反馈到 G_2 门的输入端，与 G_2 门的另一个输入端 $\overline{R}_D = 1$ 一起使 G_2 门输出 $\overline{Q} = 0$。

（3）$\overline{R}_D = 1$、$\overline{S}_D = 1$

触发器维持原状态不变。门 G_1 的输出 $Q = \overline{\overline{S}_D \cdot \overline{Q}} = \overline{1 \cdot \overline{Q}} = Q$；门 G_2 的输出 $\overline{Q} = \overline{\overline{R}_D \cdot Q} = \overline{1 \cdot Q} = \overline{Q}$。若触发器原来是"1"态，维持原状态"1"。若触发器原来是"0"态，触发器也维持在"0"态。

（4）$\overline{R}_D = 0$、$\overline{S}_D = 0$

触发器状态不定。$\overline{R}_D = 0$ 必定使 G_2 门输出 $\overline{Q} = 1$，$\overline{S}_D = 0$ 必定使 G_1 门输出 $Q = 1$，所以触发器既非"1"态，也非"0"态。当 $\overline{R}_D$、$\overline{S}_D$ 都同时由"0"变"1"时，由于 G_1 和 G_2 门的门延迟时间有差别，触发器的新状态可能是"1"态，也可能是"0"态。这种情况在使用中应禁止出现。

基本 RS 触发器的逻辑功能表如表9-1-1所示，图9-1-1（b）是基本 RS 触发器的逻辑符号，输入端 $\overline{R}_D$、$\overline{S}_D$ 的小圆圈表示低电平有效。

表9-1-1中，Q^n 表示触发器的现态；Q^{n+1} 表示触发器的次态。

表 9-1-1　基本 RS 触发器的逻辑功能表

$\overline{R}_D$	$\overline{S}_D$	Q^{n+1}
0	0	不定
0	1	0
1	0	1
1	1	$Q^{n+1} = Q^n$（保持不变）

在实际应用中，基本 RS 触发器可构成消抖动开关。在机械开关振动或按动过程中，一般都存在接触抖动，在几十毫秒的时间里会使电压或电流波形连续产生多个脉冲（毛刺），这在数字系统中会造成电路的误动作，是绝对不允许的。为了克服电压抖动，可利用简单的基本 RS 触发器，电路如图9-1-2（a）所示。S 为单刀双掷开关，原来与 B 点接通，这时触发器的 B 为 0（$\overline{R}_D = 0$）、A 为 1（$\overline{S}_D = 1$），Q 状态为"0"。当开关离开 B 点掷向 A 点时，B 点由于脱离接触时会产生不规则抖动，但是，由于触发器的 A 点（$\overline{S}_D = 1$），即使 B 出现 0 或 1（$\overline{R}_D = 0$ 或 1），Q 的状态都会保持在"0"不变。当中间触点与 A 接触时，此时 B 点已经为高电平 $\overline{R}_D = 1$，当 A 点一旦出现低电平 $\overline{S}_D = 0$，触发器的状态 Q 翻转为"1"，此时即使 A 点的电位由于振动而产生"毛刺"使 A 又变为"1"，由于触发器的 B 点（$\overline{R}_D = 1$），Q 的状态都不会改变，保持在"1"态。所以在输出端 Q 会得到无抖动的波形，如图9-1-2（b）所示。

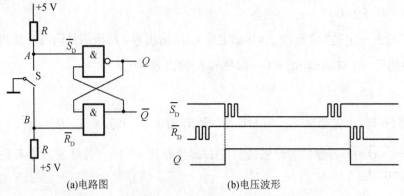

(a)电路图 (b)电压波形

图 9-1-2 利用基本 RS 触发器构成的消抖动开关

3.触发器的逻辑功能描述方式

描述触发器次态与现态、输入之间的逻辑关系的描述方式有状态转换表、特征方程、状态转换图和波形图。

(1)状态转换表

状态转换表是反映触发器次态与现态、输入之间逻辑关系的表格。

(2)特征方程

特征方程描述触发器次态与现态、输入之间逻辑关系的逻辑表达式。

(3)状态转换图

状态转换图描述触发器状态间的转换及转换条件的几何图形。

(4)波形图

波形图反映触发器次态与现态、输入对应关系的图形。

9.1.2 边沿触发器

边沿触发器是指触发器的次态仅在时钟的上升沿或下降沿时刻才对输入信号产生响应的触发器。时钟从 0 跳变到 1 的瞬间为上升沿,时钟从 1 跳变到 0 的瞬间为下降沿。时钟有效沿是指能使触发器的状态发生改变的时钟沿(上升沿或下降沿)。边沿触发器的输入只需要在时钟的有效沿附近很短的时间内保持稳定,它的抗干扰能力强,工作可靠,是目前应用广泛的触发器。

1.集成边沿 D 触发器

CT74LS74 是边沿 D 触发器。图 9-1-3(a)为它的逻辑符号,逻辑功能如表 9-1-2 所示。$\overline{S}_D$ 为异步置"1"端,$\overline{R}_D$ 为异步置"0"端,均为低电平有效。异步表示置"1"、置"0"与时钟 CP 和输入无关。CP 上的小箭头表示是时钟输入端,时钟 CP 不加小圆圈,表示时钟上升沿触发。Q^n 表示时钟上升沿到达之前触发器的状态,称为现态;Q^{n+1} 表示时钟上升沿到达之后触发器的状态,称为次态。

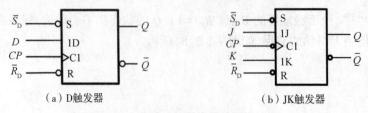

(a) D触发器 (b) JK触发器

图 9-1-3 集成边沿触发器的逻辑符号

表 9-1-2 CT74LS74 边沿 D 触发器的逻辑功能表

输入				输出
$\overline{R}_\text{D}$	$\overline{S}_\text{D}$	CP	D	Q^{n+1}
0	1	×	×	0
1	0	×	×	1
1	1	↑	0	0
1	1	↑	1	1

触发器在接通电源后,会随机进入"0"状态或"1"状态。利用异步置"1"端 $\overline{S}_\text{D}$ 和异步置"0"端可以将触发器设定成所期望的初始"1"态或"0"态。当预置初态完成后,应将它们接高电平"1"($\overline{S}_\text{D}=1$, $\overline{R}_\text{D}=1$)。

D 触发器的特征方程:

$$Q^{n+1} = D \tag{9.1.1}$$

式(9.1.1)表明, Q 端跟随输入信号 D 而变化, D 触发器可以将输入信号存入触发器中。

2.集成边沿 JK 触发器

CT74LS112 是边沿 JK 触发器。逻辑符号如图 9-1-3(b),逻辑功能如表 9-1-3 所示。 $\overline{S}_\text{D}$ 和 $\overline{R}_\text{D}$ 为异步置"1"端和异步置"0"端,低电平有效。时钟 CP 端的小圆圈,表示时钟 CP 的下降沿触发。 JK 触发器具有置"0"、置"1"、保持和翻转功能。

表 9-1-3 CT74LS112 边沿 JK 触发器的逻辑功能表

输入					输出	
$\overline{R}_\text{D}$	$\overline{S}_\text{D}$	CP	J	K	Q^{n+1}	功能
0	1	×	×	×	0	置0
1	0	×	×	×	1	置1
1	1	↓	0	0	Q^n	保持
1	1	↓	0	1	0	0
1	1	↓	1	0	1	1
1	1	↓	1	1	$\overline{Q^n}$	翻转

JK 触发器的特征方程:

$$Q^{n+1} = J\overline{Q^n} + \overline{K}Q^n \tag{9.1.2}$$

【例 9-1-1】:设上升沿触发的边沿 D 触发器的时钟脉冲 CP 、 $\overline{S}_\text{D}$ 、 $\overline{R}_\text{D}$ 和 D 的波形图如图 9-1-4 所示,画出输出端 Q 的波形。(注:书中如未特殊说明,忽略触发器的传输延迟时间)

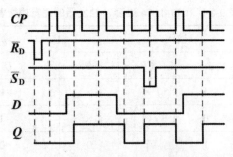

图 9-1-4 例 9-1-1 的波形图

【例 9-1-2】：设下降沿触发的边沿 JK 触发器的时钟脉冲 CP 和 J、K 的波形图如图 9-1-5 所示，画出输出端 Q 的波形。（假设触发器的初始状态为"0"，$\overline{R}_D = \overline{S}_D = 1$）

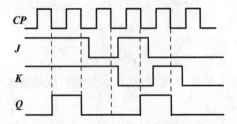

图 9-1-5 例 9-1-2 的波形图

【例 9-1-3】：设下降沿触发的边沿 JK 触发器的时钟脉冲 CP、$\overline{S}_D$、$\overline{R}_D$ 和 J、K 的波形图如图 9-1-6 所示，画出输出端 Q 的波形。

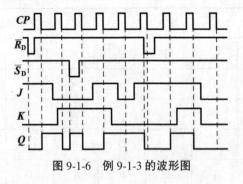

图 9-1-6 例 9-1-3 的波形图

9.2 计数器

计数器是一种用来累计所收到的时钟脉冲个数的时序逻辑电路。计数器广泛应用于各种数字式仪表和计算机中。计数器除了用来计数外，还可以完成分频、定时、程序计数器、时序发生器等功能。

计数器有各种不同的分类方法。按计数器各触发器的状态更新是否同时发生，可以分为同步计数器和异步计数器；按计数器中二进数值的增减分类，又可分为加法计数器、减法计数器和可逆计数器（加/减计数器）；按编码分类，可分为二进制计数器、二-十进制（BCD）计数器和循环码计数器;若按计数器的进制(模)分类,又可分为十进制计数器、十六进制计数器、六十进制计数器等。

9.2.1 二进制计数器

1.D 触发器构成的加法计数器

如图 9-2-1(a)所示,当 D 触发器的 $\overline{Q}$ 端与输入端 D 连接时,就构成了 D 触发器的计数状态。由于 $D=\overline{Q}$,每当 CP 上升沿到来时,D 触发器的状态就要翻转一次。在一系列 CP 脉冲上升沿的作用下,触发器将不断地翻转,如图 9-2-1(b)所示。假设触发器的初始状态为"0",如果收到一个 CP 脉冲,它将变为"1"态。如果再收到一个 CP 脉冲,它又变为"0"态,此时从 Q 端输出来看,相当于有一个负跳变(从"1"变为"0"),而在 $\overline{Q}$ 端则产生一个正跳变(从 0 变到 1)。若把 $\overline{Q}$ 端输出的正跳变看作是进位信号,当计数器每收到 2 个脉冲时就会产生一个进位信号,并且状态 Q 端状态重新回到 0 开始计数。由此可见,该电路是一个只有两个状态的二进制计数器,它计数的进制(模)为 2,所以也称为模 2 计数器。

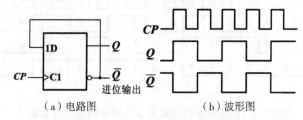

(a)电路图　　　　　　　　(b)波形图

图 9-2-1　D 触发器构成的一位二进制计数器

计数器可以作为分频器。如图 9-2-1(a)的模 2 计数器电路也可称为二分频器。这是因为由 Q 及 $\overline{Q}$ 端输出的信号的频率为输入 CP 脉冲频率的 1/2,如图 9-2-1(b)所示。模 N 的计数器也称为 N 分频器。

上面我们分析了如果一位 D 触发器的 $\overline{Q}$ 端与 D 端相连接成它的计数状态,可构成一位二进制(模 2)计数器。如果我们将 n 个 D 接成计数状态的 D 触发器按一定的规律串接起来,就可构成一个 n 位二进制(模为 2^n 的计数器)。如图 9-2-2(a)所示为一个由 4 个 D 触发器构成的四位二进制(模 16)计数器。图中的每一个 D 触发器各自的 $\overline{Q}$ 端都与 D 端连接,接成了计数状态。但每个触发器的时钟却来自不同的信号。其中,最低位触发器 FF0 的时钟脉冲端来自于外输入的计数脉冲 CP;而其他位触发器的时钟脉冲却来自其相邻低位的 $\overline{Q}$ 输出。因此,各个触发器状态的变化有先有后,不是同时发生的,属于"异步"计数器。

触发器 FF0 的 Q_0 在外输入 CP 作用下不断地翻转,$\overline{Q}_0$ 又作用于 FF1 的时钟端,每到 $\overline{Q}_0$ 的上升沿(相当于 Q_0 的下降沿),FF1 发生一次翻转。同理,触发器 FF2 每到 Q_1 的下降沿将发生一次翻转;触发器 FF3 每到 Q_2 的下降沿发生一次翻转。画出各级触发器输出 $Q_3 \sim Q_0$ 的波形图如图 9-2-2(b)所示,从波形图可看出,电路的状态 $Q_3Q_2Q_1Q_0$ 所表示的二进制数值与它收到的脉冲 CP 的个数是一致的。假设计数器 $Q_3Q_2Q_1Q_0$ 从初始状态 0000 开始,当第 1 个计数脉冲到来时(CP 上升沿),计数器状态为 $Q_3Q_2Q_1Q_0 = 0001$,表示输入了 1 个计数脉冲;当第 2 个计数脉冲到来时,计数器状态为 $Q_3Q_2Q_1Q_0 = 0010$,表示输入了 2 个计数脉冲,以此类推……，每输入一个脉冲，计数器状态按二进制数值加 1，第 15 个脉冲后 $Q_3Q_2Q_1Q_0=$ 1111。当第 16 个脉冲到来时，电路返回到状态 0000，重新开始计数，完整地循环一次共经历了 16 个状态，同时由 $\overline{Q_3}$ 产生一个正跳变作为进位信号。因此，该电路为异步十六进制加法计数器。

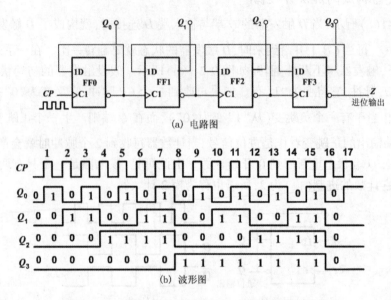

(a) 电路图

(b) 波形图

图 9-2-2　D 触发器构成的异步十六进制加法计数器

2. JK 触发器构成的加法计数器

图 9-2-3(a) 所示为由 4 个 JK 触发器组成的四位二进制加法计数器。每一位触发器的 J、K 端均置高电平("1")或悬空，使之处于计数状态。级间连接方式是以低位触发器的输出 Q 端作为相邻高位触发器的时钟脉冲输入信号。这样，每来一个计数脉冲，最低位触发器就翻转一次；而高位触发器则在相邻的低位触发器的 Q 从"1"变为"0"(相当于下降沿)时翻转。其波形如图 9-2-3(b) 所示。从波形图可看出，当输入第 15 个计数脉冲后计数器的状态为 $Q_3Q_2Q_1Q_0=1111$。当第 16 个计数脉冲到来时，计数器的状态由"1111"又回到了初始状态"0000"，完成了一次状态循环。以后每输入 16 个计数脉冲，计数器状态循环一次。该电路为异步十六进制加法计数器。

由图 9-2-2(b) 和图 9-2-3(b) 波形图还可以看出，Q_0、Q_1、Q_2、Q_3 的频率分别是计数脉冲 CP 频率的 1/2、1/4、1/8、1/16。若按此级联规律构成计数器的触发器有 n 个时，最后一级触发器的输出脉冲频率降为第一级输入时钟脉冲 CP 频率的 $1/2^n$，可实现 2^n 分频。

综上分析，对由 n 位触发器构成的异步 2^n 进制的加法计数器可归纳如下：

(1) 组成计数器的每位触发器都应处于计数状态。D 触发器 $\overline{Q}$ 端与输入端 D 连接；JK 触发器的 J、K 端均置高电平("1")或悬空。

(2) 组成加法计数器的各位触发器之间的连接方式由触发器类型而定，若采用下降沿触发的触发器，进位信号由 Q 端引出，并作为相邻高位的时钟信号；如采用上升沿触发的触发器，则进位信号从 $\overline{Q}$ 端引出，并作为相邻高位的时钟信号。

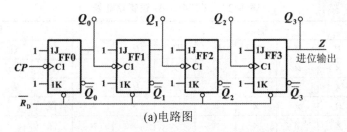

(a)电路图

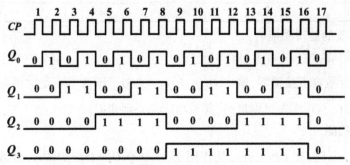

（b）波形图

图 9-2-3 *JK* 触发器构成的异步十六进制加法计数器

若由 n 个 D 触发器组成异步 2^n 进制的减法计数器时,各位触发器之间的连接方式有所不同。如采用下降沿触发的触发器,则进位信号将由 $\overline{Q}$ 端引出,并作为相邻高位的时钟信号;如采用上升沿触发的触发器,则进位信号从 Q 端引出,并作为相邻高位的时钟信号。

9.2.2 集成同步计数器

随着集成电路工艺的发展,各种时序的中规模集成电路已大量生产,其中最常见的有各种类型的计数器。下面介绍几种典型的中规模集成计数器。

1.CT74LS161 的逻辑功能

CT74LS161 是集成十六进制的同步加法计数器,具有异步清零、同步置数、同步计数和保持等功能,其功能表如表 9-2-1 所示,其逻辑符号如图 9-2-4 所示。$\overline{C_R}$ 是异步清零端,低电平有效。$\overline{L_D}$ 是同步置数控制端,低电平有效。$D_3D_2D_1D_0$ 是预置数据输入端。P、T 端为计数控制端,高电平有效。C_O 端是进位输出端。CP 为时钟脉冲输入端,上升沿有效。

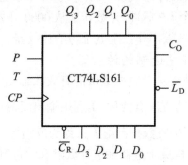

图 9-2-4 CT74LS161 逻辑符号

表 9-2-1　CT74LS161 逻辑功能表

输入									输出			
$\overline{C_R}$	$\overline{L_D}$	P	T	CP	D_3	D_2	D_1	D_0	Q_3	Q_2	Q_1	Q_0
0	×	×	×	×	×	×	×	×	0	0	0	0
1	0	×	×	↑	D_3	D_2	D_1	D_3	D_3	D_2	D_1	D_3
1	1	0	×	×	×	×	×	×	保			持
1	1	×	0	×	×	×	×	×	保			持
1	1	1	1	↑	×	×	×	×	计			数

CT74LS161 主要的逻辑功能有:

(1)异步清零功能

当 $\overline{C_R} = 0$ 时,计数器直接清零,输出 $Q_3Q_2Q_1Q_0 = 0000$。该清零不受时钟或其他输入的控制,称为异步清零。$\overline{C_R} = 0$ 优先级别最高,其他功能都必须使 $\overline{C_R} = 1$。

(2)同步置数功能

当 $\overline{C_R} = 1$,$\overline{L_D} = 0$ 时,在 CP 上升沿的作用下,$Q_3Q_2Q_1Q_0 = D_3D_2D_1D_0$。计数器被置数为预置数据 $D_3D_2D_1D_0$。该功能可将计数器预置成某个期望的状态。同步置数表示置数要受时钟 CP 控制。$\overline{L_D} = 0$ 的优先级别仅次于 $\overline{C_R} = 0$。

(3)同步计数功能

当 $\overline{C_R} = 1$,$\overline{L_D} = 1$,$P \cdot T = 1$ 时,在 CP 上升沿的作用下,$Q_3Q_2Q_1Q_0$ 按二进制加法计数加 1。C_O 端是进位输出端,$C_O = TQ_3Q_2Q_1Q_0$,仅当 $T = 1$,且计数到最大状态 1111 时,$Co = 1$,若再来 1 个 CP 脉冲,计数器又从 0000 开始计数。计数受时钟 CP 控制。

(4)保持功能

当 $\overline{C_R} = 1$,$\overline{L_D} = 1$,$P \cdot T = 0$ 时,无论有无计数脉冲 CP,计数器保持状态不变。

2.其他型号的集成加法计数器

中规模集成计数器的产品型号众多,除 CT74LS161 外,还有 CT74LS163 和 CT74LS160。

(1)CT74LS163 与 CT74LS161 具有的逻辑功能基本一样,唯一的不同是清零方式不同。CT74LS163 是同步清零。所谓同步清零是当 $\overline{C_R} = 0$ 时,计数器只有在时钟脉冲 CP 上升沿才清零。

(2)CT74LS160 与 CT74LS161 具有的逻辑功能也基本一样,唯一的不同是计数的进制不同。CT74LS160 是十进制的计数器,有 0000~1001 共 10 个状态,当 $T = 1$,且计数器的计数到最大 1001 时,$C_O = 1$,若再来 1 个 CP 脉冲,计数器又从 0000 开始计数。因此,CT74LS160 的输出是 8421BCD,由于使用方便,常被用作数字电子钟的计数器。

3.集成加法计数器构成任意进制的计数器

所谓任意 N 进制,就是计数器计数时所经历的有效状态总数为 N 个。

实现任意 N 进制的计数器的方法有两种:①利用输出反馈控制清零输入端 $\overline{C_R}$,称为反馈清零法;②利用输出反馈控制同步置数控制端 $\overline{L_D}$,称为反馈置数法。

【例 9-2-1】:用 CT74LS161 构成十进制加法计数器和六进制加法计数器。

CT74LS161 是十六进制的计数器,从 16 个状态中选出 10 个状态或 6 个状态可构成十进制和六进制计数器,只需要一片。如果要实现进制大于十六的计数器,需要多片 CT74LS161 级联。

解:(1)反馈清零法

反馈清零法适用于有清零输入端 $\overline{C_R}$ 的计数器。可以从 CT74LS161 的 16 个状态中选取 0000~1001 的 10 个有效的循环状态构成十进制计数器。假如当计数到 1001 状态时,Q_3 和 Q_1 通过一个与非门反馈使 $\overline{C_R}=0$,由于 $\overline{C_R}$ 是异步清零端,与 CP 脉冲无关,一旦 $\overline{C_R}=0$,$Q_3Q_2Q_1Q_0$ 将直接置成 0000 状态,计数器将重新从 0000 开始计数。因此,1001 是个很短暂的瞬间状态,几乎观察不到此状态。此外,当计数器被直接置 0 后,此时对应清零信号 $\overline{C_R}$ 不再为 0,因此,清零 $\overline{C_R}$ 保持为 0 的时间也非常短暂,使得电路清零的可靠性得不到保证。正是由于以上的原因,在采用异步清零端的反馈清零法时,为了使十进制计数器中能经历 10 个稳定有效的计数状态,通常需要引入 1001 的下一个状态 1010[如图(b)虚线圈中状态]作为过渡态,利用过渡态 1010 的反馈来控制异步清零信号 $\overline{C_R}$,这样,从计数器的计数结果看,电路就有从 0000~1001 共 10 个有效状态了。用 CT74LS161 采用反馈清零法构成的十进制计数器如图 9-2-5(a)所示,状态转换图如图 9-2-5(b)所示。

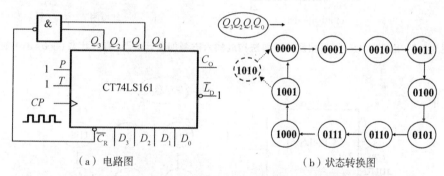

（a）电路图　　　　　　　　（b）状态转换图

图 9-2-5　用 CT74LS161 采用反馈清零法构成的十进制计数器

当采用具有同步清零端的集成计数器 CT74LS163 时,若使用反馈清零法构成任意进制计数器时,不需要通过增加过渡态来控制同步清零信号 $\overline{C_R}$。

(2)反馈置数法

反馈置数法就是当计数器计数到要求的状态时,通过与非门反馈使同步置数控制端 $\overline{L_D}=0$,让计数器在下一个脉冲上升沿到来时预置输入数据 $D_3D_2D_1D_0$,构成计数器所需要的 10 个有效状态循环,从而形成十进制的计数器。这种方法构成的计数器,不存在瞬间状态。如图 9-2-6(a)所示,当计数器计数到 1001 状态时,通过与非门反馈使 $\overline{L_D}=0$,在下一个脉冲上升沿到来时计数器 $Q_3Q_2Q_1Q_0=D_3D_2D_1D_0$ 置数为 0000 状态,此时对应的 $\overline{L_D}=1$,不再为 0,计数器又重新从 0000 开始计数,这样 0000~1001 就构成计数器所需要的 10 个有效状态循环,其状态转换图如图9-2-6(b)所示。图 9-2-7(a)和(b)分别为有效状态为 0000~0101 的六进制加法计数器的电路图和状态转换图。图 9-2-8(a)和(b)分别为有效状态为 1100~1111 的六进制加法计数器的电路图和状态转换图。

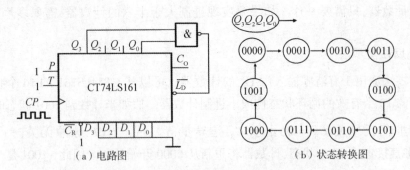

（a）电路图　　　　　　　　　（b）状态转换图

图 9-2-6　用 CT74LS161 采用反馈置数法构成的十进制加法计数器

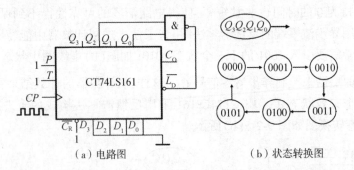

（a）电路图　　　　　　　　　（b）状态转换图

图 9-2-7　用 CT74LS161 采用反馈置数法构成的六进制加法计数器（有效状态 0000～0101）

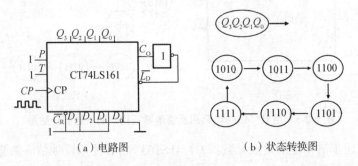

（a）电路图　　　　　　　　　（b）状态转换图

图 9-2-8　用 CT74LS161 采用反馈置数法构成的六进制加法计数器（有效状态 1100～1111）

【例 9-2-2】：用 CT74LS160 构成六十进制的加法计数器。

解：CT74LS160 是同步十进制加法计数器。一片 CT74LS160 只能实现最大十进制的计数器，构成六十进制的计数器需要两片 CT74LS160 按一定方法级联而成，如图 9-2-9 所示。将两片的 CP 端连在一起，接成同步状态。$\overline{C_R}$ 端连在一起，作为清零信号，当 $\overline{C_R}=0$ 时，两片计数器同时清零，当需要计数时使 $\overline{C_R}=1$。（1）片的 $\overline{L_D}=1$，$P=T=1$ 一直处于计数状态，接成十进制的计数器，同时（1）片的进位输出信号 Co 接（2）片的计数控制端 P 和 T，以保证当（1）片的 $Q_3Q_2Q_1Q_0=1001$ 时（2）片的 $P=T=1$ 准备开始计数，当第 10 个脉冲到来时，（1）片由 1001 回到 0000 的同时，（2）片实现加 1 计数，也就是说，（1）片对每个 CP 脉冲都进行计数，而（2）片是每 10 个 CP 脉冲进行一次加 1 计数。当（1）片计数到 1001（$Co=1$），（2）片计数到 0101 时，即 01011001（59 的 BCD 码）时，采用反馈置数法使（2）片的 $\overline{L_D}$ 置为 0，准备开始置数 0000，当第60个脉冲到来时,(2)片置数到0000的同时(1)片重新从1001变为0000开始计数,从而完成了两片同时清零。该计数器是六十进制的加法计数器。

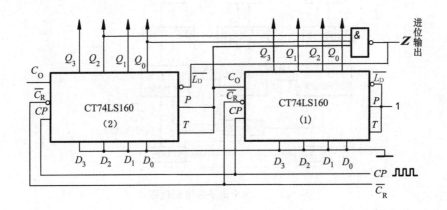

图 9-2-9 用 CT74LS160 采用反馈置数法构成的六十进制加法计数器

【例 9-2-3】:用 CT74LS160 构成二十四进制的加法计数器。

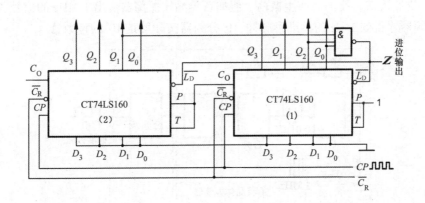

图 9-2-10 用 CT74LS160 采用反馈置数法构成的二十四进制加法计数器

解:采用反馈置数法。基本连接方法与例9-2-2的六十进制计数器相类似。(1)片是十进制计数器,(2)片是每10个 CP 脉冲进行一次加1计数。但是当(2)片计数到0010,同时(1)片计数到0011时,即00100011(23的BCD码)时,(1)片和(2)片的 $\overline{L_D}$ 同时为0,都准备开始置数0000,当第24个脉冲到来时,(1)片和(2)片均置数到0000,从而完成了两片同时清零。该计数器是二十四进制的加法计数器。

9.2.3 数字电子钟

数字电子钟的逻辑框图如图9-2-11所示。它主要由标准秒脉冲产生电路、计数器、显示译码器、数码显示器和校时电路组成。

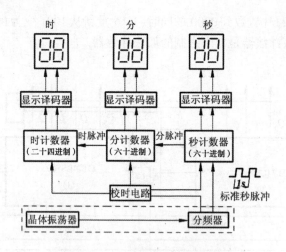

图 9-2-11　数字电子钟逻辑框图

1.标准秒脉冲产生电路

标准秒脉冲需要 1 Hz 的方波信号,产生电路由石英晶体振荡器和分频器组成。如图 9-2-12 所示,石英晶体振荡器产生一个精确度高、稳定性好,而且简单易调整的频率。晶振在电路中的作用是选频网络,当电路的振荡频率等于晶振的固有振荡频率 f_0 时,频率 f_0 的信号通过晶振和 C_2 支路形成正反馈而产生振荡。假如石英晶体振荡器输出 1 MHz 的信号,需要再经过 10^6 的分频器才得到 1 Hz 的标准秒脉冲,10^6 分频器实际就是 10^6 的计数器。

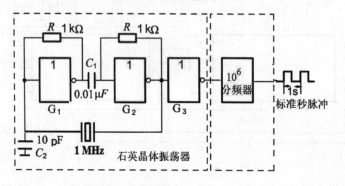

图 9-2-12　标准秒脉冲产生电路

2.计数器

在如图 9-2-11 所示的数字电子钟逻辑框图中,数字钟表中的分、秒计数器都是采用图 9-2-9 所示六十进制的计数器,小时采用图 9-2-10 所示的二十四进制的计数器。"秒计数器"的时钟脉冲来自 1 Hz 的标准秒脉冲,小时、分、秒计数器之间是以异步方式连接的,即六十进制"秒计数器"的进位输出 Z 将作为六十进制"分计数器"中的分脉冲,同理六十进制"分计数器"的进位输出 Z 又将作为二十四进制"时计数器"的时脉冲。这样级联后,每当数到 59 s,再来一个秒脉冲,秒计数器复零,分计数器加 1。每当计数到 59 min 59 s 时,再来一个秒脉冲,分、秒的所有计数器全部复零,小时计数器加 1,每当计数到 23 h 59 min 59 s 时,再输入一个秒脉冲,小时、分、秒的所有计数器都将全部同时复零。

3.显示译码器和数码显示器

为了将时间用十进制数显示出来,需要将"秒""分""小时"计数器的个位和十位输出的

BCD 码分别送到六个 BCD-七段数码显示译码器中,经过译码驱动相应的数码显示器显示出来。

4.校时电路

数字钟启动后,每当数字钟显示与实际时间不符时,需要根据标准时间进行校时,因此,在电路中设有正常计时和校时装置。简单的校时电路如图 9-2-13 所示。

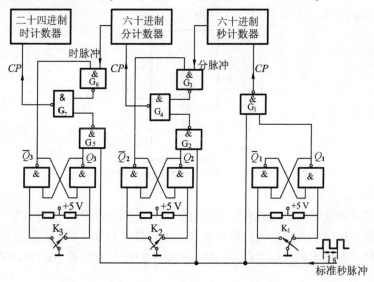

图 9-2-13　秒、分、时校时电路

进行校秒时,将开关 K_1 按下(K_1 掷向左),此时 $Q_1 = 0$ 使门电路 G_1 输出为 1 被封锁,标准秒脉冲进入不到"秒计数器"中,此时暂停秒计时。当数字钟秒显示值与标准的时间秒数值相同时,立即松开 K_1,完成秒校时。校"分""时"采用加速校时。当进行校分时,按下开关 K_2(K_2 掷向右),此时 $Q_2 = 1$,$\overline{Q_2} = 0$,使门电路 G_3 输出为 1 被封锁,标准秒脉冲信号直接通过 G_2、G_4 门被送到"分计数器"中作分时钟脉冲 CP,使"分计数器"以秒的节奏快速计数。当"分计数器"的显示与标准时间相符时,松开 K_2。当松开 K_2 时,$Q_2 = 0$,$\overline{Q_2} = 1$,此时 G_2 门输出为 1,封锁标准秒脉冲,G_4 门接收来自"秒计数器"的进位输出信号,使"分计数器"正常工作。同理,"时"校时电路与"分"校时电路工作原理完全相同。"秒""分""时"的校准开关分别通过 RS 触发器构成的消抖动开关控制。

9.3　寄存器

用来暂时存放二进制数据的时序逻辑电路部件称为寄存器。一个寄存器应该具有接收数据、存放数据和取出数据的功能。寄存器的记忆单元是触发器。一个触发器可以存放一位二进制,如果需要存入 n 位二进制数,就需要 n 个触发器。寄存器分为数据寄存器和移位寄存器。

9.3.1 数据寄存器

数据寄存器主要用来存放一组二进制信息,它具有并行接收、存放数码和并行输出数码的功能。在计算机中常被用来存储原始数据、中间结果、最终结果及地址码等数据信息与指令。

数据寄存器分两类:一类是 D 锁存器,电平触发方式存入数据,另一类是 D 触发器构成的寄存器,由时钟的有效沿触发并行存入数据。

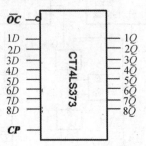

图 9-3-1   CT74LS373 的逻辑符号

1.锁存器(Latch)

锁存器是微机系统中常用的具有保存信息的芯片。微机中用于保存地址信息的锁存器,称为地址锁存器。锁存器实际是电位触发方式的触发器。图 9-3-1 为集成芯片 CT74LS373 的逻辑符号。它是三态输出的八位锁存器,芯片内含有 8 个 D 触发器。CT74LS373 逻辑功能表如表 9-3-1 所示。

表 9-3-1   锁存器 CT74LS373 逻辑功能表

输入			输出
$\overline{OC}$	CP	D	Q^{n+1}
0	1	1	1
0	1	0	0
0	0	×	Q^n(保持不变)
1	×	×	高阻态

$\overline{OC}$ 为输出控制端,CP 为时钟控制端,D 为数据输入端,Q^{n+1} 为三态数据输出端。

由表 9-3-1 可知,当 $\overline{OC}=0$ 时,若 $CP=1$ 时,八位输入数据 D 写入到锁存器中。当 $CP=0$ 时,输出保持原来的状态。而 $\overline{OC}=1$ 时,所有触发器的输出都呈高阻状态。

2.寄存器

集成芯片 CT74LS374 是三态输出的八位寄存器,芯片内含有 8 个边沿 D 触发器。图 9-3-2 为逻辑符号,逻辑功能表如表 9-3-2 所示。

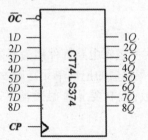

图 9-3-2   CT74LS374 的逻辑符号

表 9-3-2　寄存器 CT74LS374 功能表

输入			输出
$\overline{OC}$	CP	D	Q^{n+1}
0	↑	1	1
0	↑	0	0
0	0	×	Q^n
0	1	×	Q^n
1	×	×	高阻态

由表 9-3-2 可知,$\overline{OC}=0$ 时,在 CP 时钟的上升沿,八位输入数据 D 写入到寄存器中。当 $CP=0$ 或 1 时,输出保持原来的状态。$\overline{OC}=1$ 时,所有触发器的输出都呈高阻状态。

9.3.2　移位寄存器

移位寄存器除了能暂时存放数据外,还具有移位的功能。移位寄存器分为单向移位寄存器和双向移位寄存器。

1.单向移位寄存器

图 9-3-3 所示为四级 D 触发器构成的四位单向移位寄存器,所有触发器共用一个时钟作为移位指令,每级触发器的输出端 Q 依次连到下一级触发器的输入 D 端,第一个触发器的 D 输入端作为串行数据输入端 D_I。

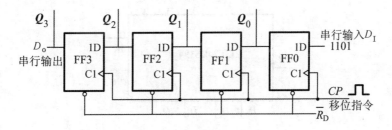

图 9-3-3　四位单向移位寄存器

由 D 触发器逻辑功能可知,D 触发器的工作状态依赖于时钟上升沿到达之前 D 输入端所处状态,由图 9-3-3 可知:

$$Q_3^{n+1} = Q_2^n , \quad Q_2^{n+1} = Q_1^n , \quad Q_1^{n+1} = Q_0^n , \quad Q_0^{n+1} = D_\mathrm{I} \tag{9.3.1}$$

式 (9.3.1) 表明:每到一个脉冲 CP 的上升沿时,图 9-3-3 中的二进制数据由 Q_0 向 Q_3 移动一位,实现了移位功能。

当在串行输入端 D_1 从高位到低位依次加入串行码 1101 时,经过 4 个 CP 后,串行码 1101 被存入了移位寄存器中,其移位过程如表 9-3-3 所示。这种逐位存入数据的方式称为串入方式。

表 9-3-3　四位移位寄存器工作过程

CP	Q_3	Q_2	Q_1	Q_0	串入数据(D_1)
0	×	×	×	×	1
1	×	×	×	1	1
2	×	×	1	1	0
3	×	1	1	0	1
4	1	1	0	1	

经过 4 个脉冲后可以同时从 $Q_3Q_2Q_1Q_0$ 取出 1101,如果需要从最后一个触发器的输出端 Q_3 逐位得到串行的输出数据 D_0,只要另加 3 个 CP 脉冲,就可依次取出数据 1101。

2.移位寄存器存数和取数方式

按照存数和取数方式的不同,移位寄存器可以分为四种方式:并入并出方式、并入串出方式、串入并出方式、串入串出方式。

同时存入数据称为并入方式;逐位存入数据称为串入方式;同时取数据称为并出方式;逐位取数据称为串出方式。

3.双向移位寄存器

既能左移又能右移的移位寄存器称为双向移位寄存器。CT74LS194 是一个四位双向移位寄存器。它具有清零、右移、左移、并行输入数据、保持等功能。CT74LS194 的逻辑符号如图 9-3-4所示,功能表见表 9-3-4。

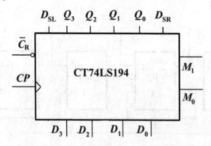

图 9-3-4　CT74LS194 的逻辑符号

$\overline{C_R}$:异步清零端,低电平有效。$Q_3Q_2Q_1Q_0$:并行数据输出端。$D_3D_2D_0D_1$:并行数据输入端。D_{SR}:右移串行数据输入端。D_{SL}:左移串行数据输入端。M_1、M_0 为工作方式控制端。$M_1M_0 = 00$ 为状态保持;$M_1M_0 = 01$ 为右移;$M_1M_0 = 10$ 为左移;$M_1M_0 = 11$ 为并行置数。CP 为时钟脉冲输入。

(1)异步清零功能

当 $\overline{C_R} = 0$ 时,输出 $Q_3Q_2Q_1Q_0 = 0000$。

(2)右移功能

当 $\overline{C_R} = 1$,$M_1M_0 = 01$ 时;在 CP 上升沿的作用下,$Q_3Q_2Q_1Q_0$ 实现数据由 Q_0 向 Q_3 移动一位,串入右移数据 D_{SR} 串入 Q_0 中。

(3)左移功能

当 $\overline{C_R}=1$，$M_1 M_0 = 10$ 时；在 CP 上升沿的作用下，$Q_3 Q_2 Q_1 Q_0$ 实现数据由 Q_3 向 Q_0 移动一位，串入左移数据 D_{SL} 串入 Q_3 中。

（4）并入置数功能

当 $\overline{C_R}=1$，$M_1 M_0 = 11$ 时；在 CP 上升沿的作用下，$Q_3 Q_2 Q_1 Q_0$ 并入置数为预置数据 $D_3 D_2 D_1 D_0$。

（5）保持功能

当 $\overline{C_R}=1$，$M_1 M_0 = 00$ 时，$Q_3 Q_2 Q_1 Q_0$ 保持数据不变。

表 9-3-4　CT74LS194 逻辑功能表

输入										输出				功能
$\overline{C_R}$	M_1	M_0	CP	D_{SL}	D_{SR}	D_3	D_2	D_1	D_0	Q_3^{n+1}	Q_2^{n+1}	Q_1^{n+1}	Q_0^{n+1}	
0	×	×	×	×	×	×	×	×	×	0	0	0	0	清零
1	×	×	0	×	×	×	×	×	×	Q_3^n	Q_2^n	Q_1^n	Q_0^n	保持
1	1	1	↑	×	×	D_3	D_2	D_1	D_0	D_3	D_2	D_1	D_0	置数
1	0	1	↑	×	1	×	×	×	×	Q_2^n	Q_1^n	Q_0^n	1	右
1	0	1	↑	×	0	×	×	×	×	Q_2^n	Q_1^n	Q_0^n	0	移
1	1	0	↑	1	×	×	×	×	×	1	Q_3^n	Q_2^n	Q_1^n	左
1	1	0	↑	0	×	×	×	×	×	0	Q_3^n	Q_2^n	Q_1^n	移
1	0	0	×	×	×	×	×	×	×	Q_3^n	Q_2^n	Q_1^n	Q_0^n	保持

9.3.3　移位寄存器的应用

1.实现数据串-并转换

在数字系统中，线路上信息的传递通常是串行传送，而终端的输入或输出往往是并行的，因而需要将串行信号转换成并行信号，或由并行信号变换成串行信号。

（1）串行数据变为并行数据

存取方式主要采用串入并出方式。

（2）并行数据变为串行数据

存取方式主要采用并入串出方式。

2.移位寄存器作为脉冲节拍延迟

由于移位寄存器在串行输入、串行输出时，输入信号经过 n 级移位寄存后才到达输出端输出，因此输出信号比输入信号延迟了 n 个移位脉冲的周期，这样就起到节拍延迟的作用。存取方式主要采用串入串出方式。

习 题

9-1 画出在时钟脉冲 CP 作用下,图 P9-1(a)中所示各边沿触发器的输出端 Q 的波形(设各触发器的初态 Q="0")。

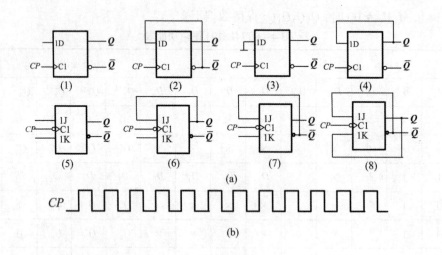

图 P9-1

9-2 画图 P9-2 中在输入信号 CP、$\overline{R}_D$、$\overline{S}_D$、J、K 的作用下,下降沿触发的边沿 JK 触发器输出端 Q 的波形(设触发器的初态 Q="0")。

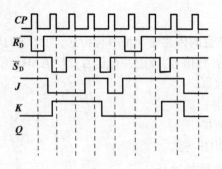

图 P9-2

9-3 在图 P9-3(a)所示电路中,输入图 P9-3(b)所示信号(设触发器的 $\overline{S}_D = 1$),试画出 Q_1、Q_2 端的波形。设 Q_1、Q_2 初始状态为"1"。

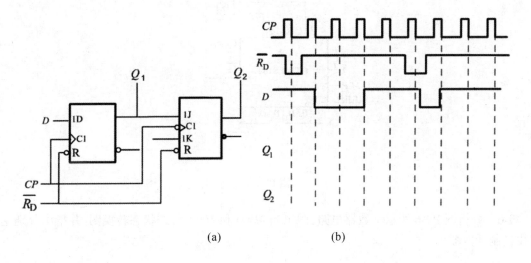

(a)   (b)

图 P9-3

9-4 画出在时钟脉冲 CP 作用下,图 P9-4 中所示电路 Q_0 和 Q_1 端的波形(设各触发器的初态为"0"),指出该时序逻辑电路是同步还是异步? 电路为几进制计数器? 实现加法还是减法? 若 $f_{cp} = 50$ Hz,求 f_{Q0}、f_{Q1}。

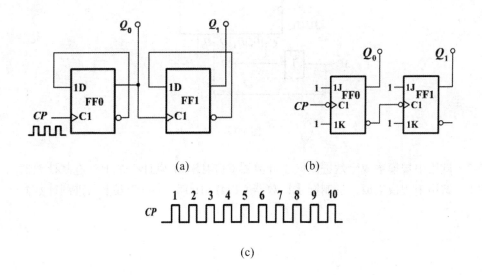

(a)   (b)

(c)

图 P9-4

9-5 分析图 P9-5 所示计数器电路,画出状态转换图,并说明是多少进制计数器。

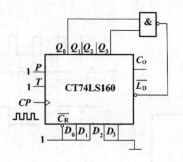

图 P9-5

9-6 分析图 P9-6 所示计数器电路,画出当 $M=0$ 和 $M=1$ 时的状态转换图,并指出分别是多少进制计数器。

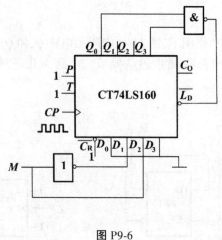

图 P9-6

9-7 试用中规模集成十六进制同步计数器 CT74LS161 设计一个十三进制计数器。

9-8 试用中规模集成十进制同步计数器 CT74LS160 设计一个五十六进制计数器。

第 10 章 半导体存储器

10.1 半导体存储器概述

10.1.1 半导体存储器的分类

半导体存储器是能存储大量二进制数据的器件。它是电子计算机的重要组成部分,主要用于存储数据、指令、程序、中间结果等信息。

半导体存储器按存取方式可分为只读存储器 ROM(Read Only Memory)和随机存取存储器 RAM(Random Access Memory)。ROM 在正常工作时只能读出数据,不能写入数据,断电后数据不会丢失,通常用于存储固定数据的场合。RAM 在正常工作时,可以随时向存储器写入数据或从中读出数据,RAM 具有易失性,断电后数据立即消失,主要用于计算机中存放程序及程序执行中产生的中间数据、运算结果等。

10.1.2 半导体存储器的存储容量

存储器中有若干个存储单元,每个存储单元又包含若干个基本存储单元,一个基本存储单元可以存放一位二进制数"1"或"0",称为 1 比特(bit)。存储器的容量就是指存储器中基本存储单元的数量。基本存储单元的个数越多,存储器的容量越大。如果存储器的容量为 $N \times M$ 就表示有 N 个存储单元,每个存储单元有 M 个基本存储单元,总共有 $N \times M$ 个基本存储单元。通常一个二进制代码(如数据和指令)都由若干二进制数码组成,这样的二进制代码称为一个字。这个字所包含的二进制数码的位数称为字长。因此,存储器容量常以字数和字长的乘积来表示。存储器容量为 $N \times M$ 表示有 N 个字,每个字字长为 M 位。

存储器中的 $1 \text{ Kb} = 2^{10}(\text{bit})$,$1 \text{ Mb} = 2^{20}(\text{bit})$,$1 \text{ Gb} = 2^{30}(\text{bit})$。

微机中的存储容量常采用字节(Byte)作单位。1 Byte(B) = 8 bit(b),优盘的存储容量也是采用字节作单位。

1 KB = 1 024 B,1 MB = 1 024 KB,1 GB = 1 024 MB。

10.2 随机存取存储器(RAM)

10.2.1 RAM 的结构

RAM 可以随时从任意一个指定的地址读出数据,也可以随时将数据写入任何指定地址的存储单元中去。图 10-2-1 所示为 RAM 的结构图,由存储矩阵、地址译码器、读/写控制电路组成。

1.存储矩阵

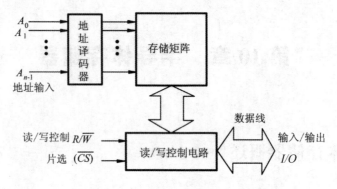

图 10-2-1　RAM 的结构图

存储矩阵是存储器的核心部分。它由若干个存储单元组成,每个存储单元又包含若干个基本存储单元,形成阵列的形式。

2.地址译码器

地址译码器的作用是将输入的一个二进制的地址代码转换成一个有效信号去选中对应的存储单元,并对它们进行相应的读写操作。存储器中信息的读出或写入是以字为单位进行的。当输入一个二进制地址代码时,通过地址译码器选中存储矩阵中对应字,并把这个字对应的一个或几个基本存储单元中各位数码读出或写入,这个过程在微机中称为寻址。例如,地址译码器的地址输入线有 10 根,那么通过地址译码器后就有 $2^{10} = 1\ 024$ 个地址,分别与 1 024 个字相对应,如果每个字都包含有四位二进制信息,则存储容量就是 $1\ 024×4 = 1K×4$。

3.读写控制电路

读写控制电路用来控制被访问的(被寻址的)存储单元究竟是读出还是写入,将信息存入存储单元叫作写入,将信息从存储单元取出叫作读出。

片选信号 $\overline{CS}$,低电平有效,只有该片存储器的 $\overline{CS} = 0$ 时,才可进行读出或写入操作。当 $\overline{CS} = 0$,读/写控制信号 $R/\overline{W} = 1$ 时,执行读操作;当 $R/\overline{W} = 0$ 时,执行写操作。

图 10-2-1 中用双向箭头表示将数据写入存储矩阵和从存储矩阵读出数据的通道,一般称为数据总线。输入/输出(I/O)数据信号用于存储器和其他电路之间进行信息交换,读操作时它是由存储器向其他电路送数,写操作时它是由其他电路向存储器送数,即一线两用,由读/写控制信号 $R/\overline{W}$ 来控制。I/O 数据信号由多根线组成,其根数取决于一个字所包含的位数。常用的 RAM 芯片有 2114 和 6264。2114 的存储容量为 1K×4,有 4 根 I/O 数据线($I/O_0 \sim I/O_3$),6264 的存储容量为 8K×8,有 8 根 I/O 数据线($I/O_0 \sim I/O_7$)。

【例 10-2-1】:RAM 的容量为 2K×8,地址线有多少根? I/O 数据线有多少根? 该 RAM 有多少个字? 每个字有几位?

解:$2K = 2^{11}$。需要地址线 11 根,$A_0 \sim A_{10}$;I/O 数据线有 8 根,$I/O_0 \sim I/O_7$,该 RAM 有 2K(2 048)个字。每个字有八位。

10.2.2　RAM 容量的扩展

当用一片 RAM 不能满足存储容量的需要时,可以将若干片 RAM 组合到一起,接成一个存储容量更大的 RAM,称为存储器的扩展。在实际运用中经常会发生下列情况:现有 RAM 集成块的字数不满足使用者的需要,或每个字的位数不够用,或两者均不满足使用要求。RAM容量的扩展是采用多片 RAM 按特定方式连接起来,以达到增加字数、位数或者同时增加二者的目的。

1.位扩展

当每个字的字长位数不够用时,需要采用位扩展。位扩展时首先应确定所需芯片的片数,芯片数确定后便要进行多片 RAM 间的连接,连接的方法是:

(1)各芯片地址线的各相同位连在一起;

(2)各芯片的 $R/\overline{W}$ 控制信号线、片选线 $\overline{CS}$ 连在一起;

(3)各芯片的 I/O 端单独输出并标出 I/O 高低位。

【例 10-2-2】:将 RAM2114(1K × 4 位)扩展成 1K × 8 位的 RAM。

解:RAM2114 的容量为 $1K × 4 = 2^{10} × 4$。地址线有 10 根 $A_0 \sim A_9$,数据输入/输出线有 4 条 $I/O_0 \sim I/O_3$。而 $1K × 8$ 的地址线有 10 根 $A_0 \sim A_9$,数据输入/输出线有 8 条 $I/O_0 \sim I/O_7$。需要 $1K × 4$ 的 RAM 的片数为两片。图 10-2-2 所示为 RAM 的位扩展。两片 RAM 的 I/O_3、I/O_2、I/O_1、I/O_0 分别作为高四位数据端 I/O_7、I/O_6、I/O_5、I/O_4 和低四位数据端 I/O_3、I/O_2、I/O_1、I/O_0。

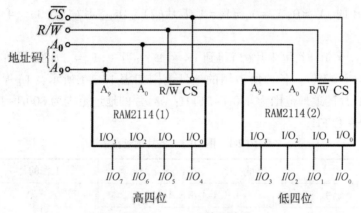

图 10-2-2 RAM 的位扩展

2.字扩展

当数据位数够用,而字数不能满足要求时,需要采用字扩展。字扩展首先应确定所需芯片的片数,芯片数确定后多片间连接的方法是:

(1)各芯片地址线的各相同位的线连在一起;

(2)各芯片的 $R/\overline{W}$ 控制信号线连在一起;

(3)各芯片的 I/O 线的各相同位的线连在一起;

(4)增加的高位地址经译码器输出后分别控制各芯片的片选线 $\overline{CS}$。

【例 10-2-3】: 将 1K×4 扩展成为 4K×4 的 RAM。

解:需要 1K×4 的 RAM 的芯片的片数为 4 片。1K×4 的 RAM 地址线应为 10 根 $A_0 \sim A_9$,因为 $4K×4 = 2^{12} × 4$,所以 4K×4 的 RAM 所需地址线应为 12 根 $A_0 \sim A_{11}$,数据输入/输出线有 4 根 $I/O_0 \sim I/O_3$,其中高二位的地址线 A_{11}、A_{10} 经过一个 2/4 线译码器后,4 个输出分别控制 4 个芯片的片选信号 $\overline{CS}$。

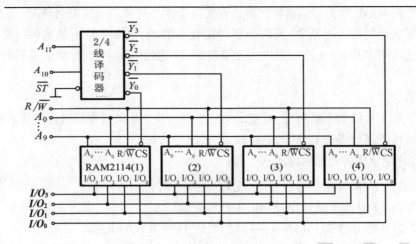

图 10-2-3 RAM 的字扩展

当 $A_{11}A_{10}$ = 00 时，$\overline{Y}_0 = 0$，$\overline{Y}_1 = \overline{Y}_2 = \overline{Y}_3 = 1$，芯片(1)工作，芯片(2)、(3)、(4)不工作，从(1)片可得 1K×4。

当 $A_{11}A_{10}$ = 01 时，$\overline{Y}_1 = 0$，$\overline{Y}_0 = \overline{Y}_2 = \overline{Y}_3 = 1$，芯片(2)工作，芯片(1)、(3)、(4)不工作，从(2)片可得 1K × 4。

同理，当 $A_{11}A_{10}$ = 10 时，可由片(3)得到 1K × 4 字；当 $A_{11}A_{10}$ = 11 时，可由片(4)得 1K×4 字。总共可得 4K 字×4 位。各片所占用的地址范围如表 10-2-1 所示，(1)片的地址范围为 000H~3FFH；(2)片的地址范围为 400H~7FFH；(3)片的地址范围为 800H~BFFH；(4)片的地址范围为 C00H~FFFH；

表 10-2-1 图 10-2-3 各片地址范围

地址范围		工作的片
$A_{11}A_{10}$	$A_9A_8A_7A_6A_5A_4A_3A_2A_1A_0$	
0 0	0 0 0 0 0 0 0 0 0 0 ……………………… …… 1 1 1 1 1 1 1 1 1 1	1 片
0 1	0 0 0 0 0 0 0 0 0 0 ……………………… …… 1 1 1 1 1 1 1 1 1 1	2 片
1 0	0 0 0 0 0 0 0 0 0 0 ……………………… …… 1 1 1 1 1 1 1 1 1 1	3 片
1 1	0 0 0 0 0 0 0 0 0 0 ……………………… …… 1 1 1 1 1 1 1 1 1 1	4 片

3.字数和位数的同时扩展

在分别讨论了存储器位数和字数扩展方法后,两者同时需要扩展的方法就容易理解了。

例如用1K×4位的RAM芯片扩展为2K×8位的RAM。可先用位扩展方法将2片1K×4位RAM扩展为1K×8位RAM。然后把位扩展后的1K×8位RAM作为一个芯片,再用字扩展方法,采用2个1K×8位RAM扩展成2K×8位RAM,即总共用4片1K×4位RAM,如图10-2-4所示。

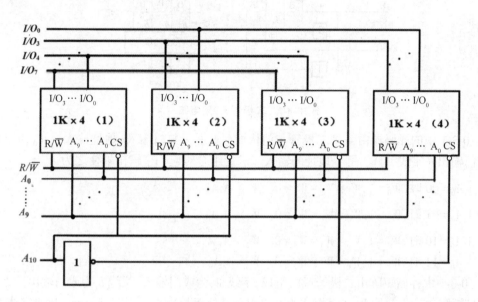

图10-2-4 RAM的位、字扩展

10.3 只读存储器(ROM)

ROM分为固定ROM(或掩膜ROM)和可编程ROM。固定ROM是由生产厂家采用掩膜工艺,把数据写入存储器中,一旦ROM制成,用户不能修改其内容。可编程ROM分为一次可编程ROM(PROM)和多次可编程ROM。

10.3.1 ROM的结构

ROM由存储矩阵、地址译码器和读出电路组成。存储矩阵中的存储单元可以由半导体二极管或三极管组成,更多的是由MOS场效应管组成,读出电路一般采用三态缓冲器,它的作用是可提高存储器的带负载能力,因为有三态功能,可将存储器的输出端直接与数据总线相连。图10-3-1为一个存储容量为4×4的二极管固定ROM的电路图。

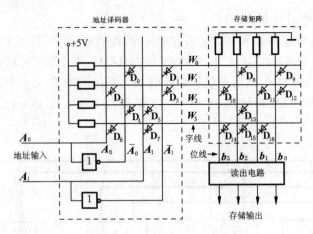

图 10-3-1   二极管 ROM 电路

图 10-3-1 中的译码器由 4 个二极管与门构成。A_1A_0 为与门输入（地址输入），W_0、W_1、W_2、W_3 为与门输出（字线 W_i）。每个地址的输入二进制组合对应一个输出端使之为 1。

当 $A_1A_0 = 00$ 时，$W_0 = 1$，$W_1 = W_2 = W_3 = 0$。$W_0 = \overline{A_1}\,\overline{A_0}$。

当 $A_1A_0 = 01$ 时，$W_1 = 1$，$W_0 = W_2 = W_3 = 0$。$W_1 = \overline{A_1}A_0$。

当 $A_1A_0 = 10$ 时，$W_2 = 1$，$W_0 = W_1 = W_3 = 0$。$W_2 = A_1\overline{A_0}$。

当 $A_1A_0 = 11$ 时，$W_3 = 1$，$W_0 = W_1 = W_2 = 0$。$W_3 = A_1A_0$。

图 10-3-1 中存储矩阵由二极管或门组成，字线 W_i 为或门输入，位线 b_i 为或门输出。

存储矩阵每一根字线 W_i 和每根位线 b_i 的相交叉位置相当于一个存储单元，只要字线 $W_i = 1$ 时，会使该字线与所有位线交叉处的二极管导通，相应的位线输出高电平"1"，交叉处没有二极管的位线输出低电平"0"。显然，交叉处接有二极管时，相当于存储"1"，没有接二极管相当于存储"0"。这样就可以在输出端 $b_3b_2b_1b_0$ 上得到在 W_i 上所存储的字，或者说读出相应的字了。

当 $W_0 = 1$ 时，因为 W_0 和 b_2、b_0 的交叉线上接了二极管，使 D_8、D_9 阳极为高电位而导通，$b_2 = b_0 = 1$，由于 W_0 和 b_1、b_3 的交叉线上未接二极管，使 $b_1 = b_3 = 0$，位线输出端 $b_3b_2b_1b_0 = 0101$。

同理，当 $W_1 = 1$ 时，$b_3b_2b_1b_0 = 1011$；$W_2 = 1$ 时，$b_3b_2b_1b_0 = 0100$；$W_3 = 1$ 时，$b_3b_2b_1b_0 = 1110$。

显然

$$b_0 = W_0 + W_1 = \overline{A_1}\,\overline{A_0} + \overline{A_1}A_0$$

$$b_1 = W_1 + W_3 = \overline{A_1}A_0 + A_1A_0$$

$$b_2 = W_0 + W_2 + W_3 = \overline{A_1}\,\overline{A_0} + A_1\overline{A_0} + A_1A_0$$

$$b_3 = W_1 + W_3 = \overline{A_1}A_0 + A_1A_0$$

所以在图 10-3-1 所示的 ROM 中，字线 W_0、W_1、W_2、W_3 上存储的字分别为 0101、1011、0100、1110。ROM 共存了四个字，每个字有 4 位。存储容量为 4×4。

10.3.2   一次可编程只读存储器 PROM

PROM(Programmable Read Only Memory)在产品出厂时，所有的存储单元均为"0"（或均为"1"），使用者根据需要可自行将其中某些单元改为"1"（或改为"0"）。PROM 一旦写入数据后就不能再改了。所以,它一般只写一次。

图 10-3-2 所示采用了熔丝型结构,存储矩阵中每个晶体管的发射极都接有熔丝与位线相连,熔丝采用镍铬材料制造,像普通保险丝一样,当流过其上的电流过大时便熔断。这种存储器在出厂时,熔丝都是接通的,也就是说,存储的内容为"全 1"。如果需要将某个单元的内容改写为"0",则给它加上比工作电流大得多的电流,将该单元的熔丝烧断,使其发射极与位线断开,相当于存储"0";而未加过大电流的单元,仍存储"1"。

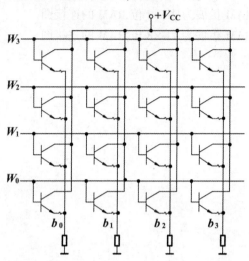

图 10-3-2 熔丝型 PROM

10.3.3 多次可编程的 ROM

1. 光可擦除 ROM(EPROM)

EPROM 是一种用紫外线擦除的只读存储器。擦除时,用强紫外线照射芯片上的石英玻璃窗口,10~30 min 可擦除芯片内存储的内容。擦除后的芯片可以重新写入新的数据。

2. 电可擦除 ROM(E^2PROM)

E^2PROM 是一种电擦除的只读存储器,它可以以字为单位进行内容改写。目前大多数 E^2PROM 芯片中都集成有升压电路,采用单电源供电即可完成各种操作。

3. 快闪存储器(Flash Memory)

Flash Memory 为快闪存储器,简称闪存。闪存在擦除数据时以固定的扇区为单位,同时在写入时以字为单位,删除和写入数据的速度快。闪存具有集成度高、容量大、成本低和使用方便等优点,在 U 盘、MP3、数码相机、数字式录音机中被广泛应用。

习 题

10-1 什么叫随机存取存储器和只读存储器?试比较它们的异同点,并说明各适用于什么场合。

10-2 只读存储器 ROM 有哪些种类?各有什么特点?

10-3　PROM、EPROM、E^{2}PROM 哪些是一次性的？哪些可多次编程？

10-4　ROM 和 RAM 在电路结构上有何不同？

10-5　一个 RAM 的地址译码器有 7 根地址线,四位数据输入/输出线,该存储器可以存储的字数是多少？存储容量是多少？

10-6　一个 8K×8 的 RAM 的地址译码器地址线有多少根？数据输入/输出线有几根？

10-7　画出 256×1 位 RAM 扩展为 256×4 位 RAM 的连接图。

10-8　画出 1K×4 位 RAM 扩展为 4K×4 位 RAM 的连接图。

10-9　画出 1K×4 位 RAM 扩展为 2K×8 位 RAM 的连接图。

参考文献

[1] 童诗白,华成英.模拟电子技术.北京:高等教育出版社,2000.

[2] 秦曾煌.电工学(下册)电子技术.北京:高等教育出版社,2000.

[3] 康华光.电子技术基础 数字部分.北京:高等教育出版社,2000.

[4] 李永红,杨梅.船舶无线电技术基础.大连:大连海事大学出版社,2003.

[5] 谢嘉奎.电子线路:线性部分.北京:高等教育出版社,2000.

[6] 唐朝仁.模拟电子技术基础.北京:清华大学出版社,2014.

[7] 李棠之,杜国新.通信电子线路.北京:电子工业出版社,2001.

[8] 王毓银.数字电路逻辑设计.北京:高等教育出版社,1999.

[9] 阳汉昌.高频电子线路.哈尔滨:哈尔滨工程大学出版社,1999.

[10] 王素云.船舶无线电技术基础.大连:大连海事大学出版社,1995.

[11] 王波钧.电子技术.哈尔滨:哈尔滨工程大学出版社,1999.

[12] 于洪珍.通信电子电路.北京:清华大学出版社,2012.

[13] 刘宝琴.数字电路与系统.北京:清华大学出版社,1998.

[14] 姚福安.电子电路设计与实践.济南:山东科学技术大学出版社,2001.

[15] 陈放.GMDSS通信设备与业务.2版.大连:大连海事大学出版社,2015.

[16] 胡宴如,耿苏燕.高频电子线路.2版.北京:高等教育出版社,2015.

[17] 刘宝玲.通信电子电路.北京:高等教育出版社,2008.

[18] 郭永贞.数字电子技术.西安:西安电子科技大学出版社,2005.

[19] 何绪芃,曾发祚.脉冲数字电路.成都:电子科技大学出版社,1995.

[20] 李建民,夏建全.模拟电子技术基础.北京:清华大学出版社,2006.

[21] 王志刚,龚杰星.现代电子线路.北京:清华大学出版社,2003.

[22] 华成英.模拟电子技术基本教程.北京:清华大学出版社,2006.

[23] 杨梅,严飞.船舶无线电技术基础.2版.大连:大连海事大学出版社,2018.

[24] 康华光.电子技术基础:模拟部分.北京:高等教育出版社,2005.

[25] 蒋立平.数字逻辑电路与系统设计.北京:电子工业出版社,2014.

[26] 唐朝仁.数字电子技术基础.北京:清化大学出版社,2013.

[27] 米德,宋梅,蓝江桥.电子学基础.北京:清华大学出版社,2006.

[28] 傅丰林,刘雪芳,王平.模拟电子线路基础.北京:高等教育出版社,2015.

[29] 林捷,杨旭业,朱小明,等.模拟电路与数字电路.北京:人民邮电出版社,2007.

[30] 曾兴雯,刘乃安,陈健.高频电子线路.北京:高等教育出版社,2016.

[31] 金伟正,代永红,王晓艳,等.高频电子线路.北京:清华大学出版社,2020.

[32] 王卫东.高频电子电路.4版.北京:电子工业出版社,2020.

[33] 杨霓清,孙建德,袁华,等.高频电子线路.2 版. 北京:机械工业出版社,2016.

[34] 孙景琪.高频电子线路. 北京:高等教育出版社,2015.

[35] 秦玉娟,祁鸿芳.高频电子线路. 北京:北京交通大学出版社,2014.

[36] 康华光,张林.电子技术基础:模拟部分.7 版. 北京:高等教育出版社,2021.

[37] 李国丽.模拟电子技术基础.2 版. 北京:高等教育出版社,2022.

[38] 刘伟潮.GMDSS 系统与设备. 上海:上海交通大学出版社,2017.